Online-Meetings mit Fokus und Mehrwert

Jessica Turner

Online-Meetings mit Fokus und Mehrwert

Schluss mit Kalender-Tetris – wie virtuelle Besprechungen effizienter werden

Mit einem Kapitel „Interkulturalität in der virtuellen Zusammenarbeit" von Hedda Haupt

Jessica Turner
META Projects & Training GmbH
Saarbrücken, Deutschland

ISBN 978-3-662-69048-2   ISBN 978-3-662-69049-9 (eBook)
https://doi.org/10.1007/978-3-662-69049-9

Die Deutsche Nationalbibliothek verzeichnet diese Publikation in der Deutschen Nationalbibliografie; detaillierte bibliografische Daten sind im Internet über https://portal.dnb.de abrufbar.

© Der/die Herausgeber bzw. der/die Autor(en), exklusiv lizenziert an Springer-Verlag GmbH, DE, ein Teil von Springer Nature 2024

Das Werk einschließlich aller seiner Teile ist urheberrechtlich geschützt. Jede Verwertung, die nicht ausdrücklich vom Urheberrechtsgesetz zugelassen ist, bedarf der vorherigen Zustimmung des Verlags. Das gilt insbesondere für Vervielfältigungen, Bearbeitungen, Übersetzungen, Mikroverfilmungen und die Einspeicherung und Verarbeitung in elektronischen Systemen.
Die Wiedergabe von allgemein beschreibenden Bezeichnungen, Marken, Unternehmensnamen etc. in diesem Werk bedeutet nicht, dass diese frei durch jedermann benutzt werden dürfen. Die Berechtigung zur Benutzung unterliegt, auch ohne gesonderten Hinweis hierzu, den Regeln des Markenrechts. Die Rechte des jeweiligen Zeicheninhabers sind zu beachten.
Der Verlag, die Autoren und die Herausgeber gehen davon aus, dass die Angaben und Informationen in diesem Werk zum Zeitpunkt der Veröffentlichung vollständig und korrekt sind. Weder der Verlag noch die Autoren oder die Herausgeber übernehmen, ausdrücklich oder implizit, Gewähr für den Inhalt des Werkes, etwaige Fehler oder Äußerungen. Der Verlag bleibt im Hinblick auf geografische Zuordnungen und Gebietsbezeichnungen in veröffentlichten Karten und Institutionsadressen neutral.

Lektorat/Korrektorat: Jonas Westhoff
Illustration: Conny Biegler

Planung/Lektorat: Mareike Teichmann
Springer Gabler ist ein Imprint der eingetragenen Gesellschaft Springer-Verlag GmbH, DE und ist ein Teil von Springer Nature.
Die Anschrift der Gesellschaft ist: Heidelberger Platz 3, 14197 Berlin, Germany

Wenn Sie dieses Produkt entsorgen, geben Sie das Papier bitte zum Recycling.

Vorwort

Danke, dass du dir dieses Buch gekauft hast. Ich habe mein eigenes Unternehmen gegründet, META Projects & Training, mit dem ich Organisationen und Menschen durch IT-Transformationsprojekte wie die SAP S/4HANA Einführung begleite. Ich betreue eigeninitiativ Entwicklungsprojekte in Kenia und Nepal, um Frauen und Kindern Starthilfe in ein selbstbestimmtes Leben zu geben. Und seit einiger Zeit investiere ich auch in Start-ups, die gesellschaftlichen Mehrwert stiften. Der gemeinsame Nenner aller Aktivitäten ist das Thema der kontinuierlichen Veränderung, oder der „Metamorphose", wie es der Titel meines ersten Buches sagt.

Ich bin ein Mensch, der immer Ausschau nach Entwicklungsmöglichkeiten hält – für mich selbst, aber auch für meine Kund*innen und Business-Partner*innen. Meine Botschaft ist: Veränderung ist ein Prozess und gehört zum Leben.

Für meine Kund*innen – große Konzerne und Mittelständler, die ich bei deren IT-Transformationsprozessen begleite – komme ich meist dann ins Spiel, wenn etwas ins Stocken geraten ist. Der anfängliche Enthusiasmus ist Ernüchterung gewichen. Jeder kocht sein eigenes Süppchen. Keiner glaubt mehr ans große Ganze. Es fehlt am „Why", also an der Ausrichtung auf ein gemeinsames Ziel. Und auch am „How", also an Wegen und Methoden, dieses Ziel zu erreichen. Als Scrum Master und Agile Coach ist es meine Aufgabe, dass die Teams wieder an Fahrt aufnehmen, ihre vorhandenen Ressourcen zu heben, die eigenen Fähigkeiten bestmöglich einzusetzen und eine effizientere Meetingkultur zu etablieren. Online-Meetings sind ein Aspekt davon. Lass uns in das Thema starten!

Jessica Turner

Hinweis In diesem Buch verwende ich eine genderinklusive Sprache, um alle Geschlechter und Identitäten einzubeziehen. Wo es möglich ist, nutze ich geschlechtsneutrale Formulierungen oder wechsle zwischen femininen, maskulinen und neutralen Pronomen.

Danksagung

Lieber Leser, liebe Leserin. Von Herzen möchte ich mich bei dir bedanken. Dein Vertrauen und der Kauf dieses Buches bedeuten mir sehr viel. Ich habe mich bemüht, dir einen optimalen Mix aus wissenschaftlichem Ansatz und meinen persönlichen Erfahrungen zu bieten. Mein Ziel war es, dir aufzuzeigen, wie du Leichtigkeit in deinen Alltag und jenen deiner Projektmitarbeitenden bringen kannst. Es geht nicht darum, die Arbeit an sich zu erleichtern. Vielmehr möchte ich dich dazu ermutigen, deine eigene Haltung zu verändern und den Umgang mit den eigenen Ressourcen zu verbessern.

Ein besonderer Dank gilt meiner Mitarbeiterin Hedda Haupt. Hedda ist begeistert vom Thema Wirtschaftspsychologie und hat sowohl wichtige Studien in dieses Buch eingebracht als auch das Thema interkulturelle Kompetenz. Vielen Dank für deine Unterstützung, deine Ideen und dein Engagement.

Mein Dank geht ebenfalls an Jan Fischbach. Seine Tipps haben dabei geholfen, Ansätze für das Buch zu überdenken und besser zu machen. Ich danke dir für deine Inspiration und Perspektiven.

Ein großes Dankeschön an Cornelia Biegler. Sie unterstützt mich seit einigen Jahren bei allen grafischen Themen. Für dieses Buch hat sie sämtliche Grafiken erstellt. Danke für deine wertvolle Arbeit!

Ein herzliches Dankeschön an meinen Lektor Jonas Westhoff. Sein scharfer Blick und seine fundierten Ratschläge tragen entscheidend zur Qualität dieses Werkes bei. Seine Geduld und sein Fachwissen waren in diesem Prozess unverzichtbar.

Nicht zuletzt möchte ich meiner PR-Agentin Deborah Klein und meinem Verlag für die Zusammenarbeit danken.

Eure Unterstützung und der Glaube an das Projekt haben dieses Buch erst möglich gemacht.

Und Danke an euch alle – Leser, Mitwirkende und Unterstützer – für euer Interesse, eure Begeisterung und euer Engagement. Gemeinsam können wir einen Unterschied machen und für effektivere Online-Meetings mit Mehrwert sorgen.

Inhaltsverzeichnis

1 Einleitung 1
   1.1   Nicht noch so ein „Meeting-Buch" 1
   1.2   Online musst du dir was einfallen lassen 3
   Literatur 4

Teil I   Individuelle Ebene

2 Selbsteinschätzung 7

3 Chancen und Fallstricke von Online-Meetings 9
   3.1   Chancen von Online-Meetings 9
   3.2   Fallstricke von Online-Meetings 10
   3.3   Virtuelle Arbeitswelt: Fluch oder Segen? 11
   Literatur 12

4 Ineffizienz und Horrorgeschichten von Online-Meetings ... 15
   4.1   Gründe für ineffiziente Online-Meetings 15
   4.2   Horrorgeschichten von Online-Meetings 18
   Literatur 21

5 Warum Multitasking Nonsens ist 23
   5.1   Die Angst, etwas zu verpassen 23
   5.2   Switching Costs bei Multitasking 25
   5.3   Meeting Madness 26
   5.4   Zoom-Fatigue 27
   5.5   Overconfidence-Effekt 28
   5.6   Zwischenfazit: Online-Meetings streichen, statt verbessern! 29
   Literatur 30

6 Deine virtuelle Bühne – Vorbereitung ist alles 33
   6.1   Stelle eine gute Internetverbindung sicher 33
   6.2   Nutze ein Mikrofon 34

	6.3	Sorge für das passende Licht	35
	6.4	Wähle den passenden virtuellen Hintergrund	35
	6.5	Nutze eine externe Kamera	36
	Literatur.		37
7	**Return On Time Invested deiner Tetrominos**.		39
	7.1	Was Tetris mit deinem Kalender zu tun hat	39
	7.2	Wie viel Zeit du mit deinen Tetrominos verbringst	44
	7.3	Effizienz von Online-Meetings: Kostenbewusstsein und Zeitmanagement	46
	Literatur.		48
8	**Blick hinter die virtuellen Kulissen**		49
	8.1	Schatten-Tetrominos sichtbar machen	49
	8.2	Aufgaben erledigen, statt aufschieben	51
	8.3	Mit Künstlicher Intelligenz die Effizienz steigern	55
	8.4	Wenige Tools gut nutzen	58
	Literatur.		60
9	**Rhetorik in Online-Meetings**		61
	9.1	Virtuelle Rhetorik	61
	9.2	Deine Soft Skills sind gefragt	63
	9.3	Wortwahl und Tonfall	64
	9.4	Analogien und Metaphern	65
	9.5	Ideen für Storytelling	66
	9.6	Rhetorische Pausen	67
	9.7	Die richtigen Fragen stellen	68
	9.8	Auf Augenhöhe kommunizieren	69
	9.9	Nonverbale Kommunikation in Online-Meetings	70
	9.10	Effektiv Präsentieren mit der 6 × 6-Regel	72
	9.11	Positive Grundhaltung	75
	Literatur.		76
10	**Das Zwischen-den-Zeilen-Lesen in Online-Meetings**		77
	10.1	Auswirkungen von Bildschirmzeit auf Empathie	77
	10.2	Einfluss von Emotionen auf Online-Meetings	78
	10.3	Mimikresonanz in Online-Meetings	80
	10.4	Metakognition in Online-Meetings	82
	Literatur.		83

Teil II Teamebene

11 Einschätzung des Teams 87

12 Einzigartige virtuelle Teams 91
    12.1 Konzept der Selbstverwirklichung nach Rogers 91
    12.2 Empathie im Team 92
    12.3 DISG-Modell am Beispiel der Tetrominos 95
    Literatur 98

13 Psychologische Sicherheit in Online-Meetings 99
    13.1 Verstärktes Bedürfnis nach Sicherheit 99
    13.2 Eigenschaften effektiver Teams und psychologische Sicherheit 100
    13.3 Vertrauensvolle Basis im Team 101
    Literatur 103

14 Virtuelle Retrospektiven 105
    14.1 Mehrwert von regelmäßigen Retrospektiven 105
    14.2 Geeignete Tools für die Praxis 107
    14.3 Vorlagen für Retrospektiven nutzen 108
    14.4 Individuelle Ideen für Retrospektiven generieren 113
    14.5 Geben, Empfangen und Nutzen von Feedback 113
    Literatur 118

15 Teamwork makes a team work 119
    15.1 Teamphasen 119
    15.2 „Echte" Teams 122
    15.3 Teamwerte und –strukturen 123
    Literatur 127

16 Wiederkehrende Meetings 129
    16.1 Das Quadrat-Meeting – Daily-Meetings 129
    16.2 Das I-Meeting – Weekly und andere wiederkehrende Online-Meetings 131
    Literatur 132

17 Virtuelle Workshops 133
    17.1 Moderation von Workshops 133
    17.2 Mit „schwierigen" Personen umgehen 134
    17.3 Was macht gute Moderation aus? 135
    17.4 Was macht Facilitation aus? 138
    17.5 Stimmungskiller Groan Zones 140
    Literatur 143

18	**Virtuelles Kick-off: Mit voller Power ins Projekt starten**	145
	18.1 Selbsterfüllenden Prophezeiungen entgegenwirken.	145
	18.2 Implizite Erwartungshaltungen in Projekten	146
	18.3 Mit voller Power ins neue Projekt	147
	18.4 Soziale Interaktion und Commitment fördern	148
	18.5 Checkliste für das Kick-off	149
	Literatur.	151
19	**Deep Work und meetingfreie Zeit**	153
	19.1 Veränderte Bedingungen durch Homeoffice	153
	19.2 Tipps für virtuelle Teamstrukturen.	154
	Literatur.	157
20	**Virtuelles Onboarding**	159
	20.1 Studien zum Onboarding	159
	20.2 Virtuelles Kennenlernen.	160
	20.3 Virtuelles Mentoring	161
	20.4 Onboarding-Prozess.	161
	Literatur.	163

Teil III Organisationsebene

21	**Check der virtuellen Meetingkultur**	167
	Literatur.	169
22	**Wer ist verantwortlich für gute Online-Meetings?**	171
	22.1 Verschwendung in der Arbeitsorganisation entgegenwirken	171
	22.2 „Politische Spielchen" in der Organisation	174
	22.3 Ungeklärte Ziele und Verantwortlichkeiten	175
	22.4 Der Vorteil von Entscheidungsfindung.	176
	Literatur.	177
23	**Status-Meetings und virtuelle Entscheidungen**	179
	23.1 Konsens- und Konsent-Entscheidungsverfahren	179
	23.2 Lösungsansätze für virtuelle Entscheidungen	180
	23.3 Lösungsansätze für Status-Meetings	183
	Literatur.	185
24	**Interkulturalität in der virtuellen Zusammenarbeit**	187
	Von Hedda Haupt	
	24.1 Bedeutung von interkultureller Kompetenz in Projekten.	187
	24.2 Definition von Kultur und Interkulturalität	188
	24.3 Kulturelle Unterschiede in Projektteams	189

		24.4	Bedeutung von Akkulturation im virtuellen Onboarding.	193
		24.5	Interkulturelle Kompetenzen in Online-Meetings	195
		Literatur.	198
25	**Selbstwirksamkeit und Tribal Leadership**			201
		25.1	Selbstwirksamkeit	201
		25.2	Tribal Leadership.	202
		Literatur.	204
26	**Positive Meeting-Kultur in die Organisation bringen**.			205
		26.1	Rahmenbedingungen der Meeting-Kultur	205
		26.2	Meetingkultur erfolgreicher Unternehmen	207
		Literatur.	210
27	**Ausblick und Unterstützung**			211

Über die Autoren

Jessica Turner ist Gründerin, Investorin und in der IT-Welt beheimatet. Veränderung, Bewegung und Weiterentwicklung sind ihre persönlichen Lebensthemen. In ihrer Tätigkeit als Agile Coach für IT-Projekte, Patin für soziale Projekte und Autorin lebt sie alle Facetten davon. Menschen, Teams und Unternehmen ermutigt sie dazu, Veränderung anzunehmen und als Energiequelle für sich zu nutzen. In ihrer eigenen Biografie spielt der Wandel ebenfalls eine zentrale Rolle. Grenzen überwinden, sich neuen Herausforderungen stellen, das lebt und liebt sie. Sie ist viel gereist, an unterschiedlichen Orten beheimatet, leistete Entwicklungshilfe in Kenia und Nepal und möchte die Kraft der Veränderung auch dorthin bringen, wo Veränderung nicht so leicht zugänglich ist.

Jeden Tag ist sie in großen IT-Projekten in Konzernen mit dem Phänomen des „Kalender-Tetris" konfrontiert. Sie möchte in den Projekten, Teams sowie bei den Lesern auf Kalender-Tetris und Meeting-Wahnsinn hinweisen. Und auch darauf, dass es in der eigenen Verantwortung liegt, darauf zu reagieren! Für Jessica sind Online-Meetings kein Überbleibsel der Corona-Pandemie. Virtuelle Treffen ermöglichen ihr die Zusammenarbeit mit Teams weltweit und das Arbeiten von überall aus. Und genau aus diesem Grund will sie Leserinnen ihre wichtigsten Methoden an die Hand geben – denn sie glaubt, dass jeder und jede Einzelne von uns dafür verantwortlich ist, das Beste aus jedem Meeting zu machen und wirklichen Mehrwert zu schaffen.

LinkedIn: https://www.linkedin.com/in/jessica-turner-8a7b69183/
E-Mail: jessica@metaprojects-training.com

Hedda Haupts Laufbahn umfasst viele internationale Erfahrungen in den Bereichen Produktmarketing und Projektmanagement, die ihr Interesse für kulturelle Unterschiede in Teams geweckt haben. Aktuell arbeitet sie als Product Marketing Managerin bei META Projects & Training GmbH. Ihre Expertise in der Verbindung von Wissenschaft und Praxis, gepaart mit ihrer Leidenschaft für interkulturelle Kommunikation und Wirtschaftspsychologie, macht sie zu einer wertvollen Expertin in ihrem Feld.

LinkedIn: https://www.linkedin.com/in/hedda-h-25414b291/
E-Mail: hedda@metaprojects-training.com

Abbildungsverzeichnis

Abb. 1.1	Ebenen des Buches.	2
Abb. 4.1	Katze im Video	19
Abb. 4.2	Ungewollte Einblicke ins Homeoffice	20
Abb. 5.1	Zoom-Fatigue im Homeoffice	27
Abb. 6.1	Beispiel für ideale Position im Online-Meeting	37
Abb. 7.1	Übersicht der Tetrominos	40
Abb. 7.2	Kick-off	41
Abb. 7.3	Daily	41
Abb. 7.4	Weekly	42
Abb. 7.5	Status-Meeting	42
Abb. 7.6	Entscheidungsmeetings	43
Abb. 7.7	Workshops	43
Abb. 7.8	Retrospektiven	44
Abb. 7.9	Beispielrechnung von Kosten für ein Daily-Meeting	47
Abb. 8.1	Schatten-Tetromino	51
Abb. 8.2	Beispiel der Unterstützung durch Künstliche Intelligenz	58
Abb. 9.1	Team als Puzzle	66
Abb. 9.2	Virtuelle Präsentationen	75
Abb. 12.1	Virtueller Small Talk	94
Abb. 12.2	DISG-Modell am Beispiel von Hannes, Claudia, Tanja und Tom	96
Abb. 13.1	Eigenschaften effektiver Teams	101
Abb. 13.2	Virtuelle Interaktion	103
Abb. 14.1	Beispiel für virtuelle Umfragetools	108
Abb. 14.2	Einstieg in die Retrospektive	109
Abb. 14.3	Beispiel für Start, Stop, Continue-Retrospektive	111
Abb. 14.4	Beispiel für Sailboat-Retrospektive	112
Abb. 14.5	Feedback-Zyklus	116
Abb. 17.1	Übersicht Groan Zone	141
Abb. 18.1	Commitment im Projekt	149

Abb. 19.1	Darstellung von meetingfreien Zeiten	157
Abb. 20.1	Darstellung Checkliste des virtuellen Onboardings	162
Abb. 24.1	Interkulturelles Projektteam	192
Abb. 26.1	Zwei-Pizza-Regel von Amazon	208

Tabellenverzeichnis

Tab. 8.1   Eisenhower-Matrix 54
Tab. 8.2   Einordnung eigener Aufgaben in Eisenhower-Matrix.............. 55
Tab. 12.1 DISG-Modell und Tetrominos............................ 98
Tab. 22.1 Entscheidungsfindung Status............................. 177

Einleitung 1

Zusammenfassung

Hand aufs Herz – fragst du dich in Online-Meetings auch manchmal: „Was tue ich hier gerade?" Ich hoffe, ja! Das ist ein gutes Zeichen. Denn genau dann bist du bereit für eine Veränderung. Diese wird sich positiv auf deinen beruflichen Alltag auswirken. Tschüss, unnötige Online-Meetings. Hallo an Online-Meetings mit Mehrwert. Du findest in diesem Buch sowohl wissenschaftliche Studien als auch meine persönlichen Erfahrungen aus IT-Projekten. Und natürlich die jener Menschen, mit denen ich zusammenarbeite. Mir ist es wichtig, dich hier nicht mit meinem „Blabla" zuzuschütten. Stattdessen möchte ich dir etwas Handfestes mitgeben.

1.1 Nicht noch so ein „Meeting-Buch"

Du denkst jetzt: „Es gibt doch schon so viele Bücher zum Thema Online-Meetings"? Das stimmt. Alle anderen Bücher gehen im Umgang mit Online-Meetings jedoch immer auf die individuellen Schwächen der Teilnehmenden ein: den müden Mitarbeiter, den ungerechten Chef, den unvorbereiteten Dienstleister, das schlechte W-LAN, das ungünstige Licht usw. An diesen Punkten können die einzelnen Personen etwas tun. Das Verändern von Strukturen bietet jedoch einen viel größeren Hebel zur Verbesserung. In diesem Buch geht es also nicht darum, wie du deine Kamera oder dein Mikrofon einstellst. Im Sinne von „mein Haus, meine Straße, meine Stadt" fangen wir beim Verbessern zwar auf der persönlichen Ebene an. Anschließend begeben wir uns dann aber auf die Ebene der Teams und schließlich auf die der gesamten Organisation (Deming, 2018). Die verschiedenen Ebenen dieses Buches werden in Abb. 1.1 dargestellt.

Abb. 1.1 Ebenen des Buches

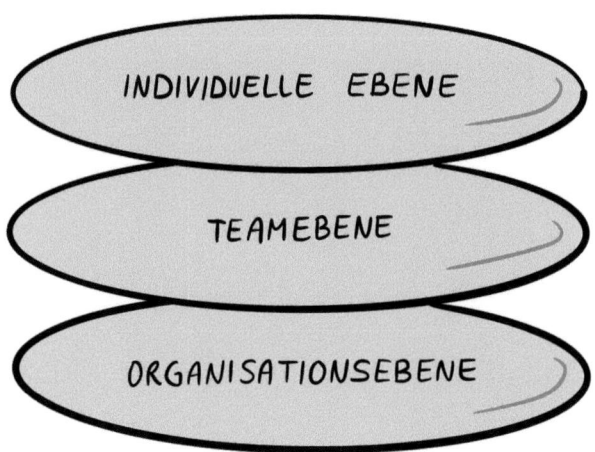

Im weiteren Verlauf nehme ich dich Schritt für Schritt mit durch einen systematischen Prozess zur Optimierung von Online-Meetings. Zuerst konzentrieren wir uns auf deine persönliche Situation: Ich gebe dir Tipps, wie du deinen Kalender besser organisieren und deine Zeit effizienter nutzen kannst. Anschließend gehen wir über zur Teamebene und erkunden Strategien, um gemeinsame Richtlinien zu etablieren, die Multitasking minimieren und konzentrierte Arbeitsphasen fördern. Abschließend beleuchten wir die Ebene der Gesamtorganisation und betrachten umfassende Ansätze. Ziel ist es, die Effektivität von Online-Meetings und Projektarbeit auf einer breiteren, organisatorischen Ebene zu verbessern.

Du wunderst dich über den Begriff „Kalender-Tetris"? Es handelt sich hierbei um eine Kombination aus dem Ding, das deinen Alltag strukturiert, und einem bekannten Computerspiel der 80er- und 90er-Jahre. „Kalender-Tetris" steht metaphorisch dafür, wie du versuchst, Termine und Aufgaben in deinem Kalender geschickt zu organisieren.

Im Tetris ist das Spiel vorbei, sobald du am oberen Ende ankommst. Stelle dir vor, das sei deine Arbeitszeit. Dies wäre die absolute Grenze für das Planen von Online-Meetings. So, und nun die Frage an dich: Wie oft hättest du dann schon das Spiel verloren? Wie oft quetschst du tägliche, wöchentliche oder Status-Meetings noch in deinen Kalender rein? Wie oft finden diese sogar außerhalb deiner eigentlichen Arbeitszeit statt, bloß damit sie irgendwie hineinpassen?

Ist das der Sinn der Sache? Kann es zielführend sein, sich dem Kalender-Tetris und damit auch ständigem Zeitdruck zu unterziehen? Im schlimmsten Fall blockst du dir die Bio-Pause schon im Kalender ein. Doch wann ist dann die Zeit für strategische Entscheidungen, zwischenmenschliche Beziehungen oder jene Arbeit, für die du Hirnschmalz und Konzentration benötigst? Das alles wird dir schwerfallen, sofern du bis zur Oberkante Unterlippe verplant bist. Kannst du in solch einer Situation tatsächlich Mehrwert aus den Online-Meetings ziehen?

Viele Wirkmechanismen in der Kommunikation, die wir sonst in einem Raum unbewusst abrufen und einsetzen, funktionieren online nicht. Die gewohnte Interaktion und auch der Small Talk zu Beginn wie „Möchte noch jemand Kaffee?" oder „Wie war euer Wochenende?" bleiben aus. Die digitale Welt erzeugt eine Distanz, die wir mit rhetorischen Mitteln überbrücken müssen, um unser Gegenüber zu erreichen und zu überzeugen. Das funktioniert allerdings sicher nicht mit der Stummschaltung des Mikrofons. Dazu später mehr.

Außerdem lauern im Homeoffice etliche Ablenkungsgefahren! Es erlaubt dir, gleichzeitig zu arbeiten, Wäsche zu machen, zu kochen, mit dem Hund Gassi zu gehen und noch dem Postboten die Tür zu öffnen. Ob das gut ist? Ich denke, Multitasking ist schlecht für die eigene Leistungsfähigkeit. Auch hierzu später mehr.

1.2 Online musst du dir was einfallen lassen

Die Aufmerksamkeitsspanne ist in digitalen Meetings kürzer als vor Ort. Und die Bereitschaft zur aktiven Teilnahme an einem Meeting sinkt – auch maßgeblich aufgrund der Menge an Meetings. Eine Studie der DIHK (2021) besagt, dass sich Menschen während Online-Meetings leicht ablenken lassen, E-Mails beantworten oder etwas anderes tun, das nichts mit dem Meeting zu tun hat. Das ist bei Betrachtung des Return On Time Invested von Online-Meetings erschreckend.

Aber was ist der Grund dafür, dass Menschen gedanklich offline gehen? Vereinfacht gesagt: Weil es einfach zu viel ist. Die Kalender sind vollgepackt. Online-Meetings werden ohne wirkliches Ziel abgehalten. Menschen, mit denen ich in Projekten arbeite, sprechen eine deutliche Sprache: „Hilfe! Mein Kalender ist voll und ich komme nicht zu meiner Arbeit." Und daher sage ich: Es braucht gute Strategien und Werkzeuge, um Mehrwert aus den Online-Meetings zu bekommen. Und dafür sind alle Teilnehmer verantwortlich. Wer einlädt, benötigt ein Ziel – wer teilnimmt, sollte aktiv dabei sein. Beantworten Teilnehmer E-Mails und private WhatsApp-Nachrichten zur Planung der nächsten Familienfeier, kann die Aufmerksamkeit nicht auf dem Thema des Online-Meetings liegen.

Du denkst nun vielleicht: „Ja, ich muss das so machen. Mein Kalender ist doch schon so voll. Ansonsten komme ich zu nichts." Ich sage: „Das stimmt so nicht." Du bist nicht passiver Empfänger im digitalen Raum. Du trägst die Verantwortung für deine eigene Zeit und Ressourcen. Wirst du zu einem Online-Meeting eingeladen, bei dem du das Gefühl hast, keinen aktiven Beitrag leisten zu können? Dann traue dich, die Einladung zukünftig abzulehnen. Es mag sich anfangs herausfordernd anfühlen, gegen den Strom zu schwimmen. All deine Kraft ist hier gefragt!

Mein Bestreben zielt nicht nur auf eine effizientere, sondern auch auf eine sinnvollere Gestaltung des Arbeitsalltags ab. Es ist meine Mission, die Freude und den Sinn in den Arbeitsalltag der Projektmitarbeitenden zurückzubringen. Dabei geht es nicht nur um die Vereinfachung der Arbeit selbst. Mir ist es eine Herzensangelegenheit, dass du dein

Multitasking aufgibst. Nicht, weil die Arbeit so objektiv weniger wird. Es geht vielmehr um die eigene Haltung und darum, den Umgang mit persönlichen Ressourcen zu verbessern und wirklichen Mehrwert zu schaffen! Mein erster Tipp: So viele Online-Meetings streichen, wie du kannst. Und jetzt geht es los!

Dies erfordert eine strukturelle Veränderung, die auf drei Ebenen stattfindet: zunächst auf individueller, dann im Team und schließlich auf organisatorischer Ebene. Das Ziel ist nicht etwa die Veränderung des Einzelnen, sondern die Anpassung der Strukturen, um Erleichterung zu schaffen.

Literatur

Deming, W. E. (2018). *Out of the crisis*. The MIT Press.
DIHK. (2021). *DIHK-Umfrage: Wie digital ist die deutsche Wirtschaft?* https://www.dihk.de/de/themen-und-positionen/wirtschaft-digital/dihk-umfrage-wie-digital-ist-die-deutsche-wirtschaft-3540. Zugegriffen: 18. Jan. 2024.

Teil I
Individuelle Ebene

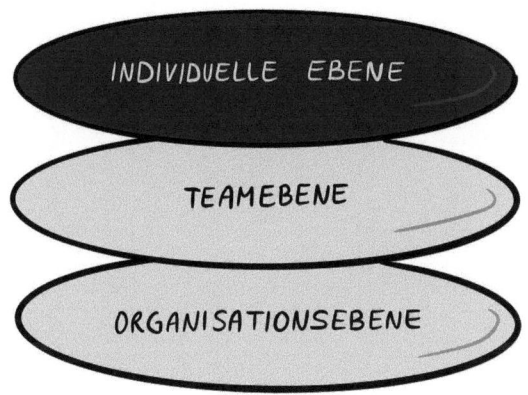

Selbsteinschätzung 2

> **Zusammenfassung**
>
> Die Veränderung hin zu effizienten Online-Meetings findet auf drei Ebenen statt. Es beginnt bei dir, auf der individuellen Ebene, wie in vorangegangener Abb. zu sehen. Diese Selbsteinschätzung lädt dich ein, verschiedene Aspekte deiner Arbeit auf einer Skala von 1 bis 10 zu bewerten. Es geht um Kriterien wie dein allgemeines Wohlbefinden, die verbrachte Zeit in Online-Meetings oder die Zufriedenheit mit deiner beruflichen Leistung. Diese Selbsteinschätzung dient dir als Bestandsaufnahme. Sie hilft dir, deine aktuelle Situation zu reflektieren, Verbesserungsmöglichkeiten zu erkennen und effektiver in Online-Meetings zu kommunizieren. Nimm dir einen Moment Zeit, um ehrlich zu antworten. Entdecke dabei, wie du deine Arbeitsweise optimieren kannst. Deine Antworten werden dir in den nächsten Kapiteln noch von Nutzen sein. Sei gespannt und starte jetzt!

1. Schätze dein allgemeines Wohlbefinden in den vergangenen **vier Wochen** auf einer Skala von 1 (ich bin überfordert und übermüdet) bis 10 (ich bin voller Energie) ein.

        1   2   3   4   5   6   7   8   9   10

2. Wie viel Zeit investierst du durchschnittlich **pro Woche** in Online-Meetings?
Meine Arbeitszeit pro Woche beträgt _____ Stunden.
_____ Stunden davon sind mit Online-Meetings verplant. Das sind _____ % meiner Arbeitszeit.

3. Glaubst du, dass die aus Frage 2 genannte Zeit, die gesamte Zeit widerspiegelt, die du „mit" Online-Meetings verbringst? Reflektiere einmal, wie viel Zeit du zusätzlich für die Vor- und Nachbereitung brauchst.

Vorbereitung: + _____ Stunden pro Woche

Nachbereitung: + _____ Stunden pro Woche

Damit sind insgesamt nur noch _____ Stunden übrig für meine eigentliche Arbeit.

4. Schätze die Zufriedenheit mit den Ergebnissen deiner beruflichen Leistung in den vergangenen **vier Wochen** auf einer Skala von 1 (ich bin sehr unzufrieden und habe keinerlei Erfolgserlebnisse) bis 10 (ich bin sehr zufrieden, es könnte nicht besser sein) ein.

    1   2   3   4   5   6   7   8   9   10

5. Beurteile die Zufriedenheit mit der Effizienz deiner Online-Meetings in den vergangenen **vier Wochen** auf einer Skala von 1 (ich sitze mehr oder weniger nur meine Zeit ab) bis 10 (alle Online-Meetings sind vernünftig vorbereitet, wir arbeiten alle hervorragend zusammen und kommen immer zu einem guten Ergebnis).

    1   2   3   4   5   6   7   8   9   10

6. Hast du das Gefühl, dass bei deinem Gegenüber ankommt, was du in Online-Meetings rüberbringen möchtest? Schätze deine Kommunikationsfähigkeit in den vergangenen **vier Wochen** auf einer Skala von 1 (ich habe das Gefühl, dass in Online-Meetings kaum rüberkommt, was ich sagen möchte) bis 10 (es fällt mir sehr leicht, virtuell klar und verständlich zu kommunizieren, zu präsentieren und Interaktion in den Online-Meetings zu schaffen) ein.

    1   2   3   4   5   6   7   8   9   10

7. Kannst du virtuell die Stimmungen der anderen erfassen und darauf empathisch reagieren? Gib eine Einschätzung, wie gut du während der vergangenen **vier Wochen** in Online-Meetings zwischen den Zeilen lesen konntest. Schätze dich dazu auf einer Skala von 1 (es entstehen sehr oft Missverständnisse in den Online-Meetings zwischen mir und anderen Teilnehmern) bis 10 (es fällt mir sehr leicht, die Emotionen und Bedürfnisse der anderen zu erkennen und darauf einzugehen) ein.

    1   2   3   4   5   6   7   8   9   10

Diese Antworten benötigst du noch einmal im Laufe der nächsten Kapitel.

Chancen und Fallstricke von Online-Meetings

3

> **Zusammenfassung**
>
> Die Chancen und Vorteile von Online-Meetings liegen auf der Hand: Online-Meetings erlauben es uns, spannendere internationale Projekte anzugehen, ohne reisen zu müssen. Sie stellen das zentrale Kommunikationsmittel in unserer digitalen Welt dar. Online-Meetings ermöglichen räumliche und zeitliche Flexibilität in unserem beruflichen Alltag. Doch wieso machen sie uns müde und frustrieren oft? Dieses Kapitel deckt die grundlegenden Fallstricke für ineffiziente Online-Meetings auf. Ich gebe dir Studien und praktische Tipps an die Hand. Lerne die Wichtigkeit von Veränderung auf individueller, aber auch organisationaler Ebene kennen: Der erste wichtige Schritt, um endlich raus aus deinem Kalender-Tetris zu kommen!

3.1 Chancen von Online-Meetings

Die Corona-Pandemie wirkte wie ein „Digitalisierungsbooster" für die virtuelle Zusammenarbeit (Striebing et al., 2020). Doch für viele Menschen ist die virtuelle Zusammenarbeit nichts Neues. In den meisten meiner Projekte sitzen Entwickler aus Deutschland, der Schweiz, Indien und so weiter. Selbstverständlich können die Projektmitglieder nicht immer gemeinsam an einem Ort sein. Viele Unternehmen arbeiten daher seit Jahrzehnten in internationalen Projekten, unterschiedlichen Kulturen und Zeitzonen. Das Thema erfolgreicher Online-Meetings ist also nicht neu.

Und nebenbei: Menschen haben sich schon immer über weite Strecken hinweg verständigt. Vor einigen tausend Jahren erfolgte das vermutlich eher über Feuerzeichen, Trommeln und Ähnliches. Heutzutage helfen uns Zoom, Google oder Microsoft Teams. Online-Meetings erlauben es, über eine Vielzahl von Geräten und Plattformen miteinander zu kommunizieren und nahezu in Echtzeit zusammenzuarbeiten, ohne dass sich Menschen an einem Ort versammeln müssen.

Diese neue Art der Zusammenarbeit ermöglicht es, spannendere Projekte anzugehen. Online-Meetings werden zum zentralen Kommunikationsmittel. Hier überprüfen wir den Fortschritt, identifizieren Probleme und erarbeiten gemeinsam Lösungen.

Ich liebe die Möglichkeit, von überall aus zu arbeiten. Und ich glaube fest daran, dass es wunderbar funktionieren kann, über einen sehr langen Zeitraum rein virtuell zusammenzuarbeiten. Viele Unternehmen und Teams haben einen guten Weg gefunden, sich in Online-Meetings wirklich zu verbinden. Der Vorteil von Online-Meetings aus Unternehmenssicht liegt klar auf der Hand: Sie können die Reisekosten senken. Für dich persönlich entsteht folgende vorteilhafte Situation: Du stimmst dich morgens mit Kolleginnen und Kollegen aus Japan, mittags aus Wien und abends aus Nordamerika ab. Bist du damit fertig, kannst du am Abend trotzdem in deinem eigenen Bett schlafen. Das ist klasse. Wer vor Covid noch jede Woche unterwegs war, um in Projekten zu arbeiten, weiß genau, was ich meine. Du musst nicht einmal an deinem Computer sitzen. Du bist flexibel, was deinen Arbeitsort angeht und nimmst gleichzeitig über dein Handy an der Besprechung zu den nächsten Zielzahlen teil.

So viel zu den Vorteilen. Wie immer gibt es aber auch eine Kehrseite der Medaille. Was ich nicht mag, sind unnötige Online-Meetings, die frustrieren. Ich bevorzuge es, weniger Online-Meetings zu haben, die dann aber richtig gut sind! Und du?

3.2 Fallstricke von Online-Meetings

Du hast dir dieses Buch vermutlich gekauft, weil du bereits in großen Projekten unterwegs bist und dort höchstwahrscheinlich auf Herausforderungen stößt, die dich an deine persönliche Belastungsgrenze bringen. Ich selbst unterstütze mit meinem Unternehmen in großen IT-Projekten und SAP-Transformationen. Projekte also, die sämtliche Unternehmensbereiche erfassen. Alle Beteiligten müssen sich miteinander abstimmen, unter anderem in Online-Meetings.

Diese Projekte können nicht selten Hunderte oder sogar Tausende von Mitarbeitenden umfassen. Projektmitglieder sind auf der gesamten Welt verteilt. Diverse Teams, unterschiedliches Fachwissen, verschiedene Kulturen – all das macht Projektarbeit so spannend. Und diese Menschen gilt es zusammenzubringen, um an einem Ziel zu arbeiten.

Oftmals führt dich die Reise durch Projekte ins Ungewisse. Die Dauer von Projekten kann sich über Monate oder sogar Jahre ziehen. Mitarbeiter werden müde und frustriert, weil die Dinge nicht so laufen, wie geplant. Viele Großprojekte wirken, als wären sie von vornherein zum Scheitern bestimmt. Sie beanspruchen nicht nur massiv Zeit aller Beteiligten, sondern verschlingen oft auch riesige Geldsummen. Lidl, Edeka, Otto, Lufthansa: Die Projektkosten großer Unternehmen können bis in den Milliardenbereich steigen.

Ich selbst sehe es in den Projekten meiner Kunden. Es überrascht mich immer wieder, wie einige davon über Jahre finanziert werden, ohne greifbare Ergebnisse und Mehrwert zu liefern. Warum ruft nicht mal jemand „Stopp"? Das erinnert mich an den sogenannten Sunk-Cost-Trugschluss: Je mehr bereits in ein Projekt investiert wurde, desto schwerer fällt es, dieses loszulassen. Falls du dazu mehr erfahren möchtest: Rolf Dobelli (2020) beleuchtet solche typischen Denkfallen eindrücklich in seinem Werk *Die Kunst des klaren Denkens*.

Warum aber kommt es überhaupt dazu? Wahrscheinlich hat es zwei Gründe – auf der individuellen und auf der Organisationsebene. Auf Ebene der individuellen Projektmitarbeitenden sehe ich oft, wie sich Menschen an ihr „Elend" gewöhnen. Sie hinterfragen in den Projekten nicht mehr, warum sie den fünften Status-Report in derselben Woche ausfüllen. Sie geben sich den Regeln hin, auch wenn sie keinen Sinn ergeben. Veränderung mag der Mensch nicht. Wir Menschen sind Gewohnheitstiere.

Auf der Organisationsebene überwältigen dich die bestehenden Herausforderungen. Die organisationalen Rahmenbedingungen schränken dich ein. Man ist Teil eines Systems, das scheinbar schwer zu verändern ist. Alle brauen ihr Süppchen. Politische Spielchen und Hierarchien wollen lieber nicht hinterfragt werden. Die Projekte, deren Kosten und die Frustration ziehen sich somit in die Länge. Am Ende möchte keiner die Hosen herunterlassen und sagen: „Sorry, wir müssen zurück auf Anfang und unsere Zusammenarbeit überdenken." Denn dann stellt sich die Frage: Wer ist verantwortlich für den Misserfolg? Also lieber erstmal nichts sagen und im Hamsterrad weiterlaufen, beschäftigt wirken und fleißig an allen Online-Meetings teilnehmen.

Nach dem Motto „viel hilft viel" füllen sich die Kalender immer mehr. Alle haben viel zu tun, mehr als sie bewältigen können. Das spiegelt sich demnach in den Online-Meetings wider: Sie finden rein aus Gewohnheit statt und sind schlecht vorbereitet. Es sind viel zu viele Teilnehmer dabei. Oder sie haben keine Ziele. Anstrengend! Solche unzureichenden und übermäßigen Online-Meetings rauben allen die Energie. So werden die Online-Meetings in der Abwärtsspirale immer schlechter und die Meeting-Kultur geht den Bach hinunter. Da findest du dich nun wieder – im Kalender-Tetris. Eine Rückkehr zur Meeting-Kultur mit Mehrwert startet bei dir. Doch es braucht ebenfalls eine Veränderung in der Organisation (Perlow et al., 2017).

3.3   Virtuelle Arbeitswelt: Fluch oder Segen?

Das Arbeiten an getrennten Standorten, flexible Arbeitsplanung und Homeoffice haben wie zuvor erwähnt Vorteile. Online-Meetings trennen uns dennoch physisch und verbinden uns gleichzeitig 24/7. Ein Spagat, der gemeistert werden möchte. Während der Pandemie stellten Wissenschaftler eine Zoom-Fatigue fest (Fauville et al., 2021). Viele empfanden den Zwang zur permanenten Online-Kommunikation als eine starke Belastung. Dazu mehr in Kap. 5.

Aus Projekten, für die ich tätig bin, weiß ich: Vielen Mitarbeitenden fehlt die Unmittelbarkeit der Kommunikation von Angesicht zu Angesicht und der allgemeine Austausch. Sprich: Dinge mal eben schnell klären. Im Büro würdest du an dem Platz deines Kollegen vorbeigehen: „Hey Thomas. Was ist eigentlich mit dem Kick-off nächste Woche? Gibt es da noch etwas vorzubereiten?" Remote braucht es dafür eine Nachricht, E-Mail oder im schlimmsten Fall einen weiteren Termin in deinem ohnehin bereits randvollen Kalender.

Ian kann mit Emma zwischen Tür und Angel klären, ob der Projektstatus gut ausschaut. Simone möchte mit Gregor mal wieder einen Kaffee trinken, einfach mal kurz quatschen. Im Homeoffice muss sie einen Termin für eine virtuelle Kaffeepause finden. Die Hürden sind dann oft einfach größer als im Büro. Keiner möchte noch einen zusätzlichen Tetromino im Kalender-Tetris. Und so fehlen häufig die zwischenmenschlichen Aspekte, die zu einer vertrauensvollen Zusammenarbeit verhelfen.

Aufgrund des sehnsüchtigen Wunsches nach Pause stellen sich Mitarbeitende „heimlich" einen Termin-Blocker ein. An sich keine schlechte Idee, wenn es doch nur offiziell für alle gültig wäre. Alle sind aber so gestresst, dass selbst die Bio-Pause ausfallen muss, sie findet schlichtweg keinen Platz im Kalender. Dass das auf die Dauer nicht gut sein kann, ist uns allen klar.

Hinterfragst du noch Einladungen, die du bekommst? Die meisten Menschen sind vor lauter Termineinladungen so abgestumpft, dass sie gar nicht mehr die Einladung durchlesen. Sie klicken blind auf „annehmen", sobald der nächste Termin hereinfliegt. Auch das ist Nonsens. Es gibt da auch einen anderen, besseren Weg – dazu später mehr.

Du denkst dir jetzt: „Bei uns im Unternehmen ist es besonders schlimm." Das mag sein. Ich versichere dir allerdings eines: In vielen Organisationen ist es herausfordernd, effiziente Online-Meetings durchzuführen und alle Teilnehmer bei der Stange zu halten. Wie gut oder schlimm es ist, hängt unter anderem von der Unternehmenskultur ab. Welche Werte vertritt das Unternehmen? Herrscht ein ausreichend großes Vertrauensverhältnis zwischen den Menschen, um überhaupt gut online zusammenzuarbeiten?

Teams, die sich vertrauen und sich aufeinander verlassen können, tun sich häufig viel leichter in der virtuellen Welt. Bei „Kamera und Mikrofon aus" und schwarzem Bildschirm muss man sich gewissermaßen „blind" vertrauen. Das ist leider in vielen Fällen nicht der Fall. Oft wird vergessen, dass in Online-Meetings ähnliche Regeln gelten wie in einem physischen Besprechungsraum. Zu Besprechungen im Büro trifft sich schließlich auch keiner mit Tüte über dem Kopf und Klebeband über dem Mund.

Literatur

Dobelli, R. (2020). *Die Kunst des klaren Denkens. 52 Denkfehler, die Sie besser anderen überlassen* (2. Aufl.). Piper Verlag GmbH.

Fauville, G., Luo, M., Muller Queiroz, A. C., Bailenson, J. N., & Hancock, J. (2021). *Zoom exhaustion & fatigue scale.* https://doi.org/10.2139/ssrn.3786329.

Literatur

Perlow, L. A., Noonan Hadley, C., & Eun, E. (2017). *Stop the meeting madness.* Harvard Business Review. https://hbr.org/2017/07/stop-the-meeting-madness. Zugegriffen: 18. Jan. 2024.

Striebing, C., Hochfeld, K., Jütting, M., Altinalana, L., Schneider, S., & Schneider, J. (2020). *Ergebnisbericht – Virtuell innovativ. Zusammenarbeit und Innovationskraft am Standort Deutschland gestalten.* In W. Bauer, O. Riedel, & M. Schraudner (Hrsg.), Fraunhofer IAO.

4 Ineffizienz und Horrorgeschichten von Online-Meetings

Zusammenfassung

Allein über „Horrorgeschichten" in Online-Meetings könnte ich ein ganzes Buch schreiben. Ein paar Geschichten möchte ich in diesem Kapitel mit dir teilen. Im Folgenden findest du außerdem eine Mischung aus Studien und meinen persönlichen Erfahrungen zu verschiedenen Aspekten, die zur Ineffizienz von Online-Meetings führen. Meistens sind die Unternehmen, die offline bereits eine ineffiziente Meeting-Kultur haben, auch online nicht besser. Ich bin der festen Überzeugung, dass schlechte Online-Meetings am Ende daraus resultieren, dass die Kalender zu voll sind, die Menschen müde sind und es „menschelt". Hier gilt es also, eine positive Veränderung zu bewirken. Ich möchte dir helfen, Zeitverschwendung zu vermeiden und Online-Meetings sinnvoll zu nutzen. Los geht's!

4.1 Gründe für ineffiziente Online-Meetings

Im Folgenden findest du eine Mischung aus Studien und meinen persönlichen Erfahrungen zu verschiedenen Aspekten von Meetings wie ihrer Anzahl, Effizienz, Häufigkeit, Dauer, Produktivität und der Zufriedenheit der Teilnehmer. Hier sind einige spannende Erkenntnisse.

1. Übermaß an Meetings ohne Ergebnis
Gemäß einer Studie der Harvard Business Review von Perlow et al. (2017) verbringen Führungskräfte durchschnittlich 23 h pro Woche in Meetings, wobei viele dieser Meetings von ihnen selbst als ineffizient und wenig produktiv eingestuft wurden.

Laut Perlow et al. (2017) äußerten 71 % der befragten Manager, dass die Effizienz ihrer Meetings im Allgemeinen zu wünschen übriglässt. Bei 65 % besteht die Auffassung, dass Besprechungen als eine Art Hindernis wirken, da sie die Teilnehmer von ihren Arbeitsaufgaben ablenken. Die Umfrage legt nahe, dass in Meetings zahlreiche Gelegenheiten ungenutzt verstreichen, um die Teamverbindung zu stärken.

Die Teilnehmer einer Studie von ClickShare (o. J.) sind überzeugt, dass Meetings entweder mangelhaft organisiert sind oder im schlimmsten Fall keinen erkennbaren Nutzen haben. Fast ein Drittel der weltweit Befragten gibt an, dass sie weniger als die Hälfte ihrer Meetings als nützlich empfinden. Mehr als 86 % der deutschen Befragten empfinden Zuspätkommen als störend (ClickShare, o. J.).

2. Meetings haben keine Agenda
In den meisten Projekten finden täglich Online-Meetings statt, die keine Agenda haben. Warum treffen wir uns eigentlich? Warum sitzen wir mit vielen Menschen vor dem Rechner, anstatt unserer eigentlichen Arbeit nachzugehen?

Was ist das Ziel eines Daily-Meetings? Was wollen wir in dem Workshop erreichen? Wie werden die nächsten vier Stunden des Kick-offs ablaufen? Wer kein Ziel hat, kann auch keines erreichen, oder? Fehlt die Struktur im Online-Meeting, läuft dieses planlos ab. Das führt zu Fragen wie: „Was zur Hölle tun wir hier?" Nicht dass ich es erwähnen müsste, aber: Solche ineffektiven Online-Meetings ohne klare Richtung sind nicht sinnvoll und verschwenden die Zeit von uns allen.

3. Teilnehmer werden wahllos eingeladen
Ein Workshop, wie schön. Dann lasst uns doch mal Outlook-Verteilerkreise oder gleich das gesamte Projekt einladen. 50 Teilnehmer, kein Problem. Sind schließlich alle im Thema involviert. Keiner hinterfragt so wirklich, warum er oder sie dabei sein soll.

Die fehlende Agenda wie oben erklärt führt oftmals auch dazu, dass Teilnehmende nicht beurteilen können, ob ihre Anwesenheit erforderlich ist. Da keiner die Einladung von Stefanie ablehnen wollte, sitzen jetzt alle ohne Redeanteil zusammen im Online-Meeting, beschäftigen sich aber mit unterschiedlichen Dingen. Emma bastelt die Präsentation für den Lenkungskreis am nächsten Tag. Thomas baut die neue Schnittstelle im System. Ian bereitet das Feedback-Gespräch mit seiner Mitarbeiterin am Nachmittag vor. Wer kann ihnen das verübeln?

4. Meetings starten nicht pünktlich
Hast du dir schon einmal Gedanken darüber gemacht, was die Verspätung im Online-Meeting kostet? Ich rechne mir immer in einer selbst gebastelten Excel-Tabelle die Kosten für ein Meeting aus. Dazu kalkuliere ich mit 95 € pro Stunde pro Teilnehmer. Zu diesem Faktor komme ich aus Erfahrung in meinen Projekten. Er ist eine Mischung aus den Kosten für interne und externe Mitarbeiter. Ist das Meeting für eine Stunde angesetzt, dann gehen etwa acht Prozent der Kosten für das fünfminütige Warten drauf. Bei 10 min

4.1 Gründe für ineffiziente Online-Meetings

entsprechend etwa 16 %, bei 15 min bereits 25 %. Puff – verbranntes Geld! Gut, dass das keiner aus der eigenen Tasche bezahlen muss.

Es erscheint schließlich so einfach: Pünktlich sein und damit bares Geld sparen. Jetzt könnte die Frage aufkommen, warum Menschen so häufig zu spät zu Online-Meetings kommen. Ich bin überzeugt, dass es in den wenigsten Fällen ein böser Wille ist. Vielmehr ist es eine unüberwindbare Herausforderung, von einem Online-Meeting, das von 8:00 Uhr–8:30 Uhr geplant war und fünf Minuten überzogen wurde, rechtzeitig in das nächste Online-Meeting um 8:30 Uhr zu kommen. Das geht nun mal nicht! Die Lösungen können sein: Entweder eine Pause zwischen Meetings planen oder alle Meetings absolut pünktlich beenden. Klingt einfach, oder?

5. Fehlende Interaktion in Online-Meetings
Die Aufmerksamkeit von 59 % der befragten Führungskräfte wird laut Umfrage bereits durch die Menge der täglichen Meetings beeinflusst (ClickShare, o. J.). 20 % geben sogar zu, schon einmal während einer Besprechung eingeschlafen zu sein. Gemäß einer Umfrage von Verizon (2023) gestanden 90 % der Befragten, ihre Aufmerksamkeit während Besprechungen zu verlieren. 70 % gaben an, während Online-Meetings andere Tätigkeiten zu verrichten. Ergo: Nur 10 % sind voll dabei und lediglich 30 % machen nebenbei nichts anderes (oder geben es zumindest nicht zu). Das ist erschreckend.

Ian ist jemand, der grundsätzlich die Kamera in Online-Meetings einschaltet. Er denkt sich: „Das ist meine Arbeitszeit. Und selbstverständlich zeige ich mich dort." So klar ist das für den Rest des Teams hingegen offensichtlich nicht. Er fragt sich, wie er es schafft, sein Team dazu zu bewegen, die Kamera und das Mikrofon in Online-Meetings einzuschalten. Er redet oftmals mit oder gegen einen schwarzen Bildschirm und er weiß nicht, ob seine Botschaft ankam.

Ich kenne es selbst aus meinen Projekten gut. Wenn ich neu in einem Team bin und Retrospektiven durchführe, ist es zu Beginn oft ähnlich. Ein paar wenige beteiligen sich, der Rest ist nur mit halbem Ohr dabei. Das ist für den Moderator nervig und Meeting-Teilnehmer sind mehr und mehr frustriert. Zum einen, weil es einfach zu viele Meetings sind. Und zum anderen, weil der Eindruck entsteht, dass keinerlei Ergebnis erzielt wird. Meetings ohne Interaktion sind sinnlos. Da hätte man auch allein für sich selbst arbeiten können, oder nicht?

6. Fehlende Protokolle nach Online-Meetings
Meetings ohne Protokoll und Ergebnisse sind ein echtes Problem. Stell dir vor, niemand erinnert sich später, was in einem Meeting entschieden wurde. In vielen Projekten erlebe ich, wie entscheidend Protokolle sind. Anfangs werden Meetings gut dokumentiert, mit steigendem Druck und zunehmenden Online-Meetings gehen die Übersicht sowie der eigentliche Projektstatus dann allmählich verloren. Die Folge: Unterbrechungen im Arbeitsfluss, der Verlust von bereits zusammengetragenen Informationen und verlorene Zeit für wichtige Aufgaben. Dabei scheint die Lösung so einfach. Tools wie SharePoint,

Google Drive, Jira oder Teams helfen dabei, Informationen zentral und effizient zu speichern. Dazu später mehr.

Fazit

Es gibt nun eine schlechte und eine gute Nachricht. Die schlechte Nachricht zuerst: Die Ergebnisse deuten darauf hin, dass Online-Meetings häufig als ineffizient empfunden und als Zeitverschwendung angesehen werden. Kommen wir nun zur guten Nachricht: Erkenntnis ist der erste Weg zur Besserung. Du hast die Chance, dem Elend ein Ende zu setzen. Beginne mit der Veränderung bei dir selbst und trage diese anschließend in deine Organisation!

4.2 Horrorgeschichten von Online-Meetings

Es gibt so manche Horrorgeschichte von Online-Meetings, die ich entweder selbst erlebt oder erzählt bekommen habe. Ich bin gespannt, wo du gleich schmunzeln wirst, weil du denkst: „Ja, kenne ich!"

Virtuelle Hintergründe, die nicht tun, was sie sollen

Das Steering Committee beginnt am frühen Morgen, die Vorstandsvorsitzenden und alle „wichtigen" Menschen wählen sich in das Online-Meeting ein. Sven, der Projektleiter, kommt dazu und hat einen neuen virtuellen Hintergrund. Um die Stimmung aufzulockern und seine eigene Nervosität zu vertuschen, sagt Ian scherzhaft zu Sven: „Wow, du hast ja ein aufgeräumtes Büro!" In einem unachtsamen Moment verschwimmt der virtuelle Hintergrund und die Realität wird sichtbar. Das schöne Büro entpuppt sich als ein absolutes Chaos-Wohnzimmer, umgeben von den Essensresten des Vorabends und Bierflaschen. Ein Lächeln schleicht sich auf die Gesichter aller Teilnehmer. Sven hatte offensichtlich eine lange Nacht. Und alle werden Zeugen dessen. Sven kann sich zukünftig einfach eine andere, ordentliche Ecke für das Online-Meeting aussuchen, anstatt sich auf einen virtuellen Hintergrund zu verlassen.

Haustiere, die im Mittelpunkt stehen möchten

Emma moderiert das Status-Meeting eines IT-Projektes und bittet alle nacheinander, den eigenen Status zu präsentieren. Katharina, die wohl gerade mit ihrer Katze beschäftigt war, ist unerwartet früher an der Reihe und schaltet ihre Kamera und den virtuellen Hintergrund dazu ein. Während sie ihren Status in der Runde berichtet, taucht immer wieder ein Katzenschwanz vor ihrem Gesicht auf, wie in Abb. 4.1 zu sehen ist. Katharina versucht, sich nichts anmerken zu lassen, dennoch ist es ihr sichtlich peinlich. Jetzt beginnt auch noch das Miauen, denn die Katze fühlt sich unbeachtet. Katharina unternimmt den Versuch, die Katze aus dem Raum zu schaffen – vergeblich. Das Lachen im Online-Meeting wird lauter und Emma bittet die nächste Person, mit dem Status weiterzumachen. Beim nächsten Mal sitzt Katharina während des Status-Meetings in einem Raum ohne ihre Katze.

4.2 Horrorgeschichten von Online-Meetings

Abb. 4.1 Katze im Video

Das bisschen Haushalt macht sich (nicht) von allein
Ian lädt zu einem Kick-off ein. Angelika denkt sich: „Ach, gut. Ein „Zuhörmeeting", ich muss nichts tun." Diese Gelegenheit nutzt sie, um den Haushalt zu machen. Sie vergisst dabei allerdings, das Mikrofon auszuschalten. Sie beginnt die Wäsche zu bügeln und alle hören das Zischen ihres Bügeleisens. Zunächst fragen sie sich, wo es herkommt. Ein schelmisches Lächeln huscht über die Lippen der Teilnehmer, während sie sich fragen, wer ihr sagt, dass sie „erwischt" wurde. Was sich auf den ersten Blick sehr unterhaltsam liest, enttäuscht Ian. Denn er empfindet es als respektlos und als Zeitfresser und Störfaktor des Kick-offs. Ihm war es wichtig, dass die Ziele für das neue Projekt bei allen ankommen. Was hältst du davon?

Ungewollte Einblicke ins Homeoffice
Alex bleibt im Homeoffice gerne bis zur Mittagspause im Schlafanzug. Er klappt seinen Laptop auf und nimmt auf die letzte Minute an dem Daily-Meeting teil, zu dem Emma eingeladen hat. Er schaltet kurz das Mikrofon an, um „Guten Morgen" zu sagen. Im Glauben, dass Mikrofon und Kamera ausgeschaltet sind, gähnt er im Schlafanzug vor sich hin wie in Abb. 4.2 zu sehen ist. Der Rest des Teams realisiert es, sagt jedoch zunächst nichts.

Abb. 4.2 Ungewollte Einblicke ins Homeoffice

Im Hintergrund läuft seine Freundin vorbei, die leicht bekleidet auf dem Weg zur Kaffeemaschine ist: „Alex, warst du schon einkaufen? Was gibt es denn heute zu essen?" Er antwortet genervt, dass er bisher nicht dazu gekommen sei, weil er noch tausend andere Dinge zu tun habe. Mittlerweile sehen alle, wie Sascha und seine Freundin streitend in der Küche stehen.

Emma sagt ihm, dass er seine Kamera angeschaltet hat, was dazu führt, dass er unmittelbar darauf das Daily-Meeting verlässt. Das wird ihm zukünftig sicher nicht mehr passieren.

Viel zu tiefe Einblicke in die Privatsphäre
Diese Story ist kein Scherz, sondern Emma tatsächlich so passiert: Sie hat in einer Training-Session mit Key Usern des neuen IT-Systems etwas erlebt, was wirklich nichts in beruflichen Online-Meetings zu suchen hat. Während ihrer Präsentation bemerkte die gesamte Gruppe plötzlich ein Plätschern und „Ploppen" im Hintergrund. Verwirrung breitete sich aus, als alle versuchten, die Quelle dieses Geräusches zu identifizieren, anstatt der Wahrheit ins Auge zu blicken.

Nachdem dann das Abreißen von Toilettenpapier sowie die Klospülung zu hören waren, konnte es keiner mehr verneinen. Manfred hatte vergessen, sein Mikrofon stummzuschalten. Er dachte, es sei in Ordnung, das Training von der Toilette aus zu verfolgen. Nein, das ist es nicht.

Emma versuchte es mit Humor zu nehmen und sagte, dass dies die „bisher unkonventionellste Meeting-Umgebung" sei, die sie je erlebt hatte. Seitdem wurde Manfreds „Toiletten-Einlage" zu einem Dauerscherz innerhalb des Teams. Wärst du nicht auch froh, das nicht hören zu müssen?

Den falschen Bildschirm teilen
In einem Daily-Meeting diskutiert das Team über einen von Stefan zu lösenden Fehler im System. Ian bittet Stefan, kurz seinen Bildschirm zu teilen, damit alle die Sicht auf die notwendigen Informationen haben. Als Stefan den Bildschirm teilte, bemerkte er zu spät, dass er den falschen Bildschirm ausgewählt hatte – den Bildschirm, der das Fenster zu einer Stellenanzeige und seiner Bewerbung in einem anderen Unternehmen zeigte.

Diese unbeabsichtigte Offenlegung der Stellenanzeige und seiner Bewerbung vor dem Team stellt für Stefan eine peinliche und potenziell schädigende Situation dar. Das kann nicht nur Vertrauensverluste innerhalb des Teams nach sich ziehen, da seine Kollegen nun über seine offensichtlichen Absichten, das Unternehmen zu verlassen, Bescheid wissen. Es kann außerdem Stefans berufliche Beziehung zu seinen Vorgesetzten und Kollegen belasten. Darüber hinaus könnte diese Situation Stefans Reputation in der Organisation beeinträchtigen und seine Chancen auf zukünftige Projekte oder Beförderungen negativ beeinflussen. Ab jetzt wird er damit sorgsamer umgehen.

Ich glaube, es wird deutlich: Unwichtige Online-Meetings verschwenden jeden Tag Geld und Zeit. Geschichten wie oben beschrieben erscheinen zwar im ersten Moment lustig, sind es aus unternehmerischer Sicht betrachtet allerdings nicht. Den Haushalt machen oder die Toilette besuchen sind auch in Zeiten von Online-Meetings Dinge, die man in der Pause machen sollte. Resultiert am Ende kein Ergebnis, stellt sich die Frage: Sind Online-Meetings wirklich notwendig? Die Antwort lautet: „Ja". Nur eben weniger davon. Online-Meetings sind eine geeignete Plattform, um Themen zu besprechen und sich über betriebliche Aspekte auszutauschen.

Literatur

ClickShare. (o. J.). *Science of success: How to keep people engaged during meeting. A global research study on meeting room engagement.* www.anixter.com/content/dam/Suppliers/Barco/Report%20Science%20of%20Meeting%20Success_global%20pdf.pdf. *Zugegriffen: 18. Jan. 2024.*
Perlow, L. A., Noonan Hadley, C., & Eun, E. (2017). *Stop the Meeting Madness.* Harvard Business Review. https://hbr.org/2017/07/stop-the-meeting-madness. Zugegriffen: 18. Jan. 2024.
Verizon. (2023). *Meetings in America. A study of trends, costs, and attitudes toward business travel and teleconferencing, and their impact on productivity.* https://e-meetings.verizonbusiness.com/global/en/meetingsinamerica/uswhitepaper.php. *Zugegriffen: 18. Jan. 2024.*

Warum Multitasking Nonsens ist 5

> **Zusammenfassung**
>
> In diesem Kapitel erkunden wir das Thema Multitasking im Kontext der digitalen Welt. Wir schauen uns an, wie ständige Erreichbarkeit und Informationsflut über soziale Medien und Smartphones Stress erzeugen und unser Wohlbefinden beeinträchtigen. Außerdem werfen wir einen Blick darauf, wie digitale Medien unsere Aufmerksamkeitsspanne und das Erinnerungsvermögen beeinflussen, und wie die Flut an Informationen unsere Fähigkeit, Informationen langfristig zu speichern, reduziert. Du lernst hier, wie das ständige Wechseln zwischen Aufgaben deine Produktivität verringert, warum Multitasking Nonsens ist und wie das schnelle Denken in Online-Meetings zu Missverständnissen führen kann. Hast du Lust, Meeting Madness und Zoom-Fatigue loszuwerden?

5.1 Die Angst, etwas zu verpassen

Hast du in deinem beruflichen oder privaten Leben manchmal Angst, etwas zu verpassen? Die Welt scheint nie zu stoppen, oder? Die sogenannte Fear of missing out kann zu Stress und einem verminderten Wohlbefinden führen. Eine Meta-Analyse von Fioravanti et al. (2021) zeigt den Zusammenhang zwischen der Nutzung von sozialen Medien und Depression, Sorgen und Angst.

Dein Smartphone ist Sinnbild für die unbegrenzte Möglichkeit der Kommunikation, die Informationsflut und die ständige Erreichbarkeit. Pushnachrichten verführen dich dazu, alles in Echtzeit verfolgen zu wollen. Sie suggerieren, die kleinste Nachricht oder Aktualisierung in diesem Moment sei von besonderer Relevanz für dich. Die Künstliche Intelligenz übernimmt die Weltherrschaft, ein neues weltveränderndes Start-up wird gegründet, ein Sale in deinem Lieblings-Onlineshop ist nur heute verfügbar. Und so erwischst du dich selbst beim endlosen Wischen auf dem Handydisplay.

Diese vermeintlich wichtigen Informationen über das, was da draußen los ist, haben Nachteile. Forscher haben herausgefunden, dass Nutzer im Internet nicht wirklich lesen, sondern oberflächlich über Inhalte hinweg schweben. Laut Carr (2010) schwächt das ständige Scrollen ohne wirkliche Aufnahme das Erinnerungsvermögen. Ehe du dich versiehst, sind so 30 min vergangen. Was davon bleibt am Ende wirklich hängen? Woran erinnerst du dich nach einer Stunde Tippen auf deinem Handy? Wahrscheinlich an nicht viel. Das ständige Scrollen ist eine riesige Ablenkungsmaschine. Du hast dich aber in den letzten Jahren daran gewöhnt, ständig irgendetwas zu machen und irgendwie beschäftigt zu sein.

Die durchschnittliche Verweildauer auf vielen Websites beträgt nur wenige Sekunden. Über Google Analytics sehe ich, wie lange Nutzer im Durchschnitt auf meiner Website bleiben. Die Antwort lautet: sehr kurz! Wie oft habe ich mich gefragt, was ich ändern muss, damit mein Internetauftritt interessanter wird. Wie bleiben die Menschen länger? Und dann fiel es mir wie Schuppen von den Augen: Ich unterhalte nicht und damit verliere ich Personen und deren Aufmerksamkeit. Ich mache es selbst schließlich genauso. Ich scrolle durch – und tschüss.

Eine Studie von Medvedskaya (2022) untersucht die Auswirkung der Digitalisierung auf die Aufmerksamkeit. Die ständige Vernetzung kann eine riesige Unterbrechungs- und Ablenkungsmaschine sein. Viele Menschen, die intensiv digitale Medien nutzen, haben Schwierigkeiten, ihre Aufmerksamkeit über längere Zeiträume aufrecht zu halten. Interessanterweise ist das bei Personen, die ihre Bildung noch vor der digitalen Ära erhielten und Bücher lasen, anders. Es zeigt sich, dass sie eine deutlich längere Aufmerksamkeitsspanne haben als jene, die vorwiegend das Internet nutzen. Sie konzentrieren sich besser und lassen sich im Vergleich mit den aktiven Internetnutzern weniger ablenken. Wie sieht es mit deiner Aufmerksamkeit aus?

Der Speicherprozess, der im Hippocampus stattfindet (Birbaumer & Schmidt, 2018), steht unter Dauerstress. „Was zur Hölle soll ich denn noch alles tun?", schreit dich dein Hippocampus ständig an. Kurzzeitige Erinnerungen haben kaum eine Chance, ins Langzeitgedächtnis zu gelangen. Dein Gehirn findet nicht ausreichend Zeit und Ruhe, um diese Informationen zu verarbeiten. Es sieht darin schlichtweg keine Notwendigkeit mehr und hat verlernt, Informationen zu speichern, zu verarbeiten und im passenden Moment abzurufen.

Ist das ein Problem? Ein Professor hat mal zu mir gesagt: „Das Gute heutzutage ist, dass du Dinge nicht mehr wissen musst, sondern nur, wo sie stehen." Praktisch ist es dir jederzeit möglich, sämtliche Informationen online herauszufinden. Du musst nichts mehr auswendig lernen. Ich sehe das Ganze dennoch kritisch. Schön, dass ich alles nachlesen kann. Doch für mich klingen Nachrichten, wie dass der Bildungsindex nach unten geht, sehr erschreckend. Wie kann es sein, dass es immer mehr Wissen auf dieser Welt gibt, aber die Intelligenz der Menschen abnimmt? Laienhaft beschreibe ich es so: Dein Gehirn verliert beim ständigen Online-Sein schrittweise die Fähigkeit, Informationen langfristig abzuspeichern. Oder anders gesagt: „Use it, or lose it". Lässt du dich immer mit Google Maps zum nächsten Ziel bringen, wird das langfristig dein Orientierungsvermögen schwächen.

Randall et al. (2014) vermuten, dass das Abschweifen der Gedanken während der Arbeit negative Auswirkungen auf die Leistung hat. Dies bedeutet, dass die Ablenkung die Fähigkeit verringert, deine täglichen komplexen und anspruchsvollen Aufgaben effektiv zu erledigen. In einem Online-Meeting könnte sich der negative Zusammenhang zwischen schweifenden Gedanken und Arbeitsleistung folgendermaßen auswirken: Bist du in Online-Meetings nicht aufmerksam, fällt es dir zunehmend schwerer, bei der Sache zu bleiben. Du verpasst wichtige Informationen. Das wiederum führt zu Fragen wie: „Entschuldigung, was hast du gesagt? Ich war abgelenkt. Könnt ihr das bitte wiederholen?" Du kannst dich selbst einmal fragen, wie lange du dich wirklich mit einer einzigen Aufgabe am Stück beschäftigen kannst, ohne dich ablenken zu lassen. Teste es doch mal aus.

5.2 Switching Costs bei Multitasking

Mit dutzenden geöffneten Browser-Tabs und ständigen Benachrichtigungen prasselt täglich eine Flut an digitalen Informationen auf dich ein. Der Ton einer eingehenden E-Mail, das Piep-Geräusch einer WhatsApp-Nachricht oder ein klirrendes Klingeln des Handys beim Anruf des Chefs. All diese Töne sind bereits tief in deinem Gehirn verankert und verführen dich dazu, aktiv zu werden: „Reagiere, und das am besten schnell. Los, los. Behalte die Kontrolle über alle Ereignisse." Dein Handy mit allen Apps konditioniert dich regelrecht. Mehr Informationen, mehr Aufgaben, mehr Druck. Das Einzige, wovon du nicht „mehr" erhältst, ist die Zeit, die du für all deine Aufgaben hast.

Gerade in großen Projekten fühlst du dich vermutlich oft von der Masse an parallelen Aufgaben und Meetings erdrückt. Präsentationen, Dokumentationen und Informationen über die nächste Projektphase werden über sämtliche Kommunikationskanäle verteilt. Eine Bain-Studie von Mankins (2014) ergab, dass Führungskräfte durchschnittlich 30.000 E-Mails pro Jahr erhalten. Ferner verbringt die gesamte Belegschaft der untersuchten Unternehmen jährlich rund 15 % ihrer Arbeitszeit in Besprechungen – ein Wert, der stetig steigt. Und so springen alle umher, versuchen die Informationen zu verarbeiten, alle E-Mails zu beantworten, an allen Online-Meetings teilzunehmen und gleichzeitig der eigentlichen Arbeit nachzukommen. Am Ende fühlt sich keiner so richtig abgeholt und informiert, weil das einfach zu viel ist.

Ich bin mir sicher, dass viele Menschen es als Talent ansehen, „multitaskingfähig" zu sein. Tatsächlich zeigt die Forschung jedoch, dass das menschliche Gehirn nicht für die simultane Bewältigung mehrerer Aufgaben optimiert ist. Vielmehr verschiebt es blitzschnell seine Aufmerksamkeit von einer Aufgabe zur nächsten, wodurch die Illusion von Multitasking entsteht. Meyer et al. (2001) kommen zu dem Schluss, dass Multitasking die Effektivität und Präzision verringert. Die Wissenschaftler analysierten, wie viel Zeit

Personen benötigen, um von einer Aufgabe zur nächsten zu wechseln. Ihre Ergebnisse zeigten, dass das Wechseln zwischen unterschiedlichen Tätigkeiten mehr Zeit kostet als das kontinuierliche Arbeiten an einer einzelnen Aufgabe.

Dieses Phänomen wird als Switching Costs bezeichnet. Je komplexer und unvertrauter die Aufgaben, desto höher die Switching Costs. In einer Studie von Kiesel et al. (2010) wurde festgestellt, dass das Wechseln zwischen Aufgaben (Task Switching) außerdem die Fehlerquote erhöht und du damit mehr Zeit für die Aufgaben benötigst. So verlängert sich die Dauer deines Arbeitstages. Einfach gesagt: Multitasking macht dich langsamer und kostet dich am Ende womöglich deine Freizeit.

Kahneman (2011) beschreibt in seinem Modell der beiden Denksysteme, wie das Gehirn in einer Welt ohne nonverbale Signale arbeitet. In Online-Meetings führt schnelles, intuitives Denken oft zu voreiligen Reaktionen, die Missverständnisse verursachen können. Teilnehmer reagieren impulsiv, ohne alle Informationen zu bedenken. Langsames Denken, das bewusste Anstrengung erfordert, ist für das Verarbeiten komplexer Informationen und für fundierte Entscheidungen wichtig. Effektive Online-Kommunikation erfordert das Balancieren beider Denkweisen. Schnelles Denken reicht aus, um in deinem täglichen Tun auf Teams-Nachrichten oder E-Mails zu reagieren. Geht es um wichtige Entscheidungen oder zwischenmenschliche Konflikte, solltest du „langsam denken". So vermeidest du oberflächliches Denken, berücksichtigst alle Aspekte gründlich und triffst durchdachte Entscheidungen (Kahneman, 2011).

Kennst du die Situation, dass du einfach alles schnell abarbeiten möchtest und dir denkst: „Ich mache es jetzt einfach schnell, dann ist es erledigt"? Du tust dir damit oft keinen Gefallen. Auch in Online-Meetings ist es von entscheidender Bedeutung, bewusst zwischen schnellem und langsamem Denken zu balancieren. Das bewusste Verständnis und die Anwendung dieser beiden Denksysteme fördern die effektive Kommunikation (Kahneman, 2011).

Frage dich selbst: „Denke ich gerade schnell genug, um eine gute Diskussion im Team aufrechtzuerhalten? Denke ich langsam genug, um alle wichtigen Punkte des Online-Meetings aufnehmen zu können? Bin ich in jeder Hinsicht anwesend im Meeting und nicht gedanklich schon wieder auf dem Sprung zur nächsten Besprechung?" Ich bin überzeugt, dass das eigene Reflektieren zu produktiven Diskussionen und einer besseren Entscheidungsfindung in Online-Meetings führt. Was denkst du?

5.3 Meeting Madness

Wie immer im Leben: Die Dosis macht das Gift. Zu viele Meetings führen zu „Meeting-Wahnsinn". Du hast weniger Zeit für deine Aufgaben und dies führt dazu, dass du die Zeit dann in Form von „Überstunden" nachholen musst. Der Begriff Meeting Madness bezieht sich auf die wachsende Frustration und Belastung durch die zunehmende Anzahl und Dauer von Meetings. Es ist die negative Auswirkung von zu vielen ineffizienten Meetings auf die Produktivität und das Wohlbefinden der Mitarbeitenden.

Wie sich das im Projektalltag widerspiegelt? Emma möchte gute Arbeit leisten. „Nein" sagen zu einer Terminanfrage kommt ihr vor, als würde sie die Arbeit verweigern. Und daher packt sie ihren Kalender gern von Montag bis Freitag randvoll mit Meetings, obwohl sie weiß, dass die Online-Meetings keine Ergebnisse bringen. Sie hat das Gefühl, dass sie und ihre Kollegen irgendwie die Zeit in Meetings absitzen. Es kommt ihr so vor, als ob die Meetings außer Kontrolle geraten und die Zeit der Teilnehmer unnötig binden, ohne dass die gewünschten Ergebnisse erzielt werden. Sie spürt die Frustration bei sich selbst, aber auch bei anderen. Leider bleibt dabei kaum mehr Zeit für wichtige Networking-Aktivitäten, die Emma als sozial engagierte Persönlichkeit schätzt. Sie ist in einem Dilemma gefangen und möchte einen effektiven Weg aus dem Kalender-Tetris finden. Kennst du das Gefühl?

5.4 Zoom-Fatigue

Kommt dir die Situation vertraut vor? Du sitzt erschöpft an deinem Schreibtisch, nachdem du gerade ein langes Online-Meeting beendet hast. Neben dir auf dem Schreibtisch stehen leere Kaffeetassen. Ohne Kaffee scheinst du den Tag kaum zu schaffen. Du lehnst dich zurück, reibst dir die Augen und spürst ein Gefühl von Erschöpfung, nicht körperlicher Art, sondern eher ein Gefühl des „Durchseins", wie in Abb. 5.1 zu sehen. Nun gehst du mit diesem Gefühl ohne Pause in das nächste Online-Meeting. Dort kommst du aber einfach nicht so richtig in das Thema rein, die Motivation fehlt. Aus einem bestimmten Grund fühlt sich nichts leicht an. Selbst das neue spannende Projekt droht genauso zäh zu werden wie die letzten. Warum fällt es uns manchmal schwer, mit ganzem Herzen bei der Sache zu sein?

Eine Studie des Instituts für Beschäftigung und Employability IBE, durchgeführt von Rump und Brandt (2020), beschäftigt sich mit dem Phänomen Zoom Fatigue. Namensgebend für diesen Begriff ist das Online-Meeting-Tool Zoom. Etwa zwei Drittel der Betroffenen berichteten von einer Zunahme der eigenen Erschöpfung seit Sommer 2020 (Rump & Brandt, 2020).

Häufig genannte Symptome der Zoom Fatigue waren die Reduktion der Konzentration, Ungeduld und ein generelles „Genervt-Sein" bis hin zu schwerwiegenden körperlichen Symptomen wie Kopfschmerzen, Rückenschmerzen und sogar Schlafstörungen. Die Folgen daraus können auch für das Unternehmen weitreichend sein. Von sinkender Motivation oder massiver Beeinträchtigung der Attraktivität des Arbeitgebers hin zu Fehlzeiten, Krankenständen, unproduktiver Arbeitszeit oder eingeschränkter Leistungsfähigkeit. Es gibt unterschiedliche Studien wie die des Instituts für Beschäftigung und Employability IBE, die belegen, dass jeder zweite Mitarbeiter innerlich bereits gekündigt haben soll (Rump & Brandt, 2020).

Abb. 5.1 Zoom-Fatigue im Homeoffice

Besonders belastend und ausschlaggebend für den Schweregrad der Zoom Fatigue sind nach Studien dabei mangelnde nonverbale Hinweise, fehlender Small Talk, eingeschränktes Netzwerken und organisatorische Rahmenbedingungen. Auch die Häufigkeit und Dauer der Online-Meetings spielt eine große Rolle (Fauville et al., 2021a, b). Ergo: Je mehr Online-Meetings, desto müder die Mitarbeitenden. Anstatt Online-Meetings als reinen Zeitvertreib zu degradieren, müssen wir einen Moment innehalten und uns fragen: „Was tun wir hier gerade"? Es ist sehr wichtig, ein Bewusstsein hinsichtlich Zoom Fatigue zu entwickeln und entsprechende Gegenmaßnahmen zu etablieren. Oder was meinst du?

5.5 Overconfidence-Effekt

Das menschliche Gehirn tendiert bei der mentalen Vorstellung von geplanten Aktivitäten dazu, die Zeit zu komprimieren. Bill Gates sagt dazu: „Menschen überschätzen oft, was sie in einem Jahr erreichen können. Und unterschätzen gleichzeitig, was sie in zehn Jahren erreichen können." Der Overconfidence-Effekt bezieht sich auf die Tendenz von Individuen, ihre eigenen Fähigkeiten, das Wissen oder die Kontrolle über eine Situation zu überschätzen (Dobelli, 2020): „Hach, klar. Das schaffe ich noch. Ich schicke dir die Präsentation morgen."

Der Overconfidence-Effekt hat tiefe Wurzeln in der menschlichen Natur, was in der Vergangenheit evolutionäre Vorteile bot. In der modernen Welt führt er jedoch oft zu suboptimalen Entscheidungen, die gerade in Projekten zu Verspätungen aufgrund von Fehleinschätzungen führen können. Kein Wunder, dass kaum ein Projekt in der ursprünglich geplanten Zeit fertig wird.

Planning fallacy ist ein weiteres psychologisches Phänomen, bei dem Menschen dazu neigen, die Zeit, die sie zur Fertigstellung zukünftiger Aufgaben benötigen, zu unterschätzen (Lovallo & Kahnemann, 2003). Dies geschieht, obwohl sie wissen, dass ähnliche Aufgaben in der Vergangenheit länger gedauert haben. Warum ist das so? Die Planning fallacy resultiert aus der Neigung, optimistisch zu sein und nicht alle möglichen Hindernisse oder Verzögerungen bei der Planung zu berücksichtigen. Grund dafür ist auch, dass man zu Beginn noch gar nicht alle Details und Herausforderungen des Vorhabens kennt. Es wird empfohlen, vergangene Erfahrungen stärker zu berücksichtigen und realistischere Planungen zu erstellen. Agile Methoden nutzen kürzere Zeiträume, um Überraschungen zu vermeiden und die zeitliche Komprimierung im Auge zu behalten. Dies hilft dabei, realistische Zeithorizonte zu schaffen und das Kalendermanagement zu verbessern.

Was du aus den Studien mitnehmen kannst? Aus ihnen lässt sich schließen, dass ein Übermaß an Online-Meetings und Bildschirmzeit nicht nur physische, sondern auch tiefgreifende psychische und soziale Auswirkungen haben kann. Es macht dich auf Dauer müde. Es ist daher entscheidend, ein gesundes Gleichgewicht für deine Zeit „online" zu finden, um die sozialen und emotionalen Fähigkeiten zu erhalten und zu fördern. Kannst du dich an die Selbsteinschätzung zu Beginn des Buches erinnern? Wie geht es dir? Fühlst du dich erschöpft aufgrund deiner Online-Meetings?

5.6 Zwischenfazit: Online-Meetings streichen, statt verbessern!

Auch, wenn es in den letzten zwei Kapiteln so klingen könnte, als seien Online-Meetings ein echter Fluch. Ich bin der Meinung, sie sind ein echter Segen! Online-Meetings erlauben dir, mit deinem Team über große Distanzen hinweg zusammenzuarbeiten. Aber es macht dich müde, wenn sie Überhand nehmen. Auch, wenn du noch so viele Einladungen für Online-Meetings bekommst, musst du diese nicht alle annehmen. Du bestimmst dein eigenes „zu viel" und schaust, was wegmuss. Genau das ist deine Rolle im Kalender-Tetris.

Gerade in komplexen Projekten der Digitalisierung oder Transformation ist es ungleich wichtiger, an einem gemeinsamen Ziel zu arbeiten und der Gefahr eines „Sich-Verzettelns" entgegenzuwirken. Stelle ich in meinen Projekten die Frage, was die Teams am meisten belastet, dann sagen sie häufig: „Ich habe keine Zeit für meine Arbeit. Ich komme nicht hinterher. Der Kalender ist zu voll." Tagtäglich rechnen Menschen vor, wie viel Zeit sie in unterschiedlichen Online-Meetings verbringen und deshalb keine Chance haben, sich auf eine Sache zu konzentrieren.

Die Realität in vielen Unternehmen ist, dass Mitarbeitende oft mit einer überwältigenden Menge an Aufgaben und Verpflichtungen konfrontiert sind. Dieser hohe Arbeitsdruck kann dazu führen, dass Meetings schlicht und ergreifend schlecht werden. Es ist schon fast Normalität, dass Menschen während eines Meetings nebenbei etwas anderes machen. Denke zurück an die Umfrage von Verizon (2023): Nur 10 % sind mit voller Aufmerksamkeit dabei. Der Rest erledigt andere Aufgaben, beantwortet E-Mails oder betreibt anderweitiges Multitasking, um mit dem eigenen Arbeitspensum Schritt zu halten.

In solchen Situationen kann es unfair sein, die alleinige Verantwortung für schlechte Online-Meetings den Teilnehmenden zuzuschreiben. Stattdessen ist es wichtig, die Überlastung der Mitarbeiter als einen entscheidenden Faktor zu erkennen. Die ständige Zeitknappheit und der hohe Druck, produktiv zu sein, können dazu führen, dass Menschen Schwierigkeiten haben, sich auf ein Meeting zu konzentrieren oder sich aktiv daran zu beteiligen. Während gute Meetings inspirierend und produktiv sein können, führt ein Zuviel an Meetings zu Frustration statt zu effektiver Zusammenarbeit.

Um die Situation zu verbessern, sollten Unternehmen nicht nur die Art und Weise, wie Meetings durchgeführt werden, überdenken, sondern auch die Arbeitsbelastung der Mitarbeitenden reduzieren. Dies könnte beispielsweise bedeuten, Prioritäten zu setzen, klare Kommunikation über Erwartungen und Arbeitslast zu fördern und darüber hinaus sicherzustellen, dass die Teammitglieder realistische Arbeitsziele haben.

Ich möchte gute Projekte machen. Und du sicher auch! Am Ende komme ich immer zu dem einen Punkt: Es menschelt! In der streng getakteten Berufswelt wird schon mal vergessen, dass der Mensch keine Maschine mit standardmäßigen Programmen ist, sondern ein Individuum mit unterschiedlichen Bedürfnissen. Diese Bedürfnisse passen nicht zu einem Tetris-Kalender, der für alle gleich voll aussieht.

Literatur

Birbaumer, N., & Schmidt, R. F. (2018). *Biologische Psychologie* (7. überarb. u. erg. Aufl.). Springer.
Carr, N. G. (2010). *Wer bin ich, wenn ich online bin – Und was macht mein Gehirn solange? Wie das Internet unser Denken verändert*. Blessing.
Dobelli, R. (2020). *Die Kunst des klaren Denkens. 52 Denkfehler, die Sie besser anderen überlassen* (2. Aufl.). Piper Verlag GmbH.
Fioravanti, G., Casale, S., Bocci Benucci, S., Prostamo, A., Falone, A., Ricca, V., & Rotella, F. (2021). Fear of missing out and social networking sites use and abuse: A meta-analysis. In M. J. Guitton (Hrsg.), *Computers in human behavior Volume 122*. Elsevier.

Fauville, G., Luo, M., Muller Queiroz, A. C., Bailenson, J. N., & Hancock, J. (2021a). *Zoom exhaustion & fatigue scale.* https://doi.org/10.2139/ssrn.3786329.

Fauville, G., Luo, M., Muller Queiroz, A. C., Bailenson, J. N., & Hancock, J. (2021b). *Nonverbal mechanism predict zoom fatigue and explain why women experience higher levels than men.* https://doi.org/10.2139/ssrn.3820035.

Kahneman, D. (2011). *Schnelles Denken, langsames Denken* (18. Aufl). Penguin Random House.

Kiesel, A., Steinhauser, M., Wendt, M., Falkenstein, M., Jost, K., Philipp, A. M., & Koch, I. (2010). Control and interference in task switching – A review. In American Psychological Association (Hrsg.), *Psychological Bulletin, 136*(5), 849–874. https://doi.org/10.1037/a0019842. PMID: 20804238.

Lovallo, D., & Kahnemann, D. (2003). Delusion of success: How optimism undermines executives' decisions. *Harvard Business Review, 81*(7), 56–63.

Mankins, M. C. (2014). *Yes, you can make meetings more productive. Don't let meetings get the best of you.* Bain and Company. https://www.bain.com/insights/yes-you-can-make-meetings-more-productive-hbr/. Zugegriffen: 18. Jan. 2024.

Medvedskaya, E. I. (2022). Features of the attention span in adult internet users. *RUDN Journal of Psychology and Pedagogics, 19*(2), 304–319. https://doi.org/10.22363/2313-1683-2022-19-2-304-319.

Meyer, D. E., Evans, J. E., & Rubinstein, J. S. (2001). Executive control of cognitive processes in task switching. *Journal of Experimental Psychology: Human Perception and Performance, 27*(4), 763–797. https://doi.org/10.1037//0096-1523.27.4.763. PMID: 11518143.

Randall, J. G., Oswald, F. L., & Beier, M. E. (2014). Mind-wandering, cognition, and performance: A theory-driven meta-analysis of attention regulation. *Psychological Bulletin, 140,* 1411–1431.

Rump, J., & Brandt, M. (2020). *Zoom-Fatigue 2. Phase.* Institut für Beschäftigung und Employability IBE.

Verizon. (2023). *Meetings in America. A study of trends, costs, and attitudes toward business travel and teleconferencing, and their impact on productivity.* https://e-meetings.verizonbusiness.com/global/en/meetingsinamerica/uswhitepaper.php. *Zugegriffen: 18. Jan. 2024.*

Deine virtuelle Bühne – Vorbereitung ist alles

6

> **Zusammenfassung**
>
> Kennst du die Situation? Du bist ohnehin schon spät dran und dann will auch die Technik nicht so wirklich. Der Ton funktioniert nicht, die anderen hören dich nicht, dein Bild sieht nicht gut aus. In diesem Kapitel geht es um deine virtuelle Bühne und darum, wie du dich technisch gut auf deine Online-Meetings vorbereiten kannst, um Stress zu vermeiden. Die genannten Probleme kannst du durch die Sicherstellung einer ausreichenden Internetverbindung, den Einsatz eines guten Mikrofons, des passenden Lichts sowie eines virtuellen Hintergrunds und einer externen Kamera vermeiden. Falls dir diese Punkte bereits alle bekannt sind, dann überspringe das Kapitel einfach. Möchtest du doch noch einmal überprüfen, ob du für dein eigenes Meeting-Engagement das Beste herausholst, dann lies dir nachfolgende Tipps durch.

6.1 Stelle eine gute Internetverbindung sicher

Es klingt banal, doch: Kein Internet, kein Online-Meeting. Insbesondere das Homeoffice setzt voraus, dass du schnelles Internet zur Verfügung hast. Die Bandbreite beschreibt die Übertragungskapazität und -geschwindigkeit von Daten in digitalen Systemen. Je nach

Art der Tätigkeit im Homeoffice variiert der individuelle Bedarf an Bandbreite (Statistisches Bundesamt, 2023).

Du gehst selbstverständlich davon aus, dass das Internet zu Hause genauso zuverlässig funktioniert wie im Büro selbst. Hier liegt die Krux! Die Bandbreite muss ausreichend sein, um alle Funktionen im Online-Meeting nutzen zu können. Weißt du, wie schnell deine Internetverbindung zu Hause ist?

Bricht die Internetverbindung während eines Online-Meetings ab, kann das sehr frustrierend sein. Schlechte Internetverbindungen sorgen für nervige Online-Meetings. Teilnehmer wählen sich ein, fliegen raus und wählen sich neu ein. Stimmen sind verzerrt oder können gar nicht gehört werden. Die Bildschirmübertragung friert ständig ein. Du hörst dann Fragen wie: „Können Sie mich hören? Kannst du mich jetzt hören? Sieht jeder meinen Bildschirm? Nein? Wie ist es jetzt? Warten Sie, lassen Sie mich etwas anderes versuchen. Okay, funktioniert es jetzt?".

Hier der Appell: Teste deine Internetverbindung vor dem Online-Meeting! Hier gibt es von allen möglichen Anbietern Speedtests. Um zusätzlich abgesichert zu sein, überlege dir einen Plan B, etwa eine Hotspot-Verbindung über das Mobiltelefon, sollte das Internet ausfallen. Außerdem empfiehlt es sich, die Plattform, die für das Online-Meeting genutzt wird, wie Microsoft Teams oder Zoom, als App auf dem Handy zu installieren. So weichst du im Notfall auf das Handy aus.

6.2   Nutze ein Mikrofon

Der erste Eindruck zählt. Angesichts dessen ist es in einem Online-Meeting umso wichtiger, mit klarer, gut verständlicher Stimme zu kommunizieren. Eine niedrige Tonqualität beeinträchtigt die Kommunikation. Wer ständig nachfragen muss, verliert das Interesse daran, das Gesagte wirklich verstehen zu wollen. Das ist ein natürlicher Prozess. Kennst du die Situation? Du verstehst kaum, was dein Arbeitskollege im Meeting sagt. Und so geht es auch den anderen. Die ersten Sekunden sagt keiner etwas dazu. Nach einer Minute geht es los: „Emma, wir verstehen dich nicht." „Ach, was. Moment. Ich mach hier mal lauter." In der Folge müssen alle Teilnehmer des Online-Meetings warten, bis eine einzige Person das Mikrofon richtig eingestellt hat.

Nimmst du an einem hybriden Meeting aus einem größeren Raum teil, kannst du auf kleine Konferenzsysteme zurückgreifen. Dies erlaubt es, aufzustehen und zum Beispiel etwas auf einem Flipchart zu zeigen und zu erklären, ohne dass die Tonqualität darunter leidet. Achte zusätzlich darauf, dass du dich in einem Raum befindest, der möglichst schallisoliert ist. Wichtig ist, dass dein Mikrofon eine gute Geräuschunterdrückung hat. Das Klirren der Kaffeetassen im Raum sollte nicht die Gespräche der Teilnehmenden übertönen. Aus persönlicher Erfahrung kann ich das Jabra Speak 410 und das Poly Synch für kleinere Konferenzräume empfehlen. Diese stellst du einfach auf den Tisch zwischen euch.

Bist du allein im Homeoffice, reicht ein einfaches Mikrofon, wie das Yeti X von Logitech oder ein Headset. Einwandfreie Erfahrungen mit einem Bluetooth-Headset habe ich mit dem Aftershokz gemacht. Das ist ein Open-Ear-Design mit Knochenschall-Technologie. Achte daher auch auf einen Gehörschutz und guten Tragekomfort.

Wer auf safety first setzt, nimmt das USB-Kabel. Damit löst du das Problem des Ladens des Headsets und gleichzeitig vermeidest du die zusätzliche Störung durch das Nichtverbinden per Bluetooth. Wer sich frei im Raum bewegen möchte während eines Online-Meetings, ist mit einer Bluetooth-Verbindung gut beraten. Es gibt auch Headsets, die beides haben. Ich nutze gerne das Jabra Envolve mit Bluetooth und USB-A Bluetooth-Adapter.

Kurzum: Investiere in gute Hardware. Kaufe ein Headset, das den Ton auf beide Ohren überträgt, um dein Gehirn nicht unnötig zu belasten. Und auch besonders für das Homeoffice ist Noise Cancelling wichtig. Du verbringst schließlich sicher viele Stunden pro Tag in Online-Meetings.

6.3 Sorge für das passende Licht

Je nach den räumlichen Gegebenheiten hast du unterschiedliche Möglichkeiten, dein Gesicht optimal auszuleuchten und somit ein ansprechendes Bild für die Zuschauenden zu schaffen. Achtung: Nicht mit dem Rücken zum Fenster sitzen. Leuchtet dir das Licht in die Kamera, bist du lediglich als Schatten zu sehen. Mimische Ausdrücke können dann nicht mehr über den Monitor wahrgenommen werden. Positioniere deinen Schreibtisch am besten so, dass Tageslicht von seitlich vorn auf dich fällt. In hellen Räumen ist dann oft keine weitere Lichtquelle notwendig.

Influencer setzen auf Ringlichter, doch für Videokonferenzen sind diese nicht optimal. Die starke Blendung ist anstrengend für das Auge. Auf die Dauer sehen das auch die anderen Teilnehmer an deinen zusammengekniffenen Augen. Besser ist es, das Ringlicht vorn/seitlich von dir zu platzieren, sobald es draußen dunkel ist. Je nach der Platzierung der Ringlichter ist ein runder heller Kreis auf den Brillengläsern zu sehen. Unbedingt die Lichter weit genug entfernt an der Seite aufstellen, sodass es keine Spiegelung auf den Brillengläsern gibt. Das Licht sollte frontal in die Augen fallen (hellere Hauttypen eher wärmeres Licht, dunklere Hauttypen eher kühleres Licht).

6.4 Wähle den passenden virtuellen Hintergrund

Sicher kennst du all die verrückten virtuellen Hintergründe. Für Small Talk sind diese amüsant, aber nicht für Online-Meetings, bei denen es um fachliche Themen geht. Um die Aufmerksamkeit auf dich und dein Thema zu lenken, wählst du am besten einen ruhigen virtuellen Hintergrund. Vermeide es, eine ablenkende Kulisse als Hintergrund zu haben, wie ein volles Bücherregal, die Küchenzeile, die Aussicht in das Schlafzimmer und so weiter. Besser sind einfarbige Wände mit einem Bild oder einer Blumenvase im Hintergrund. Sind deine Möglichkeiten zu Hause zu eingeschränkt, dann verwende ruhig einen virtuellen Hintergrund. Nutze aber bitte keine Urlaubsbilder, Konfetti oder sonstiges. Das mag lustig sein, wirkt aber unprofessionell. Ich selbst verwende am liebsten den firmeneigenen virtuellen Hintergrund. Damit bist du immer auf der sicheren Seite!

6.5 Nutze eine externe Kamera

Online-Meetings ermöglichen uns im Gegensatz zu einem Telefonat, unser Gegenüber zu sehen. Also zeige dich, mach dich sichtbar! Das Gleiche machst du auch im Büro. Nutze am besten eine externe Kamera für deine Online-Meetings. Die Qualität ist deutlich höher als bei einer eingebauten Laptop-Kamera. Viele Laptops haben die Kamera unterhalb des Monitors und direkt oberhalb der Tastatur, was zu einem ungünstigen Bildausschnitt führt.

Es gibt ein paar kleine Fallstricke für den Bildausschnitt. Ist die Kamera zu tief eingestellt, haben die Teilnehmenden das Gefühl, dass du von oben herabschaust. Das kann es schwierig machen, Nähe im Online-Meeting zu schaffen. Und für die eigene Wirkung: Das Gesicht wirkt dabei unförmig und überproportional groß. Das kann unterbewusst zu Skepsis und Ablenkung bei den Teilnehmenden führen. Ist die Kamera zu hoch eingestellt, wirkst du dagegen winzig und schaust mit Dackelblick zu den Teilnehmenden hinauf. Das kann kindlich wirken – und strahlt nicht die Professionalität aus, die du dir wünschst. Zudem: Je nach Lichtverhältnissen hast du Schatten unter den Augen. Und niemand möchte müde und erschöpft aussehen, oder? Am besten positionierst du die Webcam auf Stirnhöhe – und ein bis eineinhalb Metern entfernt vom Bildschirm, wie in Abb. 6.1 zu sehen. Dein Kopf sollte freigestellt sein. Als kleine Faustformel gilt: ein Fünftel oben frei, zwei Fünftel der Kopf und zwei Fünftel die Schultern/der Oberkörper. Eine einfache Möglichkeit, die Proportionen zu überprüfen, ist, die Hand quer auf deinen Kopf zu stellen. Der kleine Finger sollte dann am obersten Rand des Bildes sein, sodass deine Hand ca. ein Fünftel der Bildfläche einnimmt. Und neben der eigenen Darstellung: Achte darauf, dass keine unnötigen Gegenstände um dich herumstehen.

Für das Halten von Blickkontakt finde ich eine höhere Kameraeinstellung besser. Damit schaust du direkt in die Kameralinse. Das schafft für die anderen das Gefühl, als würdest du sie direkt ansehen. Hast du keine Möglichkeit für eine externe Webcam, kannst du den Laptop auch mit simplen Alltagsgegenständen auf die richtige Höhe bringen. Schnapp dir einen Stapel Bücher, Magazine oder im Notfall eine Tupperdose. Das setzt voraus, dass du die Tastatur nicht benötigst. Die andere Lösung wäre, dass du eine zusätzliche Tastatur verwendest, während der Laptop in erhöhter Position ist. Das schafft zusätzlich einen größeren Abstand zur Kameralinse und optimiert den Bildausschnitt. Davon abgesehen würdest du in einem Gespräch vor Ort auch nicht fünf Zentimeter vor deinen Gesprächspartner sitzen. Stattdessen hältst du den Abstand, mit dem du dich wohlfühlst.

Abb. 6.1 Beispiel für ideale Position im Online-Meeting

Ich hoffe, diese kleinen Tipps und Tricks helfen dir dabei, dich in Zukunft technisch gut auf deine Online-Meetings vorzubereiten. Das erspart dir Stress und verstärkt deine positive Wirkung auf andere.

Literatur

Statistisches Bundesamt. (2023). *Breitband-Internetanschlüsse.* https://web.archive.org/web/20121114195943/https://www.destatis.de/DE/ZahlenFakten/LaenderRegionen/Internationales/Thema/Erlaeuterungen/Breitbandabo.html?nn=50718. Zugegriffen: 18. Jan. 2024.

Return On Time Invested deiner Tetrominos

7

> **Zusammenfassung**
>
> In diesem Kapitel vergleichen wir unseren beruflichen Kalender mit dem Spiel Tetris. Dabei betrachten wir, wie die wachsende Anzahl von Online-Meetings, ähnlich wie die fallenden Blöcke in Tetris, zu einer zunehmenden Belastung und Unordnung im Arbeitsalltag führen kann. Der Fokus liegt darauf, wie unterschiedliche Arten von Meetings (repräsentiert durch die verschiedenen Tetrominos) unseren Kalender prägen. Im Fokus steht die Problematik, dass ein Übermaß an Meetings nicht nur Ressourcen verschwendet, sondern auch einen geringen Return On Time Invested bietet. Ziel des Kapitels ist es, ein Bewusstsein für die Kosten und den zeitlichen Aufwand von Online-Meetings zu schaffen und Strategien aufzuzeigen, wie man mit der Herausforderung des Kalender-Tetris umgehen kann, um letztlich produktiver und zufriedener im Berufsleben zu sein. Bist du bereit?

7.1 Was Tetris mit deinem Kalender zu tun hat

Tetris ist ein beliebtes Puzzlespiel aus den 90er-Jahren, das ursprünglich von Alexey Pajitnov entwickelt wurde. Ich selbst habe es viel gespielt. Das Spiel beginnt mit einem leeren Spielfeld, auf dem die Tetrominos allmählich von oben herunterfallen. Das Ziel des Spiels ist es, die Tetrominos beim Herunterfallen so zu drehen und zu platzieren, dass sie eine durchgehende horizontale Linie ohne Lücken bilden. Wenn eine solche Linie gebildet wird, verschwindet sie und die darüber liegenden Blöcke fallen nach unten, um Platz für neue Tetrominos zu schaffen. Diesen Moment habe ich geliebt. Es gab mir das Gefühl, Ordnung und Struktur in etwas Chaotisches zu bringen.

Das Spiel endet nicht nach einer bestimmten Zeit, sondern wenn die Tetrominos bis zum oberen Rand des Spielfelds gestapelt sind und keinen Platz mehr haben, um herunterzufallen. Mit zunehmendem Fortschritt des Spiels prasseln die Tetrominos irgendwann mit so hoher Geschwindigkeit von oben auf das Spielfeld, dass es kaum mehr eine Möglichkeit gibt, sie an die richtige Stelle zu manövrieren und es droht unweigerlich das Ende des Spiels.

In Bezug auf Online-Meetings verhält es sich ähnlich: Du kannst nicht an immer mehr Online-Meetings teilnehmen. Irgendwann ist der Kalender eben voll – und der Tag ist begrenzt auf 24 h. Also: Game over! Wenn du aber doch weißt, dass du nur verlieren kannst, warum spielst du das Spiel dann überhaupt?

Im Tetris gibt es insgesamt sieben verschiedene Tetrominos, die jeweils eine andere Form haben: ein Quadrat, ein I, ein T, ein L, ein J, ein Z und ein S, wie in Abb. 7.1 zu sehen. Im Zuge dieses Buches beschreibe ich die unterschiedlichen Online-Meetings anhand der ursprünglichen Tetrominos.

Der **S-Tetromino** steht für den Start eines Projektes oder einer Projektphase, wie in Abb. 7.2 zu sehen. Ein Beispiel dafür könnte das Kick-off oder ein Town Hall-Meeting im gesamten Projekt sein. Oft sind viel zu viele Teilnehmer eingeladen. Und auch die Interaktion fehlt häufig.

Der **Q-Tetromino** ist kurz und prägnant: das Daily, wie in Abb. 7.3 zu sehen. Ein tägliches Online-Meeting zur Abstimmung im Team zu Fortschritt und Hindernissen. Es dauert in der Regel 15 min. Es passt scheinbar immer noch an beliebiger Stelle dazwischen – so der Trugschluss.

Abb. 7.1 Übersicht der Tetrominos

Abb. 7.2 Kick-off

Abb. 7.3 Daily

I-Tetrominos sind wiederkehrende Online-Meetings. Der Weekly-Tetromino wird in Abb. 7.4 dargestellt. Meist finden sie wöchentlich für etwa 1–1,5 h statt. Oft sind sie bereits über mehrere Wochen im Kalender geplant. Gerade die wiederkehrenden Meetings sollten aufgrund der Häufigkeit und Dauer genau unter die Lupe genommen werden.

Der **Z-Tetromino** symbolisiert das Status-Meeting, wie in Abb. 7.5 zu sehen. Einen Status geben wir an die Projektleitung, Vorgesetzte oder das Steering Committee. Eigentlich dient es dazu, Transparenz zu schaffen. Oder ist es am Ende doch nur ein Kontrollmechanismus?

In einem **J-Tetromino** werden Entscheidungen getroffen. Der Tetromino für Entscheidungsmeetings wird in Abb. 7.6 dargestellt. Diese werden im Team oder in der Organisation getroffen. Gerade, wenn es um Entscheidungen geht, ist Vorbereitung das A und O.

Abb. 7.4 Weekly

Abb. 7.5 Status-Meeting

Der **T-Tetromino** symbolisiert Workshops, wie in Abb. 7.7 zu sehen. Sie fördern Interaktivität und bieten Raum für Diskussionen und Ideenaustausch. Workshops ermöglichen den Teilnehmern, verschiedene Perspektiven einzubringen, innovative Ideen zu entwickeln und gemeinsam Lösungen zu erarbeiten. Schlüssel für den Erfolg dieses Meetings ist die Moderation und Facilitation.

7.2 Wie viel Zeit du mit deinen Tetrominos verbringst

Abb. 7.6 Entscheidungsmeetings

Abb. 7.7 Workshops

L-Tetrominos repräsentieren Retrospektiven, wie in Abb. 7.8 zu sehen. Eine Retrospektive ist ein Meeting im Team, bei dem aus vergangenen Fehlern und Erfolgen gelernt wird. Das Team schaut gemeinsam auf einen bestimmten Zeitraum zurück und analysiert die Zusammenarbeit: Was war gut und was kann in Zukunft verbessert werden?

Abb. 7.8 Retrospektiven

7.2 Wie viel Zeit du mit deinen Tetrominos verbringst

Kennst du das? Montags beim Start ist der Kalender noch einigermaßen leer. Und dann kommen allmählich immer mehr Tetrominos dazu. Kalender-Tetris ist kein Phänomen, welches erst seit COVID-19 besteht. Die meisten Studien und Literaturquellen, die ich hier im Buch nutze, sind weitaus älter. Bereits im Jahr 2004 hat Patrick M. Lencioni den Bestseller mit dem Titel *Death by Meeting: A Leadership Fable* veröffentlicht. Lencioni (2004) beschreibt unter anderem das Dilemma, dass die meisten Führungskräfte mit einer 40-Stunden-Woche nicht mehr auskommen. Und das hat sich innerhalb der vergangenen fast 20 Jahre nicht wirklich verbessert.

Die Studie der Harvard Business Review von Perlow et al. (2017) kommt zu dem Schluss, dass Meetings – egal, ob online oder vor Ort – in den vergangenen Jahren an Länge und Häufigkeit zugenommen haben, sodass Führungskräfte durchschnittlich fast 23 h pro Woche in Meetings verbringen. Im Vergleich dazu waren es in den 1960er-Jahren weniger als 10 h. Diese Zahl inkludiert dabei geplante Meetings. Nicht aber jene, die spontan stattfinden, weil man sich über Teams anruft und mit Teammitgliedern Themen bespricht.

Ich habe im Zuge dieses Buches eine kleine (nicht repräsentative) Umfrage zu den Tetrominos innerhalb meines eigenen Netzwerks gemacht. Teilgenommen haben 50 Projektmanager, die hauptsächlich in großen IT-Projekten unterwegs sind. Gefragt habe ich, wie viel Zeit sie in den von mir getauften Meeting-Tetrominos verbringen. Das Ergebnis bestätigte meine Schätzung zuvor:

7.2 Wie viel Zeit du mit deinen Tetrominos verbringst

Daily:
- 17 % der Befragten verbringen mehr als zwei Stunden am Tag in Daily-Meetings. Das heißt, dass täglich zwei Stunden der Projektmanager geblockt sind. In Summe geben 43 % an, mehr als eine Stunde in Daily-Meetings zu sein (Hinweis: empfehlenswert wären 15–30 min).

Wiederkehrende Meetings:
- In wiederkehrenden Online-Meetings verbringen 13 % der Projektmanager mehr als zwei Stunden, 30 % mehr als vier Stunden und 30 % mehr als sechs Stunden. Das bedeutet schlichtweg: 6 h pro Woche, also fast ein gesamter Arbeitstag, sind geblockt durch wiederkehrende Online-Meetings. Halleluja, da hofft einer, dass etwas dabei herauskommt.

Status-Meetings:
- Für mich die absolut erschreckendste Zahl: die wöchentlichen Statusmeetings. 17 % der Projektmanager verbringen mehr als sechs Stunden damit, einen Status über ihre Arbeit abzugeben, und insgesamt 43 % der Befragten mehr als 2 h. Wäre es nicht besser, diese Zeit für das wirkliche Arbeiten zu nutzen? Könnte damit nicht mehr Fortschritt erzielt werden?

Entscheidungsmeetings:
- In Online-Meetings, die zu einer Entscheidung führen sollen, verbringen 17 % der Befragten mehr als vier Stunden, 9 % mehr als sechs Stunden und 35 % der Befragten mehr als acht Stunden pro Woche. Was aber alle durchweg bemängeln, ist, dass Entscheidungen immer wieder vertagt werden. Dazu später mehr.

Workshops:
- Bei Workshops zeigt sich dagegen ein anderes Bild: 39 % nehmen lediglich eine Stunde pro Woche an Workshops teil. Gerade einmal 4 % der Befragten sind einen Tag pro Woche an gemeinsamen Workshops im Team beteiligt. Dabei sind es doch oft Workshops, die einen inhaltlichen Mehrwert für die Projektarbeit liefern.

Retrospektiven:
- Retrospektiven, die der kontinuierlichen Verbesserung der Teamarbeit dienen, kommen ebenfalls zu kurz: Eine Stunde wöchentlich sind es bei 74 % der Befragten und insgesamt sind es bei 91 % nicht mehr als vier Stunden.

Diese Befragung ist selbstverständlich eher praxisorientiert und nicht fundiert genug, um wissenschaftliche Schlüsse zu ziehen. Dennoch: Mit diesen Erkenntnissen bestätige ich die aufgeführten Studien und sie spiegeln mein tägliches Erleben in Projekten wider.

Das virtuelle Kick-off habe ich nicht explizit bezüglich der Zeit abgefragt. Diese finden in der Regel zu besonderen Anlässen statt und können daher nicht auf die Woche heruntergebrochen werden. Auf die Frage, welche Erfahrungen gemacht wurden, kamen die Antworten: meistens nicht gut vorbereitet, langatmig und wenig Interaktion.

Hier die traurige Wahrheit zu den üblichen Meetings in großen Projekten: Zeit wird in Unternehmen wie keine andere Ressource verschwendet. Dabei finden laut Mankins (2014) viele Meetings häufig aus reiner Gewohnheit statt. Ich bin überzeugt, dass der Return On Time Invested vieler Online-Meetings viel zu gering ist. Der Wert, der daraus entsteht, steht absolut nicht in Relation zu dem Aufwand, der betrieben werden muss. Dazu gehören das Koordinieren der Meetings, die Vor- und Nachbereitung, die Personalkosten oder die indirekten Kosten aufgrund der sinkenden Motivation der Teilnehmer. Daher stellt sich mir die Frage: Wer holt den Umsatz dafür rein, während alle Mitarbeitenden den Tag über in Meetings feststecken?

▶ Denke an die Selbsteinschätzung: Wie beurteilst du deinen eigenen Return On Time Invested?

7.3 Effizienz von Online-Meetings: Kostenbewusstsein und Zeitmanagement

Mit meinen großen IT-Teams habe ich so manche verführerischen Zeitfresser selbst schon erlebt: „Wir haben diese Woche nichts zu besprechen." Stell dir vor, dass sich dabei über 20 Teilnehmer versammelt, ihre wertvolle Zeit geopfert und ihre Projekte ruhend gestellt haben! Das Resultat des Online-Meetings ist dann: „Es gibt keine Updates". Es ist grotesk, dass es ein Meeting zum Absagen eines Meetings benötigt.

Hand aufs Herz: Wie oft hast du bisher über die Kosten von Online-Meetings nachgedacht? Arbeitest du bei einem Konzern und hast das Gefühl, dass das Geld und die Zeit effizient genutzt werden? Wie hoch ist der Return On Time Invested? Wer auf Kosteneffizienz setzt, sollte in großen Online-Meetings auch nicht zu genau hinschauen. Unter der Berücksichtigung, was Mitarbeitende, Berater und Führungskräfte „kosten" und wie viel Zeit diese in Online-Meetings verbringen, wird schnell klar, dass das eine teure Angelegenheit ist.

Hast du dir mal überlegt, was das monatliche Steering Committee eines großen Projekts kostet? Die geschätzten Kosten für die Zusammenkunft von Vorstandsvorsitzenden, Managern sowie der Personen, die dies protokollieren, können rasant in die Zehntausende von Euro gehen. Da wäre es doch absolut wünschenswert, dass diese Meetings gut vorbereitet sind, es ein klares Ziel gibt und auch Entscheidungen getroffen werden, oder? Ich bin mir sicher: Würden alle Beteiligten die Wirtschaftlichkeit stärker betrachten, wäre das Meeting kürzer und bräuchte kein Follow-up vom Follow-up. Müsste jeder die Kosten für ein Online-Meetings selbst tragen, wären alle gedanklich dabei,

7.3 Effizienz von Online-Meetings: Kostenbewusstsein ...

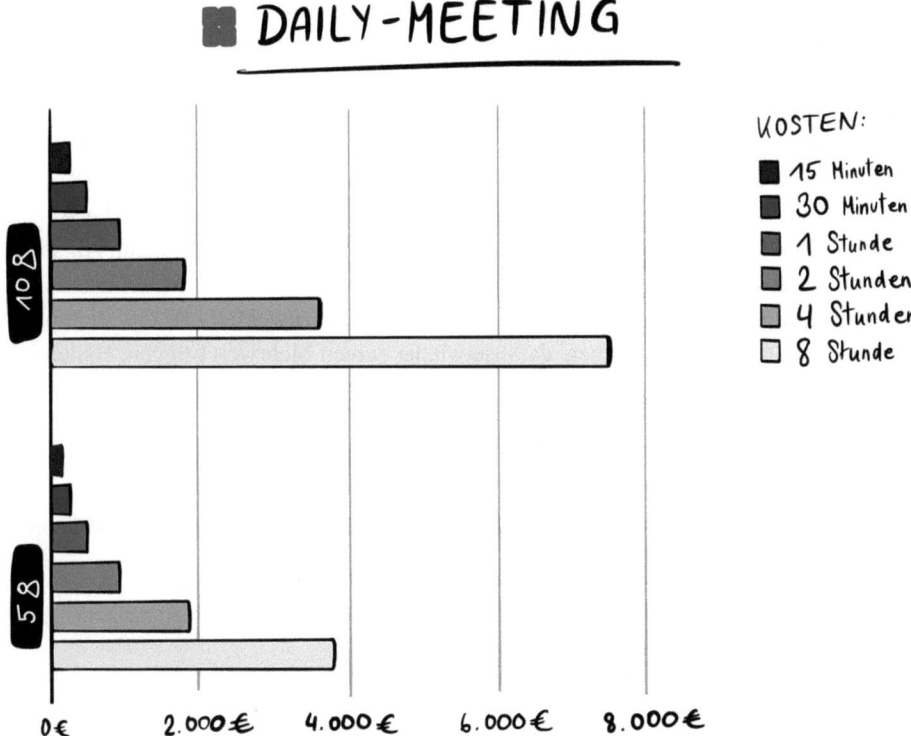

Abb. 7.9 Beispielrechnung von Kosten für ein Daily-Meeting

anstatt etwas anderes zu tun. Wird der Name der Person genannt, käme als Reaktion nicht: „Entschuldigung, das habe ich jetzt nicht mitbekommen. Worum geht es genau?"

Kein Meeting, das zu viele Teilnehmer, kein wirkliches Ziel oder keine Agenda hat, ist daher auch kosteneffizient. In den vergangenen drei Jahren habe ich mir aufgeschrieben, wie viele Meetings in den einzelnen Projekten durchgeführt werden, wie viele Teilnehmer dabei sind und was solche Meetings kosten. Gegenübergestellt habe ich den „Mehrwert", der daraus entsteht. Natürlich ist es bei geistiger Arbeit schwierig, einen Wert in Euro zu bemessen. Stattdessen betrachte ich die Opportunitätskosten, die entstehen, weil die Teilnehmer in der Zeit nichts anderes machen können. „Diese Zeit bekomme ich in meinem Leben nicht mehr zurück." Sprich: In der Zeit hätte ich etwas anderes, Wertstiftendes machen können. Ein Beispiel: Emma benötigt bei einer Aufgabe dringend deine Hilfe. Sie schreibt dir bei Teams und du antwortest, dass es leider nicht funktioniert, da du gerade in einem Call bist. Stattdessen würdest du nach einem Termin suchen. Dieser Termin kann aufgrund von Kalender-Tetris jedoch erst zwei Tage später stattfinden.

Ich berechne die Meeting-Kosten, wie zuvor besprochen, in einer kleinen Excel-Tabelle, wie in Abb. 7.9 zu sehen. Wer es sich noch weiter vereinfachen möchte, der kann auch auf bereits fertige Apps zurückgreifen, die genau diesen Return on Investment schnell und effizient berechnen. Selbstverständlich ist die folgende Darstellung sehr, sehr vereinfacht.

Die Visualisierung der Kosten und eine kritische Auseinandersetzung mit dem Return On Time Invested können zu einer effizienteren Ressourcennutzung und Kostensenkung führen. Es gibt daher fast keine Argumente mehr, sich nicht mit dem Thema der Kosteneffizienz von Meetings aktiv zu beschäftigen. Wie bereits erwähnt, nimmt die Anzahl an Online-Meetings zu – gerade, weil der Aufwand dafür so gering erscheint. Ab sofort weißt du es besser. Zeit ist Geld. Wie schön wäre es, hier ein gesundes Mittelmaß zu finden! Jetzt gilt es, die „überflüssigen" Online-Meetings loszuwerden und die „richtigen" Online-Meetings so gut zu machen, dass sie wieder echten Mehrwert bringen. Halleluja!

Literatur

Lencioni, P. (2004). *Death by meeting: A leadership fable – About solving the most painful problem in business* (1. Aufl.). Jossey-Bass.

Mankins, M. C. (2014). *Yes, you can make meetings more productive. Don't let meetings get the best of you.* Bain and Company. https://www.bain.com/insights/yes-you-can-make-meetings-more-productive-hbr/. Zugegriffen: 18. Jan. 2024.

Perlow, L. A., Noonan Hadley, C., & Eun, E. (2017). *Stop the meeting madness.* Harvard Business Review. https://hbr.org/2017/07/stop-the-meeting-madness. Zugegriffen: 18. Jan. 2024.

Blick hinter die virtuellen Kulissen

8

Zusammenfassung

In diesem Kapitel geht es um den Blick hinter die virtuelle Kulisse, also die Zeit, die du nicht unmittelbar in deinen Online-Meetings verbringst, die aber damit zusammenhängt. Ich zeige dir, wie du dir die unsichtbaren, aber zeitraubenden Aspekte von Online-Meetings bewusst machst. Dein „Schattenkalender" umfasst beispielsweise Aufwände wie Vorbereitung, Nachbereitung und informelle Gespräche. Ich lege in diesem Kapitel den Fokus darauf, Aufgaben wirklich zu erledigen, anstatt sie aufzuschieben. Außerdem gebe ich dir Hinweise, wie du mit Künstlicher Intelligenz (KI) administrative Aufgaben effizienter erledigen kannst und damit mehr Zeit für wichtige Aufgaben hast. Nur, wenn du im Hintergrund alle Fäden zusammenhältst, kannst du auf der virtuellen Bühne auch eine gute Show liefern.

8.1 Schatten-Tetrominos sichtbar machen

In der Selbsteinschätzung und auch im vorherigen Kapitel hast du dich gefragt, wie viel Zeit du „in" deinen Online-Meetings verbringst. Das ist die Zeit, in der du wirklich in einem Meeting eingewählt bist. Aber wie viel Zeit verbringst du eigentlich „mit" deinen Online-Meetings? Das ist die Zeit, die im direkten Zusammenhang mit ihnen steht. Nennen wir das Ganze nun Schattenkalender. Hier geht es um alle Zeiten, die nicht sichtbar in deinem wirklichen Kalender sind, aber einen Schatten auf deine restliche Arbeitszeit werfen.

Warum solltest du diese unter die Lupe nehmen? Ganz einfach. Sie nehmen maßgeblich deine Arbeitszeit in Anspruch. Dein Schattenkalender umfasst unter anderem deine „unsichtbaren" Aufwände für die Vorbereitung und Nachbereitung von Online-Meetings.

Hierzu gehören Aufgaben wie das Erstellen von Agenden, das Lesen von Unterlagen und das Verfassen von Follow-up-E-Mails – alles Tätigkeiten, die in einem offiziellen Kalender oft nicht sichtbar sind.

Natürlich musst du Online-Meetings nicht vorbereiten. Doch wir alle wissen: Vorbereitung ist das A und O. Ohne Vorbereitung werden die Meetings weniger gut. Das kennst du sicherlich aus deiner eigenen Erfahrung.

Zu dem Schattenkalender gehört auch die Zeit mit Kollegen für informelle Gespräche. Du arbeitest in einer Organisation, einem sozialen Konstrukt. Soziale Kontakte sollen gepflegt werden und auch das benötigt Zeit. Auf den Wert von Small Talk gehen wir im weiteren Verlauf des Buches noch ein.

Nicht alle deiner Aufgaben sind planbar oder in einen Kalender einzutragen. Das könnte etwa der Teams-Call von Claudia sein, um nach den neuesten Zahlen zu fragen. Oder auch die Chat-Nachricht von Ian mit der Frage, wie ihr den Konflikt im Team endlich lösen könnt. Petra, die dringend Urlaub braucht und es leid ist, mit Thomas nicht auf einen Nenner zu kommen, könnte anrufen. Solche Momente sind in einem Kalender meist nicht sichtbar, aber dennoch entscheidend für deine Arbeitszeit. Wie wäre es, wenn du dir Zeiten schaffst, an denen du für all das nicht erreichbar bist?

Zu welchen Zeiten kannst du am besten konzentriert arbeiten? Morgens? Oder nachmittags? Sprich es in deinem Team an und trage diese Zeiten in deinen Kalender ein. Du kannst Zeitblöcke für ungestörte Arbeit sichtbar machen. Damit zeigst du den anderen, dass du gerade konzentriert an etwas arbeiten möchtest. In Microsoft-Teams wirst du dann beispielsweise als „nicht stören" angezeigt. Alle wissen, dass du jetzt gerade konzentriert an etwas arbeitest und sie dich in einer Stunde wieder erreichen können. Damit schaffst du Transparenz innerhalb der Organisation und mehr Freiraum für dich und deine ungestörte Arbeit.

Indem du die „Schatten" in deinem Kalender-Tetris sichtbar machst, gewährleistest du auch eine Dokumentation und Basis zur Reflexion der aufgewendeten Zeit. Er hilft dir zu erkennen, was effizient war und was noch verbessert werden könnte, vor allem im Hinblick auf Online-Meetings und die damit verbundenen Aufgaben. Du könntest zum Beispiel wie zuvor angesprochen die Vor- und Nachbereitung des Workshops in deinen Kalender eintragen, wie in Abb. 8.1 zu sehen. Das hilft dir, Transparenz zu schaffen für die wirklich aufgebrachte Zeit. Meißel sie in deinen Kalender ein und lass sie dir nicht „überbuchen" von anderen Meetings. Nimm dir die notwendige Zeit, um deiner Arbeit nachgehen zu können.

Diese Zeitblöcke sind ein wesentliches Werkzeug, um die versteckten Aspekte deiner Arbeitszeit zu erfassen und zu managen, die sonst leicht übersehen werden. Probiere es für dich selbst mal aus. Später betrachten wir das Thema noch einmal für das gesamte Team. Ich gebe dir hier nur ein paar Gedanken mit, du entscheidest für dich selbst, wie viel Zeit es bei dir ist.

Abb. 8.1 Schatten-Tetromino

8.2 Aufgaben erledigen, statt aufschieben

Kennst du die Situation, dass du am Ende des Tages nicht alle deine Aufgaben erledigt hast? Du hast dir mehr vorgenommen, als du bewältigen konntest. Zum einen kommen immer wieder ungeplante Aufgaben rein oder Online-Meetings dauern länger, als sie sollten. Am Ende des Tages bist du frustriert und dir fehlt das Erfolgserlebnis, guten Gewissens sagen zu können: „Ich habe alles erledigt." Du nimmst es mit in deinen Feierabend, kannst nicht einschlafen oder träumst von Präsentationen oder Listen, die du noch bearbeiten musst? Ich kenne das gut.

Ich bin mir darüber bewusst, dass es nicht an allen Tagen im Jahr funktioniert, einen kühlen Kopf zu bewahren. Manche Tage sind einfach „zu viel". Und trotzdem gibt es einige Tools, die du nutzen kannst, um dich auf solche Tage vorzubereiten. Die Getting Things Done-Methode, entwickelt von Allen (2015), basiert auf einer simplen Erkenntnis: Je mehr Informationen in unserem Kopf herumschwirren, desto schwieriger wird es, zu entscheiden, worauf wir unsere Aufmerksamkeit richten sollten. Du sollst noch die Präsentation fertigstellen, das Konzept für das neue Produkt erarbeiten, den Status an das Projektmanagement abgeben und so weiter.

„Gedankenwirrwarr" führt wiederum dazu, dass wir mehr Zeit damit verbringen, über Aufgaben nachzudenken, anstatt sie effektiv zu erledigen. Die Ansammlung von Informationen im Kopf kann zu Stress, Überforderung und Unsicherheit führen (Allen, 2015). Dies wiederum beschert dir schlaflose Nächte oder Träume von Excel-Listen.

Allen (2015) erkannte, dass unser Gehirn Informationen besser verarbeiten als speichern kann („Dein Kopf ist ein schlechtes Büro"). Getting Things Done zeigt, wie wir das geistige Durcheinander in unserem Kopf in ein externes System auslagern und so organisieren können, dass wir uns zur richtigen Zeit auf die richtigen Aufgaben fokussieren können. Erfasst du alle deine Aufgaben, dann brauchst du sie dir nicht alle zu merken. Mir persönlich bringt das „gedankliche Ruhe" und ich habe es das ein oder andere Mal auch schon nachts ausprobiert: Ich konnte nicht schlafen, weil ich darüber nachdachte, was ich noch alles erledigen muss. Licht an, Stift und Zettel rausgenommen, aufgeschrieben, Licht aus, eingeschlafen. So war ich mir sicher, dass die Information nicht verloren geht.

Es lohnt sich, die Getting Things Done-Methode auszuprobieren, wenn mindestens eine der folgenden Aussagen auf dich zutrifft:

- Du fühlst dich von der Menge an Dingen, die du im Kopf behalten musst, überwältigt.
- Du sorgst dich, dass du wichtige Details vergisst.
- Du vergisst privat oder beruflich Aufgaben, die du erledigen wolltest.
- Du beginnst viele Projekte, es fällt dir aber schwer, sie zu Ende zu bringen.

Mit den Schatten-Tetrominos wird klar, dass ein zu voller Kalender dazu führt, dass du nicht all deine Aufgaben erledigen kannst. Ich bin mir sicher, dass deine Job-Beschreibung nicht lautet: „Hundertprozentige Teilnahme an Online-Meetings". Es heißt also, dass automatisch Aufgaben hinten runterfallen, wenn du dich von keinem Online-Meeting löst. Es braucht eine Priorisierung der Aufgaben, um am Ende des Tages wieder ein Erfolgserlebnis zu feiern: „Ich habe alle Aufgaben erledigt."

8.2 Aufgaben erledigen, statt aufschieben

Schritt 1

Der erste Schritt bei der Getting Things Done-Methode lautet, alle Aufgaben zu erfassen. Nimm dir kurz die Zeit, dir deine „eigentliche" Rolle in der Organisation und in dem Projekt mit den dazugehörigen Aufgaben vor Augen zu führen. Schnappe dir Stift und Papier und notiere deine Antworten!

Meine Rolle in der Organisation/im Projekt:

_____

Zugehörige Aufgaben:

_____
_____
_____
_____
_____
_____
_____
_____
_____
_____
_____
_____
_____

Schritt 2

Das Ziel der Eisenhower-Matrix ist es, die Zeit- und Ressourceneffizienz zu verbessern, indem du dich auf das konzentrierst, was wirklich wichtig ist, und weniger wichtige oder dringende Aufgaben delegierst oder eliminierst. Es handelt sich hierbei um ein einfaches Werkzeug, das dabei hilft, Aufgaben nach ihrer Wichtigkeit und Dringlichkeit zu priorisieren (Covey, 2018). Falls du dich tiefer in das Thema einlesen möchtest, empfehle ich dir das *Buch Die 7 Wege zur Effektivität* von Stephen Covey. Die Matrix besteht aus vier Quadranten und wird folgend in Tab. 8.1 dargestellt:

Diese Tabelle soll dir eine Übersicht über alle vier Quadranten der Eisenhower-Matrix geben. Doch wie kannst du diese nun für dich und deinen Alltag nutzen? Wir starten mit einer einfachen Übung: Gehe jede erfasste Aufgabe durch und entscheide, was damit zu

Tab. 8.1 Eisenhower-Matrix

	Dringend	Nicht dringend
Wichtig	Quadrant 1: Wichtige Aufgaben, die dringend sind, brauchen deine sofortige Aufmerksamkeit. Du musst sie gleich erledigen. Dazu gehören Krisen und Notfälle wie Systemausfälle, sehr kritische Teamkonflikte oder Projekte mit kritischer Timeline.	Quadrant 2: Wichtige Aufgaben, die aber nicht dringend sind, kannst du in deinen Kalender einplanen. Es braucht keine sofortige Reaktion. Beispiele dafür könnten sein: die Beziehungspflege mit deinen Kollegen, Planung der nächsten Projektphase oder ein Retrospektive mit deinem Team.
Nicht wichtig	Quadrant 3: Aufgaben, die nicht wichtig, aber dringend sind, kannst du an andere abgeben. Falls das nicht geht, gestalte sie effizienter. Dazu gehören viele administrative Aufgaben wie das Schreiben von Einladungen oder E-Mails, die Erstellung von PowerPoint-Präsentationen oder die wöchentliche Status-Pflege.	Quadrant 4: Aufgaben, die weder wichtig noch dringend sind, solltest du loswerden. Beispiele dafür könnten sein: ineffiziente Online-Meetings oder Meetings, die deine Anwesenheit nicht erfordern.

tun ist. Ist es etwas, das wichtig und dringend ist? Tschakka, dann tu es sofort. Ist es wichtig, aber nicht dringend? Plane es entsprechend ein. Ist es dringend, aber nicht wichtig, und du könntest die Aufgabe auch abgeben? Ist die Aufgabe dagegen weder dringend noch wichtig, dann kannst du sie komplett loswerden. Nutze die Eisenhower-Matrix in der folgenden Tab. 8.2, um deine aus Schritt 1 erfassten Aufgaben einzuordnen.

Indem du Getting Things Done und die Eisenhower-Matrix in deinen Alltag integrierst, wirst du bemerken, dass du weniger Zeit mit dem Grübeln über Aufgaben verbringst und mehr Zeit mit dem Erledigen dieser. Erinnere dich selbst daran, deine Eisenhower-Matrix zu überprüfen und deine Aufgaben entsprechend zu bearbeiten. Dies ist auch der Moment, in dem du Aufgaben priorisierst und beispielsweise entscheidest, welche administrativen Aufgaben du entweder abgibst oder effizienter gestalten kannst. Mit der Zeit wird dies zu einer Gewohnheit, die dir hilft, fokussierter und effizienter zu sein.

Tab. 8.2 Einordnung eigener Aufgaben in Eisenhower-Matrix

	Dringend	Nicht dringend
Wichtig	Quadrant 1	Quadrant 2
Nicht wichtig	Quadrant 3	Quadrant 4

8.3 Mit Künstlicher Intelligenz die Effizienz steigern

Mit der Getting Things Done-Methode wirst du bereits einige deiner Aufgaben los (Quadrant 4). Aufgaben aus Quadrant drei, also Dinge, die nicht wichtig, aber dringend sind, kannst du effizienter erledigen. Ich bin mir sicher, dass du regelmäßig an Grenzen stößt, wenn es darum geht, Präsentationen aktuell zu halten oder alle Statusberichte zu pflegen. Hier stimmt mal wieder eine Zahl nicht, da hat sich was verändert. Und schon passt das ganze Konstrukt nicht mehr.

Im Kontext von großen Projekten und Online-Meetings eröffnet der Einsatz von Künstlicher Intelligenz (KI) für administrative Aufgaben und Routinetätigkeiten spannende Perspektiven (Gartner, 2023a). Im Folgenden möchte ich dir Beispiele zeigen, wie du KI für E-Mails und Einladungen, die Workshop Vor- und Nachbereitung oder Meeting-Protokolle nutzen kannst.

Prompt-Eingabe für E-Mails und Einladungen
Virtuelle Zusammenarbeit in Online-Meetings funktioniert bei einem gemeinsamen Verständnis. Das Schaffen dieses Verständnisses beginnt bei der Termineinladung. Kennst du jene Meeting-Einladungen, die keinerlei Erklärung haben? Um was soll es eigentlich gehen? Was ist das Ziel des Online-Meetings? Oder solche Einladungen, die zwei DIN-A4-Seiten Text haben und bei denen du trotzdem nicht weißt, was zu tun ist? Lange E-Mails und unklare Botschaften führen oft zu Missverständnissen und sind vergeudete Mühe. Wie so häufig ist es wohl das Mittelmaß, welches die besten Ergebnisse für eine diverse Personengruppe bringt.

Hier eine Idee, wie du ChatGPT von OpenAI für deine Termineinladungen nutzen könntest: Die Aufforderung an ChatGPT könntest du wie folgt eingeben:

- Schreibe mir einen Text für eine Termineinladung. In dem Termin geht es um [deine ausführliche Beschreibung].
- Verwende eine klare und präzise Betreffzeile.
- Gliedere die E-Mail in Absätze und Abschnitte. Nutze auch Zeichen zur Aufzählung oder Nummerierung, um Informationen übersichtlich darzustellen.
- Markiere wichtige Informationen wie Datum, Uhrzeit oder besondere Anweisungen durch Fettdruck. Bitte keine unterschiedlichen Farben verwenden.
- Hilf mir, technische Begriffe einfach zu beschreiben, sodass alle Empfänger diese verstehen. Benutze eine klare und allgemein verständliche Sprache.
- Vermeide zu lange und komplexe Sätze. Formuliere deine Nachrichten klar und prägnant, damit sie leicht verständlich sind.
- Optional: Gebe den Hinweis auf den Anhang meiner E-Mail.

Danach schaust du dir den Entwurf an, passt nach Belieben an und fertig ist die E-Mail. Das spart dir Zeit, die du dann für wertstiftende Aufgaben nutzen kannst.

Beispiel für eine Workshop-Vorbereitung
Dir fehlt die zündende Idee für die Agenda eines Workshops? KI kann dir dabei helfen. Stelle der KI wie ChatGPT, otter.ai oder anderen Tools einige Informationen zu dem Meeting zur Verfügung. Du nennst der KI das Ziel des Workshops wie beispielsweise das gemeinsame Verständnis über die Anforderungen der neuen App. Zusätzlich machst du Angaben über die technischen Voraussetzungen. Weiter gibst du an, ob und wie sehr du interaktive Elemente im Workshop einsetzen möchtest. Du nennst die Teilnehmerzahl, hier im Beispiel 10 Personen. Außerdem gibst du die ungefähre Dauer an und fragst die KI konkret, was sie davon hält.

Damit erstellst du dir einen ersten Vorschlag für die Agenda. Diesen Vorschlag nimmst du dir zur Brust, schaust, was nützlich ist, korrigierst ihn gegebenenfalls und gibst diesen in die nächste Feedbackschleife. Dieses Vorgehen wiederholst du so oft, bis du ein passendes Ergebnis hast. Du siehst: Das ist kein Hexenwerk, erspart dir wertvolle Zeit und gibt dir Anregungen und Ideen für die Planung. Und ganz wichtig: Nach dem Workshop auf keinen Fall die Nachbereitung vergessen! Es ist ein Zeichen von Wertschätzung, dass im Nachgang alle eine Dokumentation bekommen und wissen, was mit dem Outcome erreicht werden soll. Auch dabei kann dir die KI helfen. Suche dazu einfach nach geeigneten Tools für dich und probiere dich aus.

Beispiel für Meeting-Protokolle
Zu Beginn meiner beruflichen Laufbahn in Projekten habe ich viel aus der Projektassistenz heraus gearbeitet. Daher durfte ich schmerzlich erfahren: Protokolle schreiben nach den Meetings ist zeitaufwendig und anspruchsvoll. Einfacher ist es, gleich während des Meetings zu transkribieren. Das funktioniert mit vielen Plattformen wie Zoom oder Microsoft-Teams.

Absolut erforderlich ist dabei das Einverständnis aller Teilnehmenden für die Transkription als Basis für das Protokoll. Ich empfehle, die Transkription für einen bestimmten Teil des Meetings mitlaufen zu lassen. Wenn du danach die Meeting-Protokolle verteilst, möchtest du natürlich nur die wichtigsten Punkte mitgeben. KI kann dabei helfen, das Gesagte noch einmal zusammenzufassen und bereits Informationen wie Projektmeilensteine, Risiken, Probleme und nächste Schritte zu definieren. Damit hast du einerseits das Protokoll, um es anschließend an andere Teilnehmer zu verschicken, und gleichzeitig eine gute Grundlage für Folgetermine.

Mein Fazit zum Einsatz von KI
Die Vision einer starken KI wurde vor einigen Jahren noch als unwahrscheinlich betrachtet (Shead, 2015). Doch laut Analysten des amerikanischen Marktforschungsunternehmens Gartner (2023b) bewegt sich der Trend sogar dahin, dass Maschinen künftig nicht nur Werkzeuge für Menschen, sondern sogar zu Teamkollegen werden. Ein limitierender Faktor für die Effektivität von KI ist die Qualität der Daten und selbstverständlich der Datenschutz, den du stets beachten solltest. Ich habe in einigen meiner Projekte bereits gesehen, dass Organisationen ihre eigenen ChatGPT-Lösungen bauen. Frag doch mal nach, wie es bei euch aussieht.

Ich möchte dir keine konkrete Tool-Empfehlungen aussprechen. Ich nutze KI in meinem Alltag, um wiederkehrende Tätigkeiten zu tun oder Dinge, für die ich selbst länger bräuchte – beispielsweise einen Entwurf für eine Präsentation oder eine Einladung. Abb. 8.2 zeigt beispielhaft die Unterstützung durch künstliche Intelligenz. Ich nutze sie ebenso für Social-Media-Texte, Recherchen, Zusammenfassungen, Bilderstellung, Grafiken und so weiter. Dieser Einsatz von KI ermöglicht es mir, mich stärker auf zentrale Kompetenzen wie Führung und Empathie zu konzentrieren. Soft Skills werden meiner Meinung nach in Zukunft immer wichtiger.

Abb. 8.2 Beispiel der Unterstützung durch Künstliche Intelligenz

8.4 Wenige Tools gut nutzen

Vielleicht kennst du es. Du arbeitest in eurer Organisation mit vielen unterschiedlichen Tools, privat nutzt du weitere Apps und irgendwie fehlt der Überblick. Mir geht es oft so, dass ich das Gefühl habe, nur noch mit „Tool-Befriedigung" beschäftigt zu sein. Ich gebe in einer Excel-Liste etwas ein, das sich in der PowerPoint-Präsentation widerspiegeln soll und gleichzeitig kommuniziere ich die gleiche Information im Teams-Chat mit meinem Team. Im gleichen Moment bekomme ich eine LinkedIn-Nachricht eines Kollegen und eine iMessage von einer Kollegin zum gleichen Thema. Ich selbst konfrontiere mich täglich mit der Herausforderung, meine eigenen Tools so gering wie möglich zu halten. Und dich möchte ich dazu animieren, das auch zu tun.

Warum ist es mir so wichtig, dich darauf aufmerksam zu machen? Das Begrenzen der Anzahl der verwendeten Tools kann aus verschiedenen Gründen vorteilhaft sein: Zu viele Tools können zu Verwirrung und Ineffizienz führen, so wie ich es in meinem Beispiel beschrieben habe. Wenn du mit weniger, aber vielseitigeren Tools arbeitest, kannst du dich besser auf die Aufgaben konzentrieren und die Arbeitsabläufe optimieren. Weniger Tools bedeuten oft weniger Probleme mit der Kompatibilität und der Integration untereinander. Auf jeden Fall sollte eine Doppelpflege von Daten vermieden werden. Viele Tools, insbesondere spezialisierte Software, können kostspielig sein. Durch die Minimierung der Anzahl der Tools können Kosten gespart werden. Jedes Tool hat seine eigene Lernkurve. Indem du dich auf eine geringere Anzahl von Tools beschränkst, kannst du diese tiefergehend verstehen und effektiver nutzen.

Last, but not least kommen wir wieder auf das Thema Multitasking zurück. Eine Studie der Nielsen Norman Group (2019) zur Nutzung digitaler Arbeitsplatztools zeigte, dass eine Überfülle an Tools eine kognitive Belastung für Mitarbeiter darstellt. Dies führt zu Problemen wie Schwierigkeiten beim Auffinden spezifischer Tools, dem Merken von Benutzernamen und Passwörtern, unproduktivem Aufgabenwechsel und Stress. Zu viele Tools können dazu führen, dass Mitarbeiter dann ihre „eigenen" Wege finden und beispielsweise zu weniger effizienten, analogen Methoden zurückkehren. Ein Beispiel wäre, dass Tim wieder anfängt, seine Anforderungen an das IT-System auf einem Blatt Papier zu notieren, anstatt Jira als Anforderungsmanagement zu nutzen, weil es ihm zu komplex ist.

Tipps für die Praxis
Unter Tools verstehe ich auch euren gemeinsamen Speicherort für Dateien. Dazu gehören beispielsweise SharePoint, Google Drive, Jira oder Teams. Chat-Nachrichten und E-Mails sind im Übrigen keine Speicherorte. Hier ein paar Tipps für den Projektalltag:

1. Versucht einen zentralen Ort zu schaffen, an dem alles liegt.
2. Etabliert eine klare Struktur. Jede Datei sollte nach einer Benennungskonvention in entsprechend benannten Ordnern abgelegt werden. Zum Beispiel könnten Ordner nach Projekten, Teams oder nach Art des Inhalts (wie Meeting-Protokolle, Finanzberichte) organisiert sein. Die Verwendung von Schlagwörtern oder Tags kann ebenfalls nützlich sein, um Dateien schneller auffindbar zu machen.
3. Erstellt ein Berechtigungskonzept für eure Daten. Damit könnt ihr die Sicherheit eurer Daten gewährleisten und gleichzeitig dafür sorgen, dass jeder Mitarbeiter Zugang zu den für ihn relevanten Informationen hat.
4. Überprüft regelmäßig, dass alles am richtigen Platz ist und veraltete oder nicht mehr benötigte Dateien zu archivieren oder zu löschen sind. Dies verhindert, dass euer Speicherplatz mit irrelevanten Daten überfüllt wird.
5. Stellt sicher, dass eure wichtigen Dateien in regelmäßigen Abständen gesichert werden, um Datenverluste durch technische Störungen oder andere unvorhergesehene Ereignisse zu vermeiden.

Ich möchte dir keine konkrete Tool-Empfehlungen aussprechen. Vielmehr rate ich dir dazu, sehr wenige Tools zu nutzen und diese dafür intensiv. Welche Tools das sind, kommt aber ganz individuell auf die jeweilige Organisation an. Stelle sicher, dass die verwendeten Tools den Anforderungen entsprechen und effizient genutzt werden können. Ein Tool sollte dich unterstützen und dir keine zusätzliche Arbeit machen. Frage dich selbst: Was steht dir zur Verfügung? Wie viele Tools nutzt du aktuell? Und die wichtigste Frage: Unterstützen dich diese Tools überhaupt?

Literatur

Allen, D. (2015). *Wie ich die Dinge geregelt kriege: Selbstmanagement für den Alltag* (9. Aufl.). Piper.

Covey, S. R. (2018). *Die 7 Wege zur Effektivität. Prinzipien für persönlichen und beruflichen Erfolg* (59. Aufl). GABAL.

Gartner. (2023a). *Was ist künstliche Intelligenz.* https://www.gartner.de/de/themen/kuenstliche-intelligenz. Zugegriffen: 18. Jan. 2024.

Gartner. (2023b). *Gartner says AI ambition and AI-Ready scenarios must be a top priority for CIOs for next 12–24 months.* https://www.gartner.com/en/newsroom/press-releases/2023-11-06-gartner-says-ai-ambition-and-ai-ready-scenarios-must-be-a-top-priority-for-cios-for-next-12-24-months. *Zugegriffen: 18. Jan. 2024.*

Nielsen Norman Group. (2019). *Tool abundance in the digital workplace: Trendy or troublesome?* https://www.nngroup.com/articles/digital-workplace-tools/. *Zugegriffen: 18. Jan. 2024.*

Shead, S. (2015). *Future of humanity: Nick Bostrom supports Stephen Hawking's AI predictions. Artificial intelligence is inspiring and worrying academics and technology leaders.* CIO. https://www2.cio.co.nz/article/575246/future-humanity-nick-bostrom-supports-stephen-hawking-ai-predictions/. Zugegriffen: 18. Jan. 2024.

Rhetorik in Online-Meetings 9

Zusammenfassung

Wenn Sätze wie „Könnt ihr meinen Bildschirm sehen?" oder „Könnt ihr mich hören?" als Einstieg in eine virtuelle Präsentation dienen, dann ist es höchste Eisenbahn, über die eigene virtuelle Rhetorik nachzudenken. Deine virtuelle Rhetorik umfasst Aspekte wie die Worte, die du wählst, die rhetorischen Mittel wie Analogien, Metaphern, Storytelling und Pausen, die du nutzt oder die Strukturierung dessen, was du sagst. Auch die Gestaltung von Präsentationen und die Verwendung von visuellen Elementen sowie die Körpersprache in Online-Meetings gehören dazu. Du kannst als virtuelle rhetorische Mittel zudem Tools wie das virtuelle Handheben nutzen. Last, but not least wird deine virtuelle Präsenz wesentlich durch deine positive Grundhaltung unterstützt. All das kannst du nutzen, um deine gewünschte Botschaft zu übermitteln. Mit ein paar kleinen Tricks fördern wir so gemeinsam effektive Teamarbeit. Klingt gut, oder?

9.1 Virtuelle Rhetorik

Der Begriff „Rhetorik", allgemein formuliert, ist die Kunst der Rede. Es geht um die Fähigkeit, sprachliche und nichtsprachliche Mittel einzusetzen. Kurzum: Wie kannst du deine Botschaft überzeugend rüberbringen und präsentieren? Es muss sich dabei gar nicht zwingend um eine Präsentation vor einem großen Publikum handeln. Vielleicht magst du auch nur deinem Team die neusten Erkenntnisse aus deiner Recherche zu einem Thema mitteilen oder die Entwicklungsergebnisse deines Prototyps der letzten Woche zeigen. Es geht allgemein darum, wie du überzeugend und wirkungsvoll in Online-Plattformen, sozialen Medien, Videokonferenzen, Chatrooms und anderen digitalen Interaktionsformen kommunizierst.

Beschäftigst du dich mit deiner eigenen Rhetorik, merkst du schnell, dass du deine eigenen Ziele effektiver erreichst – sei es im geschäftlichen, akademischen oder persönlichen Kontext. Du überträgst deine eigenen Grundprinzipien der analogen Rhetorik auf die virtuelle Welt, anstatt sie auszulassen. Du startest das Online-Meeting mit einer Begrüßung aller und der kurzen Nachfrage zur allgemeinen Lage, anstatt zu fragen, ob alle deinen Bildschirm sehen. Genau das würdest du an einem physischen Ort schließlich auch machen.

Tipps für die Praxis
Ich möchte dir fünf wesentliche Aspekte für die virtuelle Kommunikation ans Herz legen:

1. **Klare Aussagen:** Fasse dich kurz. Vermeide komplizierte Umwege in deinen Aussagen. Komm direkt auf den Punkt. Sag beispielsweise: „Ich schlage vor, die Strategie zu ändern." Das ist viel kürzer und verständlicher als zu sagen: „Vielleicht sollten wir erwägen, die Strategie zu ändern."
2. **Einsatz von Bildern:** Nutze visuelle Hilfsmittel wie Grafiken, um deine Punkte zu verdeutlichen. Wähle dabei einfache, verständliche Darstellungen und vermeide Verwirrung durch komplizierte Grafiken.
3. **Aktive Körpersprache:** Halte den Blickkontakt, um Engagement und Verständnis zu zeigen. Blickkontakt in Online-Meetings ist wichtig. Wenn ihr zusammen in einem Meetingraum sitzt, schaut ihr euch ja auch an. Es schafft eine Atmosphäre der Aufmerksamkeit und des Respekts, die für effektive Kommunikation und Zusammenarbeit unerlässlich ist.
4. **Interaktives Engagement:** Fordere dich selbst und die Teilnehmenden auf, aktiv beizutragen. Stelle Fragen, um Verständnis zu gewährleisten und Diskussionen zu fördern. Nutze Tools für Umfragen oder Abstimmungen.
5. **Empathie zeigen:** Sei einfühlsam und achtsam. Versuche, die Stimmung der anderen einzufangen sowie die Bedürfnisse und Erwartungen der Teilnehmenden zu berücksichtigen. Was beschäftigt Tom gerade? Wie geht es Emma? Integriere zu Beginn einen Small Talk, um eine positive Atmosphäre zu schaffen.

Diese Liste werden wir nun im Folgenden vertiefen. Lass uns starten mit der Frage, wie deine Soft Skills dich in deiner Rhetorik unterstützen.

9.2 Deine Soft Skills sind gefragt

In dem Buch *Vom Mitarbeiter zum Mitgestalter* von Pathé (2019) habe ich eine interessante Passage gelesen. Dort heißt es: „TOP-Arbeitnehmer wissen, wie wichtig zwischenmenschliche Beziehungen für den Erfolg des Unternehmens und die eigene Arbeitszufriedenheit sind. Sie investieren bewusst Zeit und Energie, um bestehende Beziehungen zu pflegen und neue Beziehungen aufzubauen." Diese Aspekte gehören zu deinen Soft Skills.

Deine Soft Skills in Online-Meetings beziehen sich auf die persönlichen, sozialen und kommunikativen Fähigkeiten, die benötigt werden, um in einem virtuellen Umfeld trotz eingeschränkten nonverbalen Kommunikationssignalen effektiv zu interagieren und zusammenzuarbeiten.

Deine persönlichen Soft Skills
Deine Bereitschaft und Fähigkeit, sich an verschiedene Technologien und wechselnde Meeting-Dynamiken anzupassen, ist für den Erfolg von Online-Meetings unerlässlich. Welche Tools nutzt die Organisation? Bist du dort fit genug? Grundkenntnisse in der Bedienung von Online-Meeting-Tools und -Technologien sind unerlässlich, um reibungslose und effektive Meetings durchführen zu können.

Deine sozialen Soft Skills
Deine Aufmerksamkeit und Sensibilität für das, was andere sagen, sind von großer Relevanz, um effektiv auf Beiträge reagieren zu können. Außerdem ist deine Fähigkeit, dich in die Lage deiner Teammitglieder zu versetzen, wichtig, um ein unterstützendes und verständnisvolles Umfeld zu fördern. Welche Voraussetzungen hat Emma aktuell? Welche terminlichen Konflikte entstehen für Ian, wenn er sein Kind morgens zum Kindergarten bringen muss? Könnten wir das tägliche Meeting um 15 min verschieben, um es ihm zu erleichtern? Die effektive Zusammenarbeit in einem virtuellen Umfeld erfordert Flexibilität, Geduld und die Bereitschaft, zur Teamdynamik beizutragen.

Auch die Fähigkeit, Meinungsverschiedenheiten konstruktiv anzugehen und zu einer Lösung zu führen, ist in Online-Meetings von großer Bedeutung. Dazu braucht es Courage. Sie ist eine grundlegende Haltung: die Bereitschaft, zu sich selbst zu stehen (Pathé, 2019).

Deine kommunikativen Soft Skills
Deine Kommunikationsfähigkeit ist ebenfalls wichtig: Klare und präzise Kommunikation ist entscheidend, um Missverständnisse zu vermeiden und sicherzustellen, dass Sabine, Thomas, Claudia und Alex die besprochenen Themen verstehen, obwohl sie aus unterschiedlichen Bereichen des Unternehmens kommen.

Die genannten Soft Skills tragen wesentlich dazu bei, eine produktive und positive Atmosphäre in Online-Meetings zu schaffen und zu erhalten. Sie sind entscheidend, um

Herausforderungen der virtuellen Kommunikation zu meistern und effektive Teamarbeit und Zusammenarbeit in einem digitalen Umfeld zu fördern. Dies beinhaltet die Fähigkeit, sich selbst zu organisieren, pünktlich und vorbereitet zu sein sowie eine professionelle Haltung zu bewahren, auch bei virtueller Zusammenarbeit.

9.3 Wortwahl und Tonfall

Was du sagst und die Worte, die du verwendest, sind entscheidend für deine beruflichen Beziehungen. Bei der zwischenmenschlichen Kommunikation kann es zu Mehrdeutigkeiten und Missverständnissen kommen. Gerade, wenn du im internationalen Raum unterwegs bist, solltest du auf Herausforderungen bei der Übersetzung von einer Sprache in eine andere achten (Röhner & Schütz, 2015). Gleiches gilt, wenn Kommunikationspartner aus unterschiedlichen Kulturen stammen (Bründler et al., 2004).

Richte deine Sprache auf die Zielgruppe aus. Mit wem hast du es zu tun? Dem Vorstand? Den Teamkollegen und -kolleginnen in einem Gespräch über aktuelle Themen in der Steuerabteilung? Mit einem Entwickler über bestimmte Aspekte des erzeugten Codes? Verwende eine klare und einfache Sprache, um dein Gegenüber im Gespräch nicht zu verlieren.

Beeinflusse positiv, dass deine Botschaft genauso ankommt, wie sie beabsichtigt ist: Von der Begrüßung von Mitarbeitenden bis hin zur Leitung eines Kunden-Pitch-Meetings, um vor dem gesamten Unternehmen zu präsentieren – dein Tonfall wird den Unterschied machen. Wärme deine Stimme vor Meetings einfach kurz auf. Das gibt dir zusätzliche Sicherheit.

Beim Sprechen können oft deine Emotionen ins Spiel kommen. So kann sich deine Gefühlslage in deiner Tonlage widerspiegeln. Auf andere Art formuliert: Bist du wütend, verärgert oder frustriert, vermittelst du deinen Zuhörern eine starke Emotion. Das ist nicht unbedingt etwas Schlechtes, solange du in der Lage bist, weiterhin respektvoll zu kommunizieren.

Du begegnest immer wieder Situationen, die frustrierend oder ärgerlich sind. Lasse nicht zu, dass dies deinen Tonfall von ruhig und professionell zu knapp, kurz oder unhöflich verändert. Der Tonfall vermittelt den Zuhörern eine Menge Informationen darüber, wie die Sprecher sie sehen.

Worte haben eine unglaubliche Macht, besonders in der digitalen Welt der Online-Meetings. Stell dir vor, du sitzt in einem solchen Meeting und jemand äußert eine Bemerkung, die dich unerwartet trifft. Es ist vielleicht nur ein Nebensatz, möglicherweise eine direkte Kritik oder eine beiläufige Bemerkung über deine Arbeit. In diesem Moment fühlst du, wie die Worte durch den Bildschirm dringen und dich erreichen: „Das hat gesessen!" Diese Worte hängen im virtuellen Raum und haben eine tiefgreifende Wirkung. Vielleicht verändern sie deine Stimmung, deine Sicht auf die Dinge oder sogar dein Selbstbild. In Online-Meetings, wo nonverbale Hinweise oft fehlen, können Worte umso stärker wirken und sowohl positive als auch negative emotionale Reaktionen auslösen.

9.4 Analogien und Metaphern

So geht es auch anderen Menschen bei unbewussten Aussagen deinerseits. Wähle deine Worte daher sorgfältig aus und versetze dich stets in die Lage deines Gegenübers.

9.4 Analogien und Metaphern

Du sollst kein Rhetorik-Experte werden. Deine Rhetorik kannst du einfach als gut bewerten, wenn du von dir sagen kannst: „Meine Botschaft kommt an." Bevor du deine rhetorische Strategie entwickelst, überlege dir, welches Ziel du mit deiner Kommunikation verfolgst. Welche Informationen möchtest du mitteilen? Welchen Eindruck hinterlassen? Beginne damit, dir klarzumachen, was du erreichen möchtest. Dein Ziel bestimmt die Richtung deiner rhetorischen Mittel. Nutze Bilder, Analogien und Metaphern, die deinen Zuhörern bekannt vorkommen, um eine stärkere Verbindung herzustellen.

Ein weiterer wichtiger Schritt ist anschließend die Suche nach einer passenden Bilderwelt. Überlege dir, welche einfachen Gegenstände oder Vorgänge deinem Gegenüber aus seinem oder ihrem eigenen Umfeld bekannt sind. Indem du diese vertrauten Elemente in deine Argumentation integrierst, gewinnst du eine stärkere Verbindung und die Aufmerksamkeit des Gegenübers. Bilder spielen eine mächtige Rolle, um komplexe Ideen verständlicher und einprägsamer zu machen, denn ca. 80 % der Wahrnehmung beruht auf visuellen Eindrücken (Leschnik, 2020).

Eine Analogie ist ein wirkungsvolles rhetorisches Stilmittel. Hierbei geht es darum, einen nachvollziehbaren Vergleich zu konstruieren, der auch auf den zweiten Blick standhält. Indem du eine Analogie geschickt einsetzt, machst du komplexe Sachverhalte verständlicher und bietest dem Gesprächspartner eine vertraute Basis, um deine Argumente besser zu erfassen. Eine gut gewählte Analogie kann dazu führen, dass die Botschaft emotional besser aufgenommen wird und sich die Überzeugungskraft deiner Kommunikation erhöht.

Ein Beispiel für eine Analogie in Meetings ist die Bedeutung von Teamarbeit und Zusammenarbeit. Verwende eine Analogie mit einem Orchester: „Ein erfolgreiches Meeting ist wie ein gut harmonierendes Orchester. Jedes Teammitglied spielt eine große Rolle! Dabei ist jede/r einzelne wichtig, denn erst im Zusammenspiel ergibt sich das gewünschte Resultat." Denke zum Beispiel auch an das Hobby deines Gegenübers. Spielt Tom Fußball, kannst du die Arbeit im Team mit dem Fußballteam vergleichen.

Du kannst auch Metaphern in Online-Meetings verwenden, wie unter anderem ein Puzzle: „Unsere Teamarbeit ist wie das Zusammensetzen eines Puzzles. Jedes Teammitglied bringt einzigartige Fähigkeiten und Perspektiven mit, die wie einzelne Puzzleteile sind. Indem wir diese Teile zusammenfügen und sie miteinander interagieren, entsteht ein vollständiges Bild. Jedes Stück ist wichtig, um das Gesamtbild zu vervollständigen. Wie bei einem Puzzle ist es herausfordernd, die richtigen Teile zusammenzufügen. Arbeiten wir gemeinsam daran und unterstützen uns, erreichen wir unsere Ziele." Folgende Abb. 9.1 stellt das Team als Puzzle dar. Diese Metapher vermittelt komplexe

Abb. 9.1 Team als Puzzle

Ideen auf eine kreative und bildhafte Weise. Versuche alles, um Konzepte einfach darzustellen und bei deinem Gegenüber eine emotionale Verbindung herzustellen.

9.5 Ideen für Storytelling

Hol noch mehr aus den einzelnen Bildern und Analogien heraus. Setze sie in einen gemeinsamen Kontext und baue eine Geschichte um sie herum. Storytelling ist ein sehr mächtiges Werkzeug. In der heutigen digitalen Welt, wo Ablenkungen an jeder Ecke lauern, ist Storytelling dein Geheimtipp, um die Zuhörer fokussiert zu halten. Nutze die Kraft des Storytellings in deinen Online-Meetings und begeistere deine Teilnehmer mit fesselnden Geschichten, die ihnen noch lange im Gedächtnis bleiben werden. Du wirst sehen, wie sehr sich das auf die Interaktion und den Erfolg deiner Meetings auswirken wird! Starte ab heute damit, deine eigene, passende Bildsprache zu finden.

Und das Beste daran? In der Online-Welt hast du mindestens genauso viele Möglichkeiten, Geschichten einzubauen, wie du es bei persönlichen Veranstaltungen tun würdest. Tatsächlich können visuelle Hilfsmittel wie Einblendungen von Ausschnitten in Online-Meetings sogar noch effektiver sein und Geschichten erzählen.

Stelle dir vor, wie du mit einer guten Geschichte das Interesse und die Neugier deiner Teilnehmer weckst. Geschichten helfen ihnen dabei, Fakten besser zu verstehen, Zusammenhänge klarer zu erkennen und auch andere Perspektiven einzunehmen. Geschichten sind wie kein zweites rhetorisches Mittel dazu geeignet, die Aufmerksamkeit deiner Zuhörer vollkommen auf dich und deine Botschaft zu lenken. Geschichten wirken meiner Erfahrung nach besonders gut, wenn sie realistisch sind oder auf persönlichen Erlebnissen beruhen. Beispielsweise erzählst du bildlich von deinen vergangenen Erfahrungen aus Projekten oder deinem Privatleben.

Beispiel aus der Praxis: Nehmen wir an, es gibt einen Konflikt im Team. Du hast vielleicht eine Idee, wie dieser zu lösen ist. Du könntest nun im Team die Geschichte darüber erzählen, wie du in deinem Privatleben oder dem vergangenen Projekt genau diese Situation zu einer positiven Veränderung bringen konntest. Wenn du über eine Herausforderung sprichst, die du gemeistert hast, betone, was du daraus gelernt hast und wie dies auf die aktuelle Situation angewendet werden kann. Durch das Teilen deiner eigenen Geschichte gibst du deinem Team ein konkretes Beispiel und kannst das Gefühl auslösen: „Ach ja, stimmt. Das könnte funktionieren." Diese Herangehensweise zeigt nicht nur Lösungswege auf, sondern stärkt auch das Vertrauen und die Zusammenarbeit im Team. Letztendlich fördert dies ein kreativeres und lösungsorientiertes Denken innerhalb des Teams.

Probiere für dich selbst, was im konkreten Fall am verlässlichsten funktioniert. Das mag von Situation zu Situation etwas unterschiedlich sein. Auch deine Zuhörer beeinflussen die Wahl deiner rhetorischen Mittel. Daher kann es passieren, dass dieselbe Geschichte bei der Teilnehmer-Gruppe A wunderbar ankommt, während sie bei Teilnehmer-Gruppe B unpassend erscheint. Passe daher deine Kommunikation immer situativ an und beobachte die Reaktion der Teilnehmer. Steigt oder sinkt die Interaktion bei Verwendung von sprachlichen Bildern oder Vergleichen? Wird dein Humor mit Smileys oder Schweigen beantwortet?

▶ **Tipp** Es gibt auch Rhetorik-Trainings, in denen du lernst, wie du in virtuellen Formaten überzeugen kannst. Empfehlenswert finde ich zum Beispiel das Videotraining „Zoom-Faktor Rhetorik" mit René Borbonus.

9.6 Rhetorische Pausen

Die richtigen Worte können eine starke Wirkung haben, sie benötigen Zeit, um sich zu entfalten. Nutze Pausen in deiner Präsentation gezielt, um Spannung aufzubauen, wichtige Punkte hervorzuheben und die Zuhörerinnen zu fesseln. Eine kurze Pause vor einer entscheidenden Enthüllung oder einem wichtigen Detail erhöht die Aufmerksamkeit und Neugier. Beginnst du eine Präsentation mit einer Geschichte oder Anekdote, nutze Pausen, um Neugier und Interesse zu wecken. Eine gut platzierte Pause kann die Zuhörer dazu bringen, an deinen Lippen zu hängen.

Pausen können auch dazu beitragen, eine angenehme Atmosphäre in einem Online-Meeting zu schaffen – insbesondere gleich zu Beginn des Meetings. Sie ermöglichen es den Teilnehmenden, sich zu entspannen und eine Verbindung herzustellen. Pausen helfen ebenfalls, das Publikum zu entspannen und eine Verbindung zu diesem aufzubauen. Sie geben den Zuhörern Zeit, das Gesagte zu verarbeiten und zu reflektieren, was die Souveränität, Kompetenz und Strukturiertheit deiner Präsentation unterstreicht.

Kurze Pausen in Diskussionen zeigen zudem, dass du überlegt und mit Bedacht antwortest. Dies gibt den Teilnehmern Zeit, die Bedeutung zu erfassen und zu schätzen.

Setze bewusst eine Pause ein, bevor du zu einer wichtigen Aussage oder einem zentralen Punkt deiner Präsentation kommst. Diese Technik hilft dir dabei, die Aufmerksamkeit der Zuhörer zu steigern und die Bedeutung des Folgenden zu unterstreichen. Nachdem du komplexe oder umfangreiche Informationen präsentiert hast, gib deinen Zuhörern ausreichend Zeit zum Verarbeiten, indem du eine kurze Pause machst. Dies erleichtert das Verständnis und die Aufnahme der Informationen.

Möchtest du etwas besonders betonen, mache nach der entsprechenden Aussage eine Pause. In einer Fragerunde oder Diskussion kannst du kurze Pausen einsetzen, bevor du antwortest. Dies beweist dein gründliches Nachdenken über die Antwort auf die Frage. Am Ende mein Hinweis an dich: Du musst nicht zu den großen Rhetorikern gehören, um deine Online-Meetings effizient zu gestalten. Oftmals ist die beste Lösung: Keep it simple and stupid – oder umformuliert: Sag es so, dass es jeder versteht und deine Botschaft ankommt.

9.7 Die richtigen Fragen stellen

Wenn du Dinge über andere erfahren möchtest, gibt es nur einen Weg: gute Fragen stellen und aufmerksam zuhören. Und nun die Frage an dich: Kannst du anderen wirklich zuhören? Ich habe da gleich bestimmte Situationen und Personen als Negativbeispiele im Kopf: Menschen, mit denen ich spreche und in deren Gesicht ich ablesen kann, wie sie gerade über die Antwort nachdenken, die sie mir geben wollen. Der Inhalt meiner Aussage ist ihnen nicht wichtig, sondern der nächste Schachzug ihrerseits wird geplant. Am besten direkt ins Wort fallen, weil das Gedachte schnell gesagt werden muss. Oder Menschen, die dich mitten in deinem Satz unterbrechen und diesen dann für dich beenden. Das ist unangenehm für den Gesprächspartner und falls du dich jetzt erkennst, dann mein Tipp: Versuche diese Angewohnheit abzulegen und einfach gedanklich so richtig da zu sein und das Gesprochene erst einmal aufzunehmen.

Welche Vorteile hat es, die richtigen Fragen zu stellen? Nun, du erfährst auf diese Weise Dinge, die dich weiterbringen. Und bei den Antworten richtig zuzuhören ermöglicht es dir, die Perspektiven, Bedürfnisse und Anliegen anderer Personen besser zu verstehen. Dies fördert Empathie und hilft dabei, eine tiefere Verbindung herzustellen. Übst du dich im Zuhören, kommt es dir und deinem Team zugute. Du wirst dazu beitragen, Konflikte zu vermeiden oder zu lösen und bessere zwischenmenschliche Beziehungen aufzubauen. Wie das funktioniert, fragst du dich jetzt? Indem du nicht auf eine Eskalations-E-Mail von Stefanie wütend antwortest, sondern stattdessen den Telefonhörer in die Hand nimmst. Du solltest besser direkt mit Stefanie sprechen, um die Ursache des Konfliktes zu verstehen. Ihr werdet im Gespräch eine Lösung finden, anstatt E-Mail-Ping-Pong zu spielen. Wie klingt das?

Neben dem Problemlösen sammelst du mittels des Stellens von Fragen und aktivem Zuhören insgesamt wertvolle Informationen. Durch das Hören auf die Ideen, Meinungen und Feedback anderer gewinnst du neue Erkenntnisse, die zum Beispiel für die nächste

Projektphase elementar sind. Du findest heraus, was Ians Ambitionen sind, am Projekt teilzunehmen, du verstehst, was Emmas Ziele sind und kannst nachvollziehen, wie die Teamzusammenstellung am besten wäre.

Bist du vor Präsentationen, Verkaufsgesprächen oder Gehaltsverhandlungen aufgeregt? Auch hier kannst du das Fragenstellen nutzen. Lenke die Aufmerksamkeit von deiner Aufregung zum Interesse an deinem Gegenüber. Schaue genau hin! Du siehst bei deinem Chef ein Bild von einem Auto auf dem Bildschirm? Du erblickst vor dem Kundengespräch auf der Webseite ein Detail, das dich interessiert? Frage doch einfach danach und schaffe so eine Basis. Darauf aufbauend wirst du dich auch insgesamt sicherer in dem Gespräch fühlen.

Wenn du die „richtigen" Fragen stellst und anderen zuhörst, sind sie eher bereit, ihre Gedanken und Ideen zu teilen. Ich verspreche dir, du hast damit wirkliche Superkräfte.

9.8 Auf Augenhöhe kommunizieren

Sicher kennst du den Satz „Man kann nicht nicht kommunizieren." (Watzlawick et al., 2011). Selbst ohne ein Wort zu sagen, sendest du mit deinem Körper, deiner Gestik oder Mimik Botschaften an deine Umgebung. Watzlawick et al. (2011) gehen davon aus, dass der Mensch immer kommuniziert, ob verbal oder nonverbal. Schaut dein Arbeitskollege vertieft in den Laptop, kommuniziert er oder sie mit dir. Vermutlich kann daraus geschlossen werden, dass die Person gerade konzentriert arbeitet und nicht gestört werden möchte. In Bezug auf Online-Meetings und dein Kalender-Tetris heißt das: Schaltest du dich stumm oder die Kamera aus, sendest du durch dein Verhalten und deine Einstellung trotzdem kommunikative Signale aus.

Ein Experiment zu Beginn: Ein Teilnehmer der Besprechung sagt „Das müsste mal gemacht werden." Hier liegt auf jeden Fall ein riesiges Potenzial für ein Missverständnis vor, nachdem Kommunikation laut Watzlawick et al. (2011) immer einen Inhalts- und einen Beziehungsaspekt hat. Der Inhaltsaspekt umfasst ausschließlich die Information, „dass man das mal machen müsste". Es ist essenziell, hier explizit zu kommunizieren! Wer soll das machen? Denn ansonsten überlässt du deinem Empfänger der Botschaft die Wahl, wer gemeint ist. Der Inhaltsaspekt bezieht sich auf die Informationen, die im Rahmen eines Online-Meetings ausgetauscht werden, während der Beziehungsaspekt die Art und Weise betrifft, wie die Teilnehmer miteinander interagieren und welche Beziehungen sich zwischen ihnen entwickeln. Für eine erfolgreiche Zusammenarbeit ist es wichtig, sowohl den Inhalts- als auch den Beziehungsaspekt zu berücksichtigen und sicherzustellen, dass alle Teilnehmer ihre Perspektive und Ideen angemessen einbringen und berücksichtigen. Eine klare Kommunikation und ein respektvoller Umgang miteinander können dazu beitragen, ein erfolgreiches Online-Meeting zu gestalten.

Das Wechselspiel von Aktion und Reaktion kann zum wirklichen „Teufelskreis der Kommunikation" werden. Die Art und Weise, wie du während eines Online-Meetings kommunizierst, beeinflusst das Ergebnis und den Erfolg dieses Meetings. Eine klare und effektive Kommunikation ist unerlässlich, damit alle Teilnehmer das Thema verstehen und sich aktiv beteiligen können. Eine Aussage kann gleich völlig klar formuliert sein, sodass diese direkt beim Gesprächspartner ankommt und durch ihn nicht erst interpretiert werden muss. Watzlawick et al. (2011) nennen dies digitale Kommunikation.

Muss die Botschaft durch den Gesprächspartner erst einmal entschlüsselt und interpretiert werden, sprechen sie von analoger Kommunikation. Bei analogen Signalen spielt so die nonverbale Kommunikation mit Körperhaltung, Mimik und Gestik eine wichtige Rolle. Da, wo Kommunikation einen Raum für Interpretation lässt, können Missverständnisse besonders schnell entstehen. Angesichts dessen ist es wichtig sicherzustellen, dass jeder Teilnehmer Zugang zu den erforderlichen Informationen hat und zu Wort kommen kann – damit werden so einige Probleme und Missverständnisse vermieden oder schnell beseitigt. Für Online-Meetings ist es wichtig, Video- oder Audio-Konferenzsysteme oder Chat-Funktionen zur Förderung der Kommunikation und Interaktion zu nutzen. Das wird dabei helfen, eine bessere Kommunikation und ein tieferes Verständnis innerhalb der Meetings zu fördern.

Gemäß Watzlawick et al. (2011) kann Kommunikation entweder symmetrisch oder komplementär ablaufen, dieses beruht auch auf der Beziehung zum Gesprächspartner. Bei einer Kommunikation auf Augenhöhe mit deiner Kollegin Franziska liegt der Fokus eher auf euren Gemeinsamkeiten wie beispielsweise dem Ziel des Teams. Bist du in einem Meeting mit Stefanie, mit der du ohnehin nicht besonders gut harmonisierst, dominieren im Gespräch eher die Unterschiede und die Kommunikation drückt ein Machtgefälle aus; die Kommunikation ist komplementär. Mein Appell: Es ist es wichtig, sich auf Augenhöhe zu begegnen!

9.9 Nonverbale Kommunikation in Online-Meetings

In der virtuellen Kommunikation erlebst du eine bemerkenswerte Verschiebung in der Art der Interaktion. Auf den ersten Blick bietet dir die digitale Welt eine Fülle von Kommunikationsmöglichkeiten, wie zum Beispiel das virtuelle Handheben oder das Herz in Teams, um sich bei ausgeschalteter Kamera mitzuteilen. Paradoxerweise eliminieren genau diese neuen Formen der Kommunikation viele essenzielle, nonverbale Signale, die du im traditionellen Face-to-face-Austausch nutzt, um Informationen zu interpretieren und Beziehungen zu gestalten.

Am Anfang fühlt es sich seltsam an, doch irgendwann gewöhnt man sich daran. Ehe du dich versiehst, ist dies das neue „Normal". Viele Mitarbeiter fahren ihre Persönlichkeit in der digitalen Welt gefühlt auf Stand-by. Nur für das Nötigste wird das Mikrofon eingeschaltet und kommuniziert. Schnell wird der Eindruck erweckt, das Online-Meeting könne nicht schnell genug vorbei sein. Oder umgekehrt: Diejenigen, die sehr gerne in Monologen sprechen, werden nicht auf natürliche Art und Weise im Meetingraum gestoppt. Die Folge ist, dass sich viele digitale Formate sehr unpersönlich und schwer anfühlen. Kein Wunder, dass man da müde wird.

9.9 Nonverbale Kommunikation in Online-Meetings

Ein Blick sagt mehr als tausend Worte. Ein alter Spruch, der doch so viel Wahres beinhaltet. In deinem Online-Meeting mit Kamera ist ein bestimmter Bildausschnitt zu sehen. Vielleicht stehst du, vielleicht sitzt du. Du lächelst und hast eine offene Körperhaltung. Du bist genervt und verschränkst die Arme. Egal, was es ist, es kommt bei deinem Gegenüber an. Wo Worte an ihre Grenzen stoßen oder dich sogar manches Mal im Stich lassen, spricht deine Körpersprache dafür umso lauter. Ist deine Kamera aus, kann dein Gegenüber absolut keine „Haltung" erkennen. So wie niemand ein Gespräch mit dem Hinterkopf einer Person führen möchte, führt ein Gespräch mit einem schwarzen Bildschirm zu einem schwierigen und unangenehmen Gesprächsverlauf.

Deine Spiegelneuronen spielen dabei eine wichtige Rolle. Spiegelneuronen sind Nervenzellen in unserem Gehirn, die bei der Beobachtung anderer oder bei einer bestimmten Handlung aktiv werden (Birbaumer & Schmidt, 2018). Siehst du jemanden mit einer aufrechten Haltung und einem freundlichen Gesichtsausdruck, fühlst du dich wahrscheinlich positiver und bist offener für die Zusammenarbeit. Gleichzeitig strahlt eine aufrechte Haltung auch Selbstbewusstsein aus, was sich positiv auf dein eigenes Wohlbefinden und deine Ausstrahlung auswirken kann.

Biopsychologisch betrachtet spielt der Sympathikus, das sogenannte Fight-or-Flight-Nervensystem, eine wichtige Rolle bei der Körperhaltung. Fühlst du dich gestresst oder unsicher, aktiviert der Sympathikus die typischen Stressreaktionen: Dein Herzschlag beschleunigt sich, deine Muskeln spannen sich an und du atmest schneller (Campbell & Reece, 2003; Spektrum.de, 1999). In dieser Situation neigen viele dazu, sich zusammenzukauern oder eine defensive Körperhaltung einzunehmen.

Umgekehrt kann eine aufrechte und offene Haltung den Parasympathikus aktivieren, der für Entspannung und Wohlbefinden verantwortlich ist (Campbell & Reece, 2003). Entscheidest du dich bewusst dafür, dich aufrecht und selbstbewusst hinzusetzen, stimulierst du den Parasympathikus und fühlst dich selbst in einem stressigen Meeting etwas entspannter.

Ferner beeinflusst deine Körperhaltung auch die Wahrnehmung anderer. Hältst du dich aufrecht und nimmst eine offene Haltung ein, wirkst du auf andere selbstsicher und zugänglich. Das kann dazu führen, dass andere dich ernster nehmen und du eine positive Wirkung auf dein Team und deine Gesprächspartner hast. Beim nächsten Online-Meeting achte bewusst auf deine Körperhaltung. Setze dich aufrecht hin, die Schultern entspannt und den Rücken gerade. Atme tief ein und aus, um dich zu beruhigen. Merkst du, dass du dich unsicher oder gestresst fühlst, versuche bewusst, deine Körperhaltung zu korrigieren.

Deine Körperhaltung ist wie ein Spiegel deiner inneren Zustände. Ob du dich unsicher fühlst, aufgeregt bist oder Gelassenheit ausstrahlen willst, deine Körperbewegungen spiegeln dies wider. Der Blick, den du deinem Gegenüber schenkst oder den du von ihm abwendest, spricht Bände über deine Emotionen und Aufmerksamkeit. Ein einfaches Schulterzucken kann Unsicherheit oder Distanzierung signalisieren, während ein Wechsel der Körperhaltung Aufmerksamkeit erzeugt und Emotionen transportiert. Das Lächeln kann eine Palette von Bedeutungen haben. Von Freundlichkeit bis zu Überlegenheit – ein Lächeln kann vielschichtig sein und verschiedene Emotionen übermitteln. Es ist ein Werkzeug, das deine Attraktivität und Intelligenz steigert, gleichsam kann es auch eine Maske sein, um negative Gefühle zu verbergen.

Last, but not least: der Blickkontakt. Wir alle wissen, wie wichtig dieser ist. Ist jemand nicht in der Lage, den Augenkontakt aufrechtzuerhalten, sehen wir dies als Zeichen dafür an, dass er unehrlich oder verschlagen ist, nicht aufpasst oder sich unsicher fühlt. Halte stets den Blickkontakt beim Zuhören, um dem Sprecher oder der Sprecherin zu signalisieren, dass du präsent, engagiert und offen für das Gespräch bist. Beim Sprechen zeigt es, dass du dich mit dem Zuhörer oder der Zuhörerin verbindest. In Fällen, in denen du eine unangenehme Nachricht überbringst, ist das doppelt wichtig.

▶ **Kleiner Tipp** Das Sichtbarmachen der eigenen Hände signalisiert deine Präsenz und Beteiligung, was besonders in einer virtuellen Umgebung wichtig ist. Hört sich doof an, aber wenn die anderen deine Hände sehen, ist das mehr oder weniger ein wahrhaftiger Beweis dafür, dass du gerade nichts anderes tippst.

9.10 Effektiv Präsentieren mit der 6 × 6-Regel

Es gibt wahrscheinlich nur wenige Dinge, die frustrierender sind als eine perfekt ausgearbeitete Online-Präsentation, bei deren Erstellung und Vorstellung du dir unglaublich viel Mühe gibst, um dann festzustellen, dass du die Aufmerksamkeit der Zuhörer verlierst oder schlimmstenfalls nie wirklich hattest.

Als Teilnehmer eines Online-Meetings hast du es sicher schon erlebt: Die meisten Meetings laufen gleich ab, die Einladenden scheinen kaum bis nicht vorbereitet. Und es ist langweilig! Tatsächlich ist der Grund dafür häufig nicht Faulheit oder Einfallslosigkeit, sondern Unsicherheit. Digital „gut wirken" ist alles andere als einfach – insbesondere ohne die Interaktion mit anderen. In einer Konferenz mit 50 Menschen, die alle die Kamera und das Mikrofon ausgeschaltet haben, ist kaum festzustellen, ob das Gesprochene gut ankommt. Mit der Objektivlinse zu sprechen, ist etwas völlig anderes, als live vor lebendigen Zuhörer zu stehen. Eine gute Performance im Online-Meeting fällt sogar oft denjenigen schwer, die es gewohnt sind, vor vielen Menschen zu sprechen.

Das Auge ist einer der wichtigsten Sinneskanäle für den Informationsaustausch. Alles, was du mit deinem Auge wahrnimmst, bleibt tiefer in deinem Gedächtnis und kann daher besser erfasst werden. Du erleichterst es deinem Gehirn mit Bildern, sich an Dinge zu erinnern. So geht es auch deinem Gegenüber. Das kann aber auch nach hinten losgehen.

Kennst du das nicht auch, dass du dich in Meetings einwählst, die für eine halbe Stunde geplant sind? „Meine Damen und Herren, ich begrüße Sie zu der heutigen Präsentation", sagt der Moderator des Online-Meetings, während er gerade eine 180-seitige Powerpoint-Präsentation öffnet. „Können Sie meinen Bildschirm sehen?", fragt er. Und du denkst: „Ja, zur Hölle. Ich will das aber nicht alles durchgehen müssen." Und Zack:

Aufmerksamkeit weg. Du fängst an, E-Mails zu lesen und zu beantworten. Und damit hätte man sich das gesamte Meeting sparen können.

Besonders bei komplexen Inhalten im Online-Meeting erwarten die Zuschauer eine schwere rhetorische Kost. Oft nicht, weil sie das Thema per se langweilig finden. Vielmehr verlierst du die Teilnehmer schon binnen Sekunden mit (technischen) Details. Frage dich selbst: Mit wem habe ich es zu tun? Welche Vorkenntnisse haben die Personen zum Thema? Welchen aktuellen Status kennen die Personen? So stellst du sicher, dass du verstanden wirst.

Wie geht es dir beim Anblick einer vollgepackten Präsentation? Denkst du dir: „Das ist mir jetzt zu anstrengend, das Thema wirklich zu durchdringen."? Stellst du selbst eine Präsentation vor, hast du die Chance, dies nicht geschehen zu lassen: Vergewissere dich, dass deine Zuhörenden dieselbe Sprache sprechen und du sie dort abholst, wo sie aktuell stehen. Fast niemand gibt freiwillig zu, dass er oder sie gerade nichts versteht – schon gar nicht in der Gruppe. Stattdessen haben einige Menschen gelernt, dass es gut sei, Souveränität bei absoluter Ahnungslosigkeit vorzutäuschen. Das ist genau der Grund, weshalb es so viele „Blabla"-Meetings gibt.

Diese Ansprache hat schon offline nie funktioniert – und online wird es noch schlimmer. Überlege selbst, wie sehr dich PowerPoint-Schlachten weiterbringen oder nicht. Und geh als gutes Beispiel voran. Möchtest du in Online-Meetings deine Teilnehmer nicht langweilen und sie stattdessen bei der Stange halten, dann lege dich entsprechend ins Zeug. Bei all den Ablenkungen der Teilnehmer durch Dinge im Homeoffice, Microsoft-Teams-Nachrichten, E-Mails und so weiter musst du ihnen etwas bieten, das besser und spannender ist!

Liefere deinen Kollegen und Kolleginnen etwas fürs Auge. Um die Teilnehmer in Online-Meetings zu fesseln und ihre Aufmerksamkeit zu gewinnen, ist es entscheidend, ihnen etwas zu bieten, das sie wirklich anspricht. Verzichte auf überladene PowerPoint-Folien und setze stattdessen auf visuell ansprechende Präsentationen. Nutze Bilder, Grafiken und Videos, um die Botschaften zu vermitteln und das Online-Meeting aufzulockern. Frage die Künstliche Intelligenz nach Ideen, um dein Thema darzustellen. Verwende Tools wie Canva oder Adobe, die KI-basierte Designvorschläge anbieten, um ansprechende Präsentationen zu erstellen. Diese Tools bieten eine Vielzahl von Vorlagen und visuellen Elementen, um deine Botschaft hervorzuheben. Damit sparst du dir wertvolle Zeit.

Beginne das Meeting mit einer klaren Agenda auf der ersten Folie und nenne die Ziele, die du erreichen möchtest. Eine gut strukturierte Präsentation hilft den Teilnehmern, dem Ablauf zu folgen und das Thema besser zu verstehen.

Nutze Geschichten und Beispiele für deine Botschaften. Menschen lieben Geschichten und können sich besser mit den Inhalten identifizieren. Dazu benötigst du keine Präsentation mit Folien, vielmehr sind Bilder dazu ausreichend.

Vermeide einen monotonen Vortragsstil und sorge für Abwechslung. Wechsle zwischen verschiedenen Themen, Medien und Formaten, um die Aufmerksamkeit hochzuhalten. Setze auf Tools wie ChatGPT, um kreative Icebreaker oder interaktive Elemente zu generieren, die die Teilnehmer aktiv einbinden.

Achte ebenfalls darauf, dass das Meeting nicht zu lange dauert und die Zeit effizient genutzt wird. Halte dich an die geplante Agenda und vermeide unnötige Verzögerungen. Nutze KI als deinen Time-keeper. Das geht natürlich auch einfach in einem Teams-Meeting mit Microsoft. Dort kannst du die Zeit der Präsentation sehr einfach nachverfolgen.

> **6 × 6-Regel für Präsentationen**
>
> Kennst du die 6 × 6-Regel für Präsentationen? Miller (1956) beschreibt, dass sich ein Mensch kurzfristig gleichzeitig nur 7 ± 2 Informationseinheiten merken kann. Hier findest du ein paar Ideen, die du für jede Folie deiner Präsentation umsetzen kannst:
>
> - Begrenze die Anzahl der Aufzählungspunkte: Das Hauptziel der 6 × 6-Regel ist es, den Text pro Folie zu begrenzen. Dieser Text kann aus Stichpunkten, Haupttext und Überschriften bestehen. Jede Folie sollte maximal sechs Aufzählungspunkte haben. Das fordert dich dazu heraus, genau zu bestimmen, was deine wichtigsten Messages sind. Fokus ist der Schlüssel!
> - Als Nächstes begrenzt du die Anzahl der Wörter der einzelnen Aufzählungspunkte. Formuliere jeden Aufzählungspunkt in maximal sechs Wörtern. Schaffst du es, deine Message mit wenigen Worten auszudrücken, hilfst du dabei, dass deine Zuhörer sie lesen, verstehen und sich merken können.
> - Deine Präsentation sollte nicht zu komplex sein. Komplexe Begriffe oder Ideen kannst du vereinfachen, um sie verständlich zu machen. Die 6 × 6-Regel fördert die Verwendung von Visualisierungen. Nutze Bilder, Diagramme, Infografiken, Charts, Videos oder mehr, um die Qualität deiner Präsentation zu unterstützen, zu verbessern und deine Botschaft effektiv an das Publikum zu vermitteln.
>
> Die 6 × 6-Regel kann dir helfen, deine Idee schnell zu präsentieren, deine Botschaft zu vermitteln oder Informationen an deine Vorgesetzten weiterzugeben. Sie stellt sicher, dass deine Informationen klar, präzise und auf den Punkt gebracht werden. So kannst du etwa anstelle eines umfangreichen Berichts sechs Folien erstellen, die jeweils verschiedene Perspektiven wie Umsatz, Kosten, Herausforderungen, Lösungen oder Kundenwachstum hervorheben. Jede Folie wird sechs verschiedene Punkte enthalten, die die Folien detailliert erklären und welche du dann deinem Publikum erläutern kannst. Dadurch wird die Präsentation leichter verständlich, was hilft, gutes Feedback zu erhalten. Abb. 9.2 stellt virtuelle Präsentationen gegenüber.

Abb. 9.2 Virtuelle Präsentationen

9.11 Positive Grundhaltung

Wie startest du in deine Online-Meetings? Springst du auf die letzte Sekunde rein? Bist du gestresst? Oder kommst du immer völlig entspannt mit einem „Guten Morgen" ins Meeting und bezauberst mit deiner guten Stimmung die anderen Teilnehmenden? Wahrscheinlich weder noch. Oder mal so und mal so. Und das ist völlig normal. Nicht jeder Tag ist gleich, und es ist wie in der „wirklichen" Welt okay, auch mal genervt zu sein. Was wir uns dennoch beibehalten sollten, ist eine positive Grundstimmung. Damit gemeint ist ein: „Wir erreichen hier etwas. Als Team erzielen wir hier einen Mehrwert." Wir alle wollen gute Projekte machen, anstatt bloß unsere Zeit abzusitzen. Die innere Haltung übersetzt sich direkt auch in die Kommunikation und hat einen enormen Einfluss auf deine Meetings. Der Beweis zeigt sich in Meetings, auf die keiner Lust hat, in denen man stattdessen in gequälte Gesichter schaut und allen Teilnehmern jedes Wort aus der Nase ziehen muss.

Was also tun, wenn sich dein Kalender-Tetris mal wieder vor Tetrominos nicht retten kann? Was, wenn alle absolut genervt im Meeting sind? Nun, zum einen kannst du bei dir selbst beginnen. Das Erlebnis des Meetings kann sich verändern, sofern du selbst „positive Vibes" im Gepäck hast. Zieh dein/e Lieblingshemd, -bluse oder -pullover an, in dem/der du dich wohlfühlst. Tust du das, strahlst du dies auch aus und wirkst selbstbewusster. Weg von „Oh man. Wie lange geht das Meeting noch?" zu „Ich weiß, was ich heute erreichen will." Stell dir vor dem Meeting vor, welches Ziel du erreichen möchtest. Was ist dir wichtig, und was trägst du dazu bei, um die gewünschten Ergebnisse zu erzielen?

Du denkst dir jetzt: „Für sowas habe ich keine Zeit?" Dann schaff sie dir! Du wirst immer Ausreden finden, wenn du danach suchst. Natürlich sind alle Dinge in Projekten immer absolut wichtig und dringend. Jene Situationen, in denen dich dein Kalender-Tetris überfordern kann und du wirklichen Stress entwickelst, sind individuell. Ein und dieselbe Situation kann daher bei verschiedenen Personen unterschiedlichen Stress auslösen, oder auch nicht. Wird Stress chronisch, bleibt das sympathische Nervensystem aktiviert, was zu einer kontinuierlichen Freisetzung von Stresshormonen führt (Campbell & Reece, 2003). Dauerstress kann langfristig zu einer Vielzahl von gesundheitlichen Problemen führen, einschließlich Herz-Kreislauf-Erkrankungen, Magen-Darm-Problemen, Schlafstörungen, Angstzuständen und Depressionen (Dragano, 2018; von Känel, 2015).

Zwischen Online-Meetings kannst du mit einem kurzen Spaziergang oder Entspannungstechniken selbst dafür sorgen, dass sich dein persönliches Stresslevel auf ein Minimum begrenzt. Pausen können deine Leistungsfähigkeit und dein allgemeines Wohlbefinden positiv beeinflussen wie Wendsche & Lohmann-Haislah (2016) in ihrer Übersichtsarbeit darlegen. Kurze Pausen von 10 bis 20 min können deinen Akku bereits aufladen (Ulich, 2011).

Literatur

Birbaumer, N., & Schmidt, R. F. (2018). *Biologische Psychologie* (7. überarb. u. erg. Aufl.). Springer.
Bründler, P., Bürgisser, D., Lämmli, D., & Bornand, J. (2004). *Einführung in die Psychologie und Pädagogik: Lerntext, Aufgaben mit kommentierten Lösungen und Glossar* (1. Aufl.). Compendio Bildungsmedien.
Campbell, N. A., & Reece J. B. (2003). *Biologie* (6. Aufl). Spektrum Verlag.
Dragano, N. (2018). Arbeitsstress als Risikofaktor für kardiovaskuläre Erkrankungen. In *Aktuelle Kardiologie, 7*(5), 368–372. https://doi.org/10.1055/a-0638-7463
von Känel, R. (2015). Stressbedingte Krankheiten und deren körperlichen Symptome. In P. Becker (Hrsg.), *Executive Health – Gesundheit als Führungsaufgabe* (S. 57–77). Springer Gabler.
Leschnik, A. (2020). *Visuelle Wahrnehmung: Grundlagen, Clinical Reasoning und Intervention im Kindes- und Jugendalter* (1. Aufl). Springer.
Miller, G. A. (1956). The magical number seven, plus or minus two: Some limits on our capacity for processing information. *Psychological Review, 63*(2), 81–97. https://doi.org/10.1037/h0043158
Pathé, N. (2019). *Vom Mitarbeiter zum Mitgestalter: Wie Sie sich mit Klarheit und Courage in unserer Arbeitswelt behaupten* (1. Aufl.). GABAL Verlag.
Röhner, J., & Schütz, A. (2015). *Psychologie der Kommunikation* (2. Aufl.). Springer.
Spektrum.de. (1999). *Kampf-oder-Flucht-Reaktion.* https://www.spektrum.de/lexikon/biologie/kampf-oder-flucht-reaktion/35305. *Zugegriffen: 18. Jan. 2024.*
Ulich, E. (2011). *Arbeitspsychologie* (7. überarb. u. akt. Aufl.). Schäffer-Poeschel.
Watzlawick, P., Beavin, J. H., & Jackson, D. D. (2011). *Menschliche Kommunikation. Formen, Störungen, Parodoxien* (12. Aufl.). Huber.
Wendsche, J., & Lohmann-Haislah, A. (2016). *Psychische Gesundheit in der Arbeitswelt. Pausen.* BAuA (Hrsg.).

Das Zwischen-den-Zeilen-Lesen in Online-Meetings

10

Zusammenfassung

In diesem Kapitel geht es um die Bedeutung der eigenen Gefühlslage für die Interpretation und das Verständnis von Emotionen in Online-Meetings. Ich zeige dir, wie die persönliche Stimmung die Wahrnehmung anderer beeinflusst, insbesondere im Kontext virtueller Interaktionen. Ist es dir schon einmal passiert, dass du eine Gestik missinterpretiert hast und dies dann zu Missverständnissen führte? Die Fähigkeit, Emotionen zu lesen, wird als Schlüssel für ein erfolgreiches Verständnis und empathische Kommunikation in Online-Meetings hervorgehoben. Oft hilft es, genauer hinzusehen und die Körpersprache in einen Kontext zu stellen. Ich gebe dir Hinweise, um die Fähigkeiten im Lesen und Verstehen von Mimik und Gestik zu verbessern. Dies kann zu besseren zwischenmenschlichen Verbindungen und einem gesteigerten Verständnis der Bedürfnisse und Emotionen anderer führen.

10.1 Auswirkungen von Bildschirmzeit auf Empathie

Die Fähigkeit zur Empathie ist ein grundlegender Aspekt für gute menschliche Interaktionen. Sie scheint besonders anfällig für die negativen Auswirkungen der digitalen Medienüberflutung zu sein. Wir verbringen immer mehr Zeit an Bildschirmen. Gleichzeitig haben wir weniger Zeit für echte persönliche Kommunikation. Ich möchte dich an dieser Stelle lediglich auf diese Erkenntnisse aufmerksam machen. Du kannst für dich selbst beurteilen, inwiefern das auf dich selbst zutrifft und es deine Empathie, soziale Fähigkeiten und vielleicht sogar deine Gefühlslage beeinflusst.

1. Die Studie zur Empathie und Bildschirmzeit
Eine Studie von Carrier et al. (2015) ergab, dass eine höhere Bildschirmzeit mit einem Rückgang der empathischen Fähigkeiten einhergehen kann. Die Forscher stellten fest, dass diejenigen, die mehr Zeit mit elektronischen Geräten verbrachten, im Vergleich zu denen, die vermehrt persönliche Interaktionen nutzten, Schwierigkeiten hatten, die Emotionen anderer Menschen zu erkennen und Empathie zu empfinden.

2. Auswirkungen der Internetnutzung auf soziale Fähigkeiten
Eine Untersuchung von Engelberg und Sjöberg (2004) kam zu dem Schluss, dass eine übermäßige Internetnutzung mit einer Verringerung der sozialen Fähigkeiten und einer geringeren Fähigkeit zur zwischenmenschlichen Interaktion verbunden sein kann. Die Studie zeigte, dass Menschen, die mehr Zeit online verbrachten, weniger soziale Kompetenzen entwickelten. Sie hatten Schwierigkeiten, sich in persönlichen sozialen Situationen zurechtzufinden.

3. Forschung zur Auswirkung von Bildschirmzeit auf Gehirnstrukturen
Untersuchungen von Hutton et al. (2019) haben gezeigt, dass übermäßige Bildschirmzeit, insbesondere in jungen Jahren, das Gehirn beeinflussen kann. Eine längere Exposition gegenüber Bildschirmen kann die Entwicklung bestimmter Gehirnstrukturen beeinflussen. Sprach- und Lesefähigkeiten sowie entsprechende kognitive Interpretationen können in der Folge beeinträchtigt werden.

10.2 Einfluss von Emotionen auf Online-Meetings

Hast du schon einmal eine Präsentation online gehalten und erkennst dich in der folgenden Situation wieder? Du siehst, wie Thomas die Nase rümpft und die Augenbrauen hochzieht und Tatjana schaut irgendwie genervt. Diese Reaktionen beziehst du nun auf deinen Inhalt. Du glaubst, irgendetwas passe Thomas nicht und Tatjana sei unzufrieden. Doch Thomas' Reaktion muss nicht primär dir gelten. Er steckt genauso in einem völlig überfüllten Kalender-Tetris wie du. Es ist Montag, wahrscheinlich hat er einen schwierigen Wochenstart. Oder es kam gerade eine Teams-Nachricht mit einer unschönen Information wie „Conny ist die nächsten zwei Monate krankgeschrieben." Und Tatjana ist genervt, weil es gerade zu regnen beginnt und ihr Lauf in der Mittagspause wohl ins Wasser fällt. Indem du die Rahmenbedingungen berücksichtigst, fallen dir plötzlich hunderte Gründe ein, die das Nasenrümpfen und Augenbrauenzucken der Meeting-Teilnehmer rechtfertigen würden. Und allesamt haben absolut gar nichts mit dir zu tun!

Deine eigene Gefühlslage kann dafür verantwortlich sein, dass du die Emotionen deines Gegenübers falsch deutest. Ford und Gross (2019) argumentierten, dass Menschen spezifische Gefühle in bestimmten Situationen als positiv oder negativ bewerten. Bist du gerade selbst wütend oder verärgert, könntest du Körpersignale anderer schneller negativ beurteilen, als es bei Zufriedenheit der Fall wäre.

10.2 Einfluss von Emotionen auf Online-Meetings

Warum ist das so? In einer amerikanischen Studie von Habel et al. (2007) wurde die Rolle der Amygdala bei der Emotionserkennung klinisch untersucht, welche entscheidend ist für deine soziale Interaktion und Kommunikation. Die Amygdala, ein mandelförmiger Teil in deinem Gehirn, steuert zum einen deine Emotionen. Sie hilft dir ebenso, die Körpersprache deines Gegenübers zu verstehen. Gut vernetzt mit anderen Gehirnzellen und Arealen, reagiert die Amygdala auf bestimmte Reize und verknüpft diese mit Emotionen. Botenstoffe, sogenannte Neurotransmitter, werden an die Amygdala gesandt. Sie wird durch diesen Reiz getriggert. Damit wird der Prozess in deinem Körper in Gang gesetzt.

Dieser emotionale Prozess führt zu einem Phänomen der Verschiebung oder Einengung deiner Wahrnehmung. Du lenkst plötzlich deine Aufmerksamkeit in eine bestimmte Richtung, ohne das Gesamtbild wahrzunehmen. Dadurch bekommst du eine limitierte Perspektive, die dir keine objektive Einschätzung der Situation mehr gewährt. So geht es selbstverständlich auch den anderen.

Je nachdem, ob du im Online-Meeting verärgert bist oder Angst empfindest, beginnst du dadurch auch körperliche Symptome wie Schwitzen oder nervöses Zähneknirschen zu entwickeln. Das kommt daher, dass die Neurotransmitter das sympathische Nervensystem triggern. Dieser Überlebensmodus hat die Menschen früher vor Mammuts beschützt und sie in eine Angreifer- oder Kampfposition versetzt (Birbaumer & Schmidt, 2018). Heute hast du es selten mit Säbelzahntigern oder Mammuts zu tun, der Urinstinkt blieb aber über die Jahrtausende dennoch.

Beispiel: Du befindest dich in einem Diskurs mit Ian, der schon mit einer wütenden oder verärgerten Grundhaltung in die Diskussion geht. Scheinbare Kleinigkeiten hinsichtlich deiner Wortwahl oder Mimik, beispielsweise eine hochgezogene Augenbraue, können dann bereits ausreichen, um Ian auf die Palme zu bringen. Er deutet deine Gestik deutlich negativer und fühlt sich persönlich von dir angegriffen, obwohl du nur unbewusst mit deinen Augenbrauen gezuckt hast. Sei dir dieser Tatsache bewusst und versuche, dich zu hinterfragen: „Tue ich aktuell etwas, was falsche Signale senden könnte?" Oder: „Könnte ich eine Aussage treffen oder eine Frage stellen, die die Situation entschärfen und die Situation entspannen könnte?"

Ebenso gibt es konkrete Möglichkeiten, adäquat auf klare Gefühle zu reagieren. Siehst du Freude in den Augen deines Kollegen oder deiner Kollegin, weil er oder sie von einer positiven Entwicklung berichtet, gehst du mit einem ehrlichen Lächeln und einer enthusiastischen Rückmeldung darauf ein. „Ich freue mich für dich!", kann die Freude deines Gegenübers verstärken und eure Verbindung stärken.

Ist hingegen Ärger in der Mimik eines Freundes erkennbar, weil er oder sie über eine Situation frustriert ist, gehe besser behutsam vor. Zeige Verständnis und Empathie, indem du sagst: „Ich kann nachvollziehen, warum das ärgerlich ist. Möchtest du darüber sprechen?" Hier geht es darum, Raum für Austausch zu schaffen, ohne das Gefühl zu vermitteln, dass du das Problem abtun möchtest.

In der Psychologie werden Emotionen häufig in primäre und sekundäre Emotionen eingeteilt. Primäre Emotionen sind unmittelbare, instinktive Reaktionen auf Reize wie

Freude, Angst oder Traurigkeit (Damasio, 1994). Wenn du beispielsweise Ärger oder Irritation verspürst, nachdem du im Verkehr abgedrängt wurdest, handelt es sich dabei um primäre Emotionen, da sie als direkte Folge des Ereignisses auftreten (Tull, 2021). Zum Beispiel kann ein unerwarteter Erfolg im Projekt Emma ein Lächeln ins Gesicht zaubern. Will das Mikrofon mal wieder nicht so wie es soll, schaust du in das frustrierte Gesicht von Ian. Bleibt die Kamera aus, zeigen sich primäre Emotionen ebenso in der Tonlage.

Sekundäre Emotionen wie Eifersucht, Schuldgefühle oder Stolz sind in Online-Meetings oft das Ergebnis komplexerer kognitiver Prozesse. Diese Emotionen können aus der Interaktion mit anderen oder aus der Reflexion über das eigentliche Online-Meeting resultieren. Sekundäre Emotionen werden entweder als einzigartig menschlich angesehen oder durch Sozialisation erlernt. Sie sind nicht evolutionär in uns verankert wie die primären Emotionen (Parvez, o. J.). Sekundäre Emotionen werden stark durch die Erwartungen und Erfahrungen der Teilnehmenden beeinflusst. Beispielsweise kann Thomas, der in früheren Meetings kritisiert wurde, mit Unsicherheit oder Angst auf eine Anregung von Emma zu seiner Präsentation reagieren.

10.3 Mimikresonanz in Online-Meetings

Die Mimikresonanz beschäftigt sich mit dem Entstehungsort, also dem Ursprung von ungefilterten und unmittelbar zum Ausdruck kommenden Emotionen – deinem Gesicht. Das Konzept zur Mimikresonanz basiert auf den aktuellen Forschungsergebnissen aus der Psychologie und der Verhaltensforschung und umfasst die Empathie, die Menschenkenntnis und die Wirkungskompetenz. Der Schwerpunkt liegt dabei auf der Fähigkeit, die universellen und kulturspezifischen Emotionen zu entziffern, die sich hinter der Mimik deiner Mitmenschen verbergen (Eilert, 2013).

Eilert (2013) beziffert die Mimikresonanz als „stille" Sprache, die ohne Worte oder Laute auszukommen vermag. Er geht sogar einen Schritt weiter und sagt, dass unter Bezugnahme des Nonverbalen, des Nicht-Gesprochenen, der Körpersprache sowie Mimik und Gestik eine hundertprozentige Wahrnehmung des Gegenübers stattfinden kann. Eilert (2013) ist davon überzeugt, dass Führungspersönlichkeiten, die in allen drei Teilbereichen eine ausgeprägte Kompetenz besitzen, beruflich erfolgreicher sind: Sie verstehen es, Emotionen und kognitive Prozesse sowie Interaktionsqualität zu erkennen, die Persönlichkeit ihrer Gesprächspartner richtig einzuschätzen und Fremdbilder gezielt zu steuern.

Es geht nicht darum, in die Gedankenwelt anderer Menschen einzudringen. Vielmehr ist eine aufmerksame Beobachtung ein wesentlicher Aspekt. Das ist der Grundstein zum Erlernen der Interpretation von Gefühlen. Dies hilft dir, während Online-Meetings die Stimmungen der Teilnehmenden einzufangen. Siehst du jemanden mit einem bestimmten Blick, fang an, objektiv zu beschreiben, was du gerade siehst. In einem nächsten Schritt lässt du dann den Kontext einfließen. Lerne zu berücksichtigen, an welchem Ort du dich gerade befindest, unter welchen Umständen eine Begegnung oder Kommunikation stattfindet, und taste dich anschließend langsam an die Deutung heran. Versuche dann zu übertragen, ob es an dem Thema des Meetings liegen könnte oder ob etwas Privates die Mimik und Gestik deines Gegenübers beeinflusst. Habe ich gerade keine Ahnung, was in den anderen vorgeht, frage ich oft: „Wie ist bei euch die Stimmung? Ich habe heute einen Geht-so-Tag." Damit öffne ich mich, gebe zu, dass bei mir auch nicht alles super ist und lege den Grundstein für eine ehrliche Unterhaltung.

Nimm dir dafür nachstehendes Beispiel zur Hand: Du schaust in verärgerte Gesichter in einem Weekly-Meeting. Emma sieht aus, als würde sie alles machen wollen, außer an der Konversation teilzunehmen. Es ist aber vielmehr so, dass sie gerade aus dem Daily-Meeting kam, wo die unzähligen Fehler in der Implementierung besprochen wurden. Völlig abgehetzt kommt sie ohne Lösung für die Fehler in das nächste Meeting und soll Leistung zeigen. Und das alles, weil der Kalender völlig überfüllt ist und sie einfach nicht mehr weiß, wo ihr der Kopf steht. Schaffst du es, ihr diese Information zu entlocken, entspannst du damit die Situation für alle. Im besten Fall wird Emma in dem Weekly gar nicht gebraucht. Sie kann frühzeitig gehen, um sich um ihre Dinge zu kümmern. Sie gewinnt effektive Arbeitszeit. Und das alles, weil du aufmerksam ihre Mimik zu lesen versuchst. Win-Win für alle!

Durch den schnellen Takt des Lebens und die modernen Technologien verlernen wir oft die intuitive Fähigkeit des Gesichter-Lesens (Eilert, 2013). Diese verlorene Fähigkeit kann sich massiv auf deine eigene Gefühlslage auswirken. Emotionale Intelligenz, zu der auch das Lesen und Einordnen von Emotionen anderer gehört, entscheidet darüber, ob du glücklich bist. Verantwortlich dafür, dass du mit anderen mitfühlen kannst, sind die vorhin bereits kurz angeschnittenen Spiegelneuronen im Gehirn. Sie sind in der Lage, dieselben neuronalen Aktivitäten abzubilden, wie du sie beim Gegenüber siehst. Du spiegelst also die Emotionen anderer (Birbaumer & Schmidt, 2018). Genau deshalb sind emotionale Intelligenz und die Fähigkeit zur Empathie so wichtig. So verstehst du deine eigene Gefühlswelt und jene der anderen besser. Die Fähigkeit, die Nuancen emotionaler Ausdrücke zu erkennen und empathisch zu reagieren, ist ein wertvolles Gut.

Goleman (1995) beschäftigte sich intensiv mit emotionaler Intelligenz. Das ist für dich deshalb von Interesse, da dieses Konzept die Bedeutung des Erkennens, Verstehens und Handelns auf Grundlage von Emotionen betont. Emotionale Intelligenz kann die zwischenmenschliche Kommunikation, Konfliktbewältigung und Teamdynamik verbessern, was zu einer positiven Arbeitsatmosphäre und einer gesteigerten Leistungsfähigkeit führt.

Wie oft nimmst du dir tatsächlich aktiv und bewusst Zeit dafür, die Mimik und Gestik deiner Mitmenschen zu lesen, sei es in Bus, Straßenbahn und im Aufzug? Oder ergeht es dir häufig so, dass du auf dein Handy schaust und noch schnell E-Mails beantwortest? Lege ab heute ein Augenmerk darauf, was in deiner Umwelt geschieht, um zukünftig treffsicherer die Gesichter deiner Mitmenschen zu lesen.

10.4 Metakognition in Online-Meetings

Metakognition ist abgeleitet von griechisch μετά, meta (hier sinngemäß ‚über') und Kognition, einer Sammelbezeichnung für alle geistigen Vorgänge und Inhalte, die mit Wahrnehmung und Erkennen zusammenhängen. Metakognition in einem Meeting bezieht sich auf das Bewusstsein und die Reflexion über den eigenen Denk- und Verstehensprozess während des Meetings. Wenn du zum Beispiel während eines Meetings bemerkst, dass du einen Punkt nicht ganz verstanden hast und aktiv entscheidest, nachzufragen oder das Thema nach dem Meeting weiter zu erforschen, nutzt du metakognitive Fähigkeiten. Es geht also darum, das eigene Verständnis und die eigenen Gedankenprozesse während des Meetings zu überwachen und zu regulieren (Kaner, 2014).

Die Reflexion über die eigenen kognitiven Prozesse hilft dir dabei, offensichtliche Herausforderungen wahrzunehmen. Zu ersichtlichen Störfaktoren gesellen sich noch eine Reihe von weiteren, unterschwelligen Stolpersteinen hinzu. Hier ist in erster Linie die eingeschränkte Wahrnehmbarkeit von Faktoren wie Körpersprache in virtuellen Meetings gemeint.

Hier ein paar Tipps, wie du diese Auswirkungen mit metakognitivem Wissen regulieren kannst:

1. Eingeschränkte Körpersprache
Sei dir bewusst, dass die Interpretation von Mimik und Gestik nicht immer eindeutig ist. Sie wird stark von Kontext, Persönlichkeit und kulturellen Faktoren beeinflusst. Passe dich an die Besonderheiten der digitalen Kommunikation an, um deine Emotionen angemessen zu kommunizieren und die der anderen zu interpretieren. Dazu gehört beispielsweise die bewusste Nutzung der verfügbaren Tools (z. B. Reaktionen in Videokonferenzsystemen). Aber am besten und effektivsten ist natürlich: Kamera an! So könnt ihr gegenseitig eure Mimik und Gestik wahrnehmen.

2. Missverständnisse und Interpretationsprobleme
Die eingeschränkte Wahrnehmung von Körpersprache kann zu Missverständnissen führen. Sind bestimmte nonverbale Signale nicht deutlich erkennbar, besteht die Gefahr, dass sie missinterpretiert werden. Möglicherweise geht ihre Bedeutung komplett verloren. Hinterfrage regelmäßig, ob du dich klar und deutlich ausdrückst und stelle gleichzeitig sicher, dass du die Informationen verstehst, die andere mit dir teilen. Und frage daher nach, sobald du das Gefühl hast, dass ein Missverständnis aufkommt.

3. Fehlende Interaktion und Engagement
Ein Übermaß an Online-Meetings führt zu negativen Auswirkungen auf das Engagement, die Beteiligung und das Wohlbefinden der Teilnehmer. Sei dir darüber bewusst. Motiviere dich selbst regelmäßig, deine Aufmerksamkeit zu steuern, Ablenkungen zu minimieren und sicherzustellen, dass du dich auf die tatsächlich relevanten Informationen konzentrierst.

4. Reduzierte Empathie und soziale Verbindung
Übe dich in Geduld und im Verständnis für die Emotionen anderer. Lerne, zwischen den Zeilen der Mimik zu lesen. So baust du leichter Verbindungen auf und kannst besser auf die Bedürfnisse und Gefühle deiner Mitmenschen eingehen. Indem du lernst, zwischen den Zeilen der Mimik zu lesen, wirst du in der Lage sein, tiefere Verbindungen herzustellen und besser auf die Bedürfnisse und Gefühle deiner Mitmenschen einzugehen.

Überprüfe nach jedem Meeting: Habe ich heute wirklich alles für eine Verbesserung meiner eigenen Wirksamkeit in Online-Meetings getan? Habe ich nachgefragt, ob Stefanie meine Inhalte verstanden hat? Habe ich den anderen Teilnehmern meine Aufmerksamkeit geschenkt? Habe ich verstanden, was Claudia mir mitteilen wollte? War ich wachsam und empathisch? Je nach Ergebnis kannst du dann für den nächsten Tag eine kleine Verbesserung für dich selbst planen und umsetzen.

Diese Tipps zielen darauf ab, die Kommunikation in Online-Meetings zu verbessern. Nimm dir Zeit, übe regelmäßig und sei geduldig mit dir selbst. Schritt für Schritt wirst du so erkennen, wie du besser wirst.

Literatur

Birbaumer, N., & Schmidt, R. F. (2018). *Biologische Psychologie* (7. überarb. u. erg. Aufl.). Springer.
Carrier, L. M., Spradlin, A., Bunce, J. P., & Rosen, L. D. (2015). Virtual empathy. *Computers in Human Behavior, 52*(C), 39–48.
Damasio, A. R. (1994). Descartes' error and the future of human life. *Scientific American, 271*(4), 144–144.
Eilert, D. W. (2013). *Mimikresonanz – Gefühle sehen. Menschen verstehen* (1. Aufl.). Junfermann Verlag.
Engelberg, E., & Sjöberg, L. (2004). Internet use, social skills, and adjustment. *CyberPsychology & Behavior, 7(1)*, 41–47. https://doi.org/10.1089/109493104322820101.
Ford, B. Q., & Gross, J. J. (2019). Why beliefs about emotion matter: An emotion-regulation perspective. *Current Directions in Psychological Science, 28*(1), 74-81. https://doi.org/10.1177/0963721418806697.
Goleman, D. (1995). *Emotional intelligence*. Bantam Books, Inc.
Habel, U., Windischberger, C., Derntl, B., Robinson, S., Kryspin-Exner, I., Gur, R. C., & Moser, E. (2007). Amygdala activation and facial expressions: Explicit emotion discrimination versus implicit emotion processing. *Neuropsychologia, 45*(10), 2369–2377.
Hutton, J. S., Dudley, J., Horowitz-Kraus, DeWitt, T., & Holland, S. K. (2019). Associations between screen-based media use and brain white matter integrity in preschool-aged children. *JAMA Pediatrics, 174*(1):e193869. https://doi.org/10.1001/jamapediatrics.2019.3869.
Kaner, S. (2014). *Facilitator's guide to participatory decision making* (3. Aufl.). Jossey-Bass.
Parvez, H. (o. J.). *Primary and secondary emotions (With examples)*. PsychMechanics. https://www.psychmechanics.com/primary-and-secondary-emotions/. Zugegriffen: 18. Jan. 2024.
Tull, M. (2021). *How primary emotions affect you*. Verywellmind.https://www.verywellmind.com/primary-emotions-2797378#:~:text=In%20this%20situation%2C%20anger%20or,other%20hand%2C%20are%20less%20useful. Zugegriffen: 18. Jan. 2024.

Teil II
Teamebene

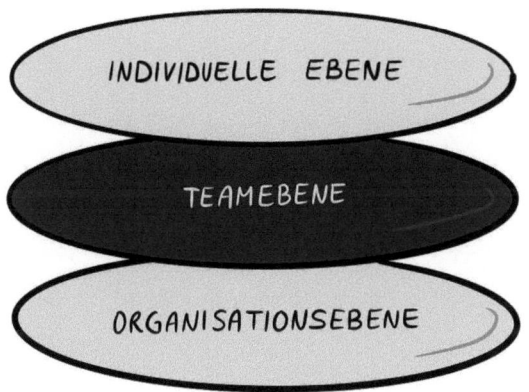

Einschätzung des Teams

11

Zusammenfassung

Du hast dich bis hierhin ausschließlich mit deinem eigenen Kalender beschäftigt. Wir wollen uns nun auf die Teamebene begeben, wie in vorangegangener Abb. zu sehen. In dieser Einschätzung reflektierst du zunächst die Effizienz und Effektivität deiner Online-Meetings. Auf einer Skala von 1 bis 10 bewertest du die Qualität der Meeting-Agenden, den Umgang mit wiederkehrenden Meetings, die Nachverfolgung von Ergebnissen und die Notwendigkeit der Teilnahme aller Anwesenden. Zusätzlich gibst du an, was dich am meisten in Online-Meetings stört. Diese Teameinschätzung hilft dir, einen Überblick über die aktuellen Online-Meetings in deinem Team zu gewinnen und potenzielle Verbesserungsbereiche zu identifizieren. Behalte dir die Antworten für die kommenden Kapitel im Hinterkopf. Du wirst sie noch einmal brauchen.

1. Hast du das Gefühl, dass ihr euch im Team alle gut mit euren eigenen Fähigkeiten einbringen könnt? Schätze dies auf einer Skala von 1 (alle machen irgendwas, wir bringen unsere Fähigkeiten aber nicht zusammen) bis 10 (wir haben alle unsere klare Rolle im Team und schaffen so einen Mehrwert) ein:

       1   2   3   4   5   6   7   8   9   10

2. Wie würdest du das gegenseitige Vertrauen und die Atmosphäre in den Online-Meetings und im Team beschreiben? Auf einer Skala von 1 (Vertrauen und Teamatmosphäre sind stark verbesserungsbedürftig) bis 10 (es herrscht volles Vertrauen und die Atmosphäre ist super): Wo siehst du dein Team aktuell?

       1   2   3   4   5   6   7   8   9   10

3. Wie würdest du die Interaktion im Team und in euren Online-Meetings bewerten? Auf einer Skala von 1 (alle haben die Kamera und das Mikrofon die meiste Zeit ausgeschaltet) bis 10 (in allen Meetings hat jeder einen Redeanteil und nimmt aktiv teil): Wo siehst du dein Team aktuell?

      1   2   3   4   5   6   7   8   9   10

4. Wenn du deine aktuellen Online-Meetings betrachtest: Wie viele Teilnehmer haben eigentlich Redeanteil? Kannst du das prozentual abschätzen?

      _____ %

5. Ist in euren Kalendern Platz, um euch um die Verbesserung eurer Prozesse im Team zu kümmern?

    Ja   Nein

    Wenn nein, warum? _____

6. Hinterfrage eure wiederkehrenden Meetings kritisch. Gibt es dafür klare Ziele? Erreicht ihr diese auch? Bitte schätze dies auf einer Skala von 1 (keine Ziele definiert, wir treffen uns einfach und schauen, was passiert) bis 10 (unsere Meetings sind strukturiert und haben klare Ziele) ein.

      1   2   3   4   5   6   7   8   9   10

7. Führt ihr erfolgreiche Workshops durch? Erzielt ihr dort wertvolle Erkenntnisse? Bitte schätze die Zufriedenheit damit in den vergangenen vier Wochen auf einer Skala von 1 (unzureichend) bis 10 (hervorragend) ein.

      1   2   3   4   5   6   7   8   9   10

8. Gibt es bei euch im Team festgelegte Zeiten, um konzentriert an euren Aufgaben zu arbeiten?

    Ja   Nein

    Wenn nein, was sind die Folgen davon? _____

11 Einschätzung des Teams

9. Wie steht es um die Motivation in eurem Team? Bitte schätze eure Teammotivation in den vergangenen vier Wochen auf einer Skala von 1 (alle sind müde und freuen sich, wenn das Projekt endlich zu Ende ist) bis 10 (alle arbeiten mit voller Power daran, die Projektziele zu erreichen) ein.

        1   2   3   4   5   6   7   8   9   10

10. Habt ihr einen Onboarding-Prozess für neue Teammitglieder?

        Ja   Nein

12 Einzigartige virtuelle Teams

Zusammenfassung

Es gibt keine 10-Punkte-Liste für effiziente und erfolgreiche Online-Meetings. Online-Meetings sind so individuell wie die Menschen, die daran teilnehmen. Und so auch deren Ansprüche. Mittlerweile befinden wir uns auf der Teamebene. Wir schauen uns an, wie einzigartig Teams sein können. Dieses Kapitel zeigt auf, wie wichtig es ist, aktiv zuzuhören, Empathie aufzubringen und die Eigenschaften deines Gegenübers zu berücksichtigen. Es behandelt auch verschiedene Persönlichkeitstypen nach dem DISG-Modell. Ich zeige dir, wie diese Erkenntnisse helfen, die Interaktion in Meetings zu verbessern. Ziel ist es, dein Bewusstsein für die Vielfalt menschlicher Interaktionen zu stärken und effektiv in den beruflichen Alltag zu integrieren.

12.1 Konzept der Selbstverwirklichung nach Rogers

Rogers (1959) betont, dass jeder Mensch das Potenzial hat, sein bestes Selbst zu werden. Dabei unterstützen die richtigen Bedingungen sowie ein positives und unterstützendes Umfeld. Selbstreflexion hilft, sich selbst und andere besser zu verstehen. Die Akzeptanz über eine Erkenntnis eröffnet die Möglichkeit, sich selbst zu verändern (Rogers, 1959). Was sich nach Blabla anhört, ist einfach geklärt: Du bist unzufrieden im Projekt. Du analysierst, wie es zur aktuellen Situation im Projekt gekommen ist. Du akzeptierst die Gründe dafür. Jetzt bist du bereit, diese zu verbessern.

Was ich persönlich basierend auf den Ideen von Carl Rogers für Online-Meetings und die Schaffung einer wertstiftenden Umgebung als besonders wichtig empfinde:

1. Die Bedeutung von Empathie und aktivem Zuhören, um eine tiefere zwischenmenschliche Verbindung herzustellen, sollte nicht unterschätzt werden. In Online-Meetings liegt es an allen Teilnehmern, die Perspektiven und Bedürfnisse der anderen zu verstehen, um gut zu kommunizieren und zusammenzuarbeiten.
2. In einer positiven Meetingkultur können Teilnehmer ihre Ideen und Bedenken frei äußern, ohne Angst vor negativen Konsequenzen. Es ist wichtig, dass alle im Team unabhängig von Position oder Meinung akzeptiert und respektiert werden. Dies führt zu offener und ehrlicher Kommunikation und einem Gefühl psychologischer Sicherheit.
3. Menschen können durch Zusammenarbeit ihr volles Potenzial entfalten. In Online-Meetings sollte anstatt Konkurrenzdenken eine kooperative und unterstützende Atmosphäre geschaffen werden, in der die Teilnehmer gemeinsam an Lösungen arbeiten und voneinander lernen.

12.2 Empathie im Team

Wir sitzen jeden Tag mehrere Stunden vor unserem Computer. Ob das wohl Auswirkungen auf unseren Umgang mit anderen hat? Ja, hat es! Studien wie die von Carrier et al. (2015) deuten darauf hin, dass ein übermäßiger Einsatz von Bildschirmen und eine verringerte persönliche Interaktion unmittelbare Auswirkungen auf deine Fähigkeit haben können, andere Menschen zu interpretieren und empathisch zu sein. Ein Grund mehr, dass du künftig darauf achtest, auch bei hoher Bildschirmzeit dein Gegenüber wirklich wahrzunehmen. Ich weiß, wie schwierig es mitunter sein kann, den gesamten Tag von (ineffizientem) Meeting zu (ineffizientem) Meeting zu hüpfen. Erfolgserlebnis gleich Null und die Zündschnur wird immer kürzer. Doch nun ist es hilfreich, dir die Bedeutung von Empathie vor Augen zu führen. Empathie hilft, dir jeden Tag zu zeigen, dass du mit Menschen arbeitest. Menschen, die einen schlechten Tag haben, deren privates Leben womöglich gerade Kopf steht oder es ist ihnen einfach eine Laus über die Leber gelaufen.

Wie wirkt sich das auf deine Arbeit aus? Die Art und Weise, wie Menschen kommunizieren, ist von Person zu Person unterschiedlich. So ist die Botschaft, die du senden möchtest, nicht unbedingt jene, die auch (gut) ankommt. Beispiel: Du bist jemand, der sehr klare Worte findet und nicht lange „um den heißen Brei redet". Das mag bei manch einem deiner Teammitglieder gut ankommen („Da sagt jemand klar, was geht und was nicht"), eine andere Person könnte das jedoch als unhöflich empfinden. Ob Kommunikation gelingt, hängt zu rund 80 % von der Beziehungsebene und nur zu 20 % von der Inhaltsebene ab, sagt der Psychologe und Kommunikationswissenschaftler Schulz von

Thun (2011). Das heißt, es „menschelt" in unserer täglichen Arbeit. Zwischenmenschliche Herausforderungen in der virtuellen Zusammenarbeit können anstrengend sein.

Als Beispiel dient Ian. Er hat oft das Gefühl, dass gerade in Online-Meetings wichtige Informationen verloren gehen. Bei einem wöchentlichen und wiederkehrenden Meeting legt er die Informationen dar, die er von der Projektleitung über die nächsten Meilensteine bekommen hat. Er sagt dem Team, was davon für sie relevant ist und was nicht. Anschließend bittet er um Rückmeldung. Keine Reaktion. Er fragt nach, ob jemand Fragen hat. Keine Reaktion. Und so sitzt er da und weiß nicht, ob gerade alle die Wäsche machen oder sich einfach nicht trauen, etwas zu fragen.

Er glaubt, dass Diskussionen immer von vorn geführt werden. Mit dem Blick in das Backlog und die Anforderungsliste des Projektes hat er das Gefühl, dass dort kaum etwas vorangeht. Er versucht sich dann selbst in alle Themen einzuarbeiten, fuchst sich in die Herausforderungen rein und am Ende führt dies dazu, dass die Teammitglieder sich teilweise übergangen fühlen. „Wie man es macht, ist es falsch", denkt er sich.

Wie kannst du nun Empathie in deiner täglichen Arbeit fördern? Empathie heißt nicht, dass du alle nach ihrem Wochenende fragen sollst und das Privatleben mit ihnen besprichst. Es geht vielmehr darum, wahrzunehmen, was die aktuelle Situation fordert. Sich ineinander hineinversetzen zu können heißt, die andere Perspektive zu sehen. Indem du auf die Bedürfnisse der Teammitglieder eingehst, kannst du dazu beitragen, eine Atmosphäre des Vertrauens und der Offenheit in deinem Team zu schaffen.

Vorteile von Empathie für deine Arbeit
Wir alle wollen gute Projekte machen, wir alle sind unterschiedlich. Warum also nicht diese unterschiedlichen Fähigkeiten und Eigenschaften nutzen, um damit Großes zu erschaffen? Mein Ziel ist es, das Beste aus dem Miteinander herauszuholen. Ich möchte mich persönlich angemessen artikulieren. Klar werden soll, was ich möchte. Gleichzeitig hake ich bei meinem Gegenüber nach, wenn mir Dinge in der Kommunikation unklar sind. Das klingt zwar logisch und simpel, ist teilweise aber sehr herausfordernd.

Ich sage: Möchtest du Menschen begeistern, sei ein Meister der Sprache. Ein einziges Wort kann einen Menschen in Begeisterung versetzen, während es einen anderen Menschen vor den Kopf stößt. Wenn wir dies berücksichtigen, ist das ein erster guter Schritt für ein gemeinsames Verständnis. Hier ist kein tiefes psychologisches Wissen gefragt, sondern eine Menge Empathie und Feingefühl. Meiner Meinung nach sind Empathie und Verständnis für dein Gegenüber der Schlüssel zu effektiver Kommunikation in Projekten. Schaue hin und nutze deine Empathie, um besser im Team zu arbeiten, Online-Meetings effektiv durchzuführen und am Ende erfolgreich ein Projekt abzuschließen.

Hier ein paar Tipps für deine Online-Meetings:

1. Selbstreflexion: Dein Verhalten gegenüber anderen hängt oft damit zusammen, wie du mit dir selbst umgehst. Achte auf deine persönlichen Bedürfnisse, hinterfrage deine eigene Kommunikation in den Online-Meetings und gestehe dir Fehler ein. Das kann anfangs schwierig sein. Probiere es im Notfall einfach mit Unterstützung durch Kollegen oder Coaches, die ehrliches Feedback geben.

2. Nutze die Kamera: Zeige dich in Online-Meetings und fördere, dass auch alle anderen Teilnehmer die Kamera anschalten, um Gesichtsausdrücke und Körpersprache wahrzunehmen und eine tiefere Verbindung herzustellen. Tools wie der Together Mode, der den Eindruck schafft, alle Meeting-Teilnehmer würden in einem Raum sitzen, können mehr Nähe schaffen (Perlow et al., 2017).

3. Stelle alle persönlich vor: Starte jedes Meeting mit einer kurzen Vorstellungsrunde, um persönliche Informationen auszutauschen und eine Verbindung herzustellen. Dies fördert das Gefühl der Verbundenheit. Frage zum Beispiel nach dem Wochenendplan oder einem interessanten Hobby. Tipp: Merke dir die Antworten und bringe sie beim nächsten Mal nochmal ein: „Thomas, du fährst doch so gerne Rad. Steht am Wochenende eine Tour an?".

4. Plane gezielt Pausen für Small Talk ein: Plane bewusst virtuelle Pausen in deine Online-Meetings ein, um den Teilnehmenden eine Atempause zu geben. Ermutige sie, diese für Austausch und Fragen zu nutzen, wie in Abb. 12.1 zu sehen. Dieses öffnet den Raum für spontane Ideen und Gedanken, die sonst unerwähnt bleiben könnten.

Abb. 12.1 Virtueller Small Talk

5. Halte Kontakt außerhalb der Meetings: Pflege persönlichen Kontakt außerhalb der Online-Meetings. Zeige Interesse an deinen Kollegen und chattet miteinander über eure Tools im Unternehmen, wie beispielsweise Microsoft Teams. Das wird das „Connecten" beim nächsten Online-Meeting deutlich vereinfachen.

6. Lernt euch kennen: Finde Möglichkeiten, euch im Team wirklich kennenzulernen. Gelegentliche Team-Building-Events stärken die zwischenmenschlichen Beziehungen. Bei virtuellen Escape-Room-Spielen beispielsweise erforschen Teammitglieder spielerisch die Lösungskompetenz des jeweils anderen. Wie wird mit Stress umgegangen? Wie ist die analytische Fähigkeit? Wie werden Probleme gelöst?

12.3 DISG-Modell am Beispiel der Tetrominos

Ich möchte noch einmal auf die Einzigartigkeit von Online-Meetings aufgrund der Menschen, die daran teilnehmen, hinweisen In der Vorbereitung und Durchführung von Online-Meetings ist ein feinfühliges Vorgehen und die Anpassung an den spezifischen Kontext unerlässlich. Entscheidend für den Erfolg deiner Meetings sind also: Erstens: Die Bedürfnisse der anderen zu erkennen. Zweitens: Flexibel damit umzugehen und dich anzupassen.

Es gibt eine Fülle an Persönlichkeitstypologien. Vorweg möchte ich sagen, dass es keine gibt, auf die ich zu 100 % baue. Alle haben ihre Vor- und Nachteile. Dennoch geben sie uns eine Sprache. Dies hilft dabei zu verstehen, was ich sagen oder tun kann, um verstanden zu werden. Falls du dich näher mit dem Thema beschäftigen möchtest, empfehle ich dir dazu gerne Literatur. Komm einfach direkt auf mich zu. Meine Kontaktdaten findest du am Anfang des Buches.

Im Folgenden gehe ich auf das DISG-Modell ein, das im Wesentlichen zwei Aspekte abgrenzt. Erstens: Ist die Person eher extrovertiert oder introvertiert? Und zweitens: Ist die Person eher personen- oder eher sachbezogen? Nach dem DISG-Modell (Scullard & Baum, 2015) ergeben sich daraus vier grundlegende und vereinfachte Verhaltensdimensionen: „dominant", „initiativ", „stetig" und „gewissenhaft".

Was hat das mit deiner Arbeit zu tun? Dein Persönlichkeitstyp beeinflusst, wie du dich in bestimmten Situationen verhältst, welche Emotionen du empfindest und welche Einstellungen dich leiten. Das Gleiche gilt für alle deine Teammitglieder. Ergo: Ihr bildet eine Gemeinschaft aus einer Vielfalt von Persönlichkeiten. Stelle dir vor, du hättest nur „dominante" Persönlichkeitstypen im Team, die alles entscheiden wollen?! Das würde schlichtweg nicht funktionieren. Ich bin der Meinung: Erfolgreiche Teams bestehen aus einer Mischung aus allen vier Typen. Erkenne dieses Potenzial an, alle unterschiedlichen Fähigkeiten einzubringen. Nutze die Chance, deine und die Verhaltensweisen der anderen zu verstehen, um besser auf die einzelnen Personen eingehen zu können. Lass uns

Abb. 12.2 DISG-Modell am Beispiel von Hannes, Claudia, Tanja und Tom

am Beispiel von Claudia, Tom, Tanja und Hannes, wie in Abb. 12.2 zu sehen, kurz näher auf die einzelnen Persönlichkeiten im DISG-Modell eingehen:

Claudia: Extrovertiert und „dominant"
Dominante Persönlichkeiten kommunizieren gerne direkt. Claudia sagt, was sie will, ohne Schnickschnack, klare Linie eben. Das Ergebnis im Projekt zählt für sie – und ja, dazu zieht sie alle Register. Problem? Lösung! Herausforderungen mag Claudia, sie fordert Leistung – von sich und auch von anderen. Claudia setzt klare Ziele und sorgt dafür, dass das Team auf Kurs bleibt. In einem Projekt-Kick-off präsentiert sie die Vision des Projekts. Sie mag Veränderung!

12.3 DISG-Modell am Beispiel der Tetrominos

Tom: Extrovertiert und „initiativ"
Tom begeistert und motiviert das Team mit seiner Art. Im Gegensatz zu Claudia geht es ihm nicht so sehr um den Inhalt des Projektes, sondern auch um die Menschen. Mit seiner lebhaften und ausgelassenen Art ist er ein soziales Zentrum im Team. Wer eine Frage hat, geht zu Tom. Er antwortet schnell, er liebt die Interaktion mit anderen. Er möchte Freude an seiner Arbeit haben. Inspiration und Leichtigkeit sind seine Themen. Kontakte knüpfen, viel reden und andere von seinen Ansichten überzeugen – das ist ihm wichtig. Am effektivsten arbeitet er ohne Kontrollzwang und stattdessen mit kreativem Freiraum.

Tanja: Introvertiert und „stetig"
Ein Projektsturm zieht auf? Für Tanja kein Problem. In stressigen Situationen bewahrt sie Ruhe und handelt konstruktiv. Sie ist der Fels in der Brandung. Gleichzeitig mag sie Veränderungen nicht so gerne. Tanja ist beliebt im Team. Sie legt Wert auf zwischenmenschliche Beziehungen, mag Harmonie im Team und passt sich gerne an Menschen und Situationen an. Sie ist bekannt dafür, dass bei Projekten auf sie Verlass ist. Tanja möchte genau wissen, was ihre Aufgaben und Verantwortlichkeiten sind, um Orientierung im Projekt zu haben.

Hannes: Introvertiert und „gewissenhaft"
Hannes legt großen Wert auf Genauigkeit und Struktur in seiner Arbeit. „Hoppla hopp" ist absolut nicht sein Ding. Er ist analytisch und sachbezogen, was ihm hilft, komplexe Aufgaben und Probleme im Projekt zu verstehen und anzugehen. Er bevorzugt Ordnung sowie Disziplin und hat einen hohen Qualitätsanspruch. „Wischiwaschi" in Gesprächen mag er nicht. Fällt dir gerade jemand ein, der oder die stundenlang einer Aufgabe nachgehen kann, ohne daran zu ermüden?

Was hat das mit den Tetrominos zu tun? Claudia, Tom, Tanja und Hannes mögen unterschiedliche Arten von Online-Meetings. Ich möchte dir ein paar Hinweise geben, wie du die Motivation der einzelnen Persönlichkeitstypen oben halten kannst.

Wie kannst du das DISG-Modell in deinen Online-Meetings integrieren? Die individuelle Motivation und Beteiligung von Claudia, Tom, Tanja und Hannes im Meeting-Kontext hängt stark von deren Persönlichkeitsmerkmalen ab, wie in Tab. 12.1 zu sehen. Ich möchte dir mit diesem Kapitel verdeutlichen, wie wichtig es ist, diese Unterschiede zu erkennen und in der Gestaltung von Online-Meetings zu berücksichtigen, um alle Teammitglieder effektiv einzubeziehen und zu motivieren. Tipp für die Praxis: Versuche deine Kollegen einmal grob einzuordnen!

Tab. 12.1 DISG-Modell und Tetrominos

Claudia: Extrovertiert und „dominant" Claudia mag Online-Meetings, bei denen es um Ergebnisse geht und bei denen sie zu Wort kommt, wie das Daily-Meeting, Weekly, Status-Meeting, oder das Kick-off eines Projektes.	**Tom: Extrovertiert und „initiativ"** Tom bevorzugt Online-Meetings, bei denen es um wertvollen Austausch geht und wo er andere begeistern kann, wie das Daily-Meeting, Workshops, Trainings, oder Retrospektiven.
Sie mag keine Abstimmungsmeetings, die ins Nichts führen. Lange, ausufernde Meetings sind für sie eine Qual.	Er mag es nicht, wenn er sich nicht einbringen kann oder keine Interaktion aufkommt, wie in langen Diskussionen oder Status-Meetings.
Wie du Claudia motivierst: • Meetings bewusst kurzhalten, um ihre Aufmerksamkeit zu behalten • Fokus auf Ergebnisse legen und ihr den Mehrwert des Online-Meetings gleich zu Beginn klarmachen	Wie du Tom motivierst: • Raum für Austausch und Interaktion schaffen • Zwischenmenschliche Ebene fördern und Small Talk einplanen • Agenda flexibel planen und auf spontane Änderungen eingehen
Hannes: Introvertiert und „gewissenhaft" Hannes nimmt am liebsten an strukturierten Online-Meetings teil. Alles soll Hand und Fuß haben, so wie üblicherweise in Status-Meetings oder wiederkehrenden Meetings, wo er weiß, was ihn erwartet. Er mag ungern kreative Workshops oder Kick-offs, die keine klare Agenda haben. Auch bei Retrospektiven tut er sich schwer, direktes Feedback zu geben.	**Tanja: Introvertiert und „stetig"** Tanja mag Online-Meetings, bei denen sie selbst nicht so viel sagen muss, sondern eher zuhören und mitdenken kann, wie das Status-Meeting, fachliche Abstimmungen oder ein Kick-off. Tanja mag es nicht, wenn sie spontan oder kreativ sein muss, wie in Workshops oder Retrospektiven im Team. Sie arbeitet gerne im Hintergrund, und stellt sicher, dass alles läuft.
Wie du Hannes motivierst: • Klare Agenda erstellen und Struktur in Meetings bewahren • Meetings unbedingt pünktlich starten • Erwartungshaltungen an das Meeting und die Teilnehmer zu Beginn klären • Meetingprotokolle erstellen mit Aufgaben und klaren Verantwortlichkeiten	Wie du Tanja motivierst: • Auf keinen Fall erzwingen, was sagen zu müssen, sondern auftauen lassen und Zeit geben • Zwischenmenschliche Beziehung fördern • Atmosphäre schaffen, die „sicheren" Raum für Meinungsäußerung schafft • Erstelle konkrete Aufgaben nach dem Meeting

Literatur

Carrier, L. M., Spradlin, A., Bunce, J. P., & Rosen, L. D. (2015). Virtual empathy. *Computers in Human Behavior, 52*(Issue C), 39–48.

Perlow, L. A., Noonan Hadley, C., & Eun, E. (2017). *Stop the Meeting Madness*. Harvard Business Review. https://hbr.org/2017/07/stop-the-meeting-madness. Zugegriffen: 18. Jan. 2024.

Rogers, C. R. (1959). A theory of therapy, personality, and interpersonal relationships, as developed in the client-centered framework. In S. Koch (Hrsg.), *Psychology: A study of science* (S. 184–256). McGraw Hill.

Schulz von Thun, F. (2011). *Miteinander reden: 1. Störungen und Klärungen. Allgemeine Psychologie der Kommunikation* (49. Aufl.). Rowohlt Verlag.

Scullard, M., & Baum, D. (2015). *Everything DiSC® Manual* (1. Aufl.). Wiley.

13

Psychologische Sicherheit in Online-Meetings

Zusammenfassung

Teamwork makes a dream work – und auch team work. In einem Team, in dem jedes Mitglied seinen Beitrag leistet und gegenseitige Unterstützung gelebt wird, entsteht ein starkes Gemeinschaftsgefühl: „Wir schaffen das!" Dieses Zusammengehörigkeitsgefühl verstärkt das Selbstvertrauen jedes Einzelnen. Es fördert die Bereitschaft, Risiken einzugehen und neue Ideen einzubringen. Die Grundlage dafür ist die psychologische Sicherheit innerhalb des Teams. Psychologische Sicherheit bedeutet, dass Teammitglieder sich trauen, offen und ehrlich zu kommunizieren, ohne Angst vor negativen Konsequenzen. In diesem Kapitel schauen wir uns an, warum diese Sicherheit so wichtig ist und wie ihr sie aufbauen und stärken könnt.

13.1 Verstärktes Bedürfnis nach Sicherheit

In der heutigen, von so viel Unsicherheit geprägten VUCA-Welt, spielt psychologische Sicherheit für alle eine sogar noch viel wichtigere Rolle als früher. Der Begriff „VUCA" (Volatility, Uncertainty, Complexity, Ambiguity) wurde ursprünglich im militärischen Kontext verwendet und hat sich später auf die Geschäftswelt ausgeweitet. Volatilität (Volatility) bezieht sich auf die Tatsache, dass sich Märkte, Technologien und Trends unvorhersehbar und binnen kürzester Zeit dramatisch verändern können. Unsicherheit (Uncertainty) besteht darüber, wie genau sich Dinge in Zukunft entwickeln und welche Szenarien eintreffen. Die Welt ist heute viel komplexer (Complexity) geworden, insbesondere durch die Globalisierung und die Vernetzung von Systemen. Probleme und Herausforderungen sind oft vielschichtig und schwer zu verstehen. In einer VUCA-Welt gibt es oftmals mehrdeutige Informationen (Ambiguity), und es kann schwierig sein, klare Ursache-Wirkungs-Beziehungen zu erkennen (Peterson, 2021).

Unternehmen und Organisationen müssen in einer VUCA-Welt agiler, anpassungsfähiger und flexibler sein, um erfolgreich zu sein und sich den ständig ändernden Bedingungen anzupassen (Peterson, 2021). Und auch du bist jeden Tag mit Veränderungen konfrontiert: neues Projekt, neues Team. Irgendeine kleine Änderung im Arbeitsleben gibt es immer. Neue Denk- und Arbeitsweisen, um mit Volatilität, Unsicherheit, Komplexität und Ambiguität umzugehen, sind gefragt. New Work bedeutet meiner Meinung nach nicht, zu sagen, man arbeite nun „agil". Es reicht auch nicht, neue Tools einzuführen. Ich denke: Sicher ist nur, dass nichts sicher ist. Die Kunst liegt darin, Teams aufzubauen, für die der Umgang mit Veränderung ein Leichtes wird.

13.2 Eigenschaften effektiver Teams und psychologische Sicherheit

Das People-Analytics-Team von Google (2015) führte ein Forschungsprojekt namens „Project Aristoteles" durch, um die Antwort auf die Frage zu finden: „Was sind die Bedingungen für effektive Teams?" Zuverlässigkeit, Struktur, Bedeutsamkeit der Arbeit und der Sinn der gemeinsamen Anstrengung sowie psychologische Sicherheit bilden dabei das Fundament für eine erfolgreiche Teamarbeit. Ein Team erzielt grundsätzlich bessere Ergebnisse als viele Einzelkämpfer. Zusammengefasst wurden in den Studien folgende Eigenschaften effektiver Teams genannt, wie in Abb. 13.1 zu sehen.

1. **Psychologisches Wohlbefinden:** Google hat herausgefunden, dass das Gefühl der Sicherheit am Arbeitsplatz zentral ist. Mitarbeiter sollten sich frei fühlen, Risiken einzugehen und Ideen vorzubringen, ohne negative Rückmeldungen befürchten zu müssen. Es ist essenziell, dass sie sich trauen, Fragen zu stellen und eigene Fehler einzugestehen, um das Team voranzubringen.
2. **Verlässlichkeit im Team:** Teams müssen sich auf die Zuverlässigkeit jedes Einzelnen verlassen können. Eine transparente Aufgaben- und Rollenverteilung sowie ein klarer Projektplan sind dafür unerlässlich. Google betont, dass ein effizienter Austausch und das frühzeitige Erkennen von Problemen zu einem „Hochleistungsteam" führen.
3. **Struktur und Deutlichkeit:** Die Ziele, Rollen und Pläne sollten nicht nur transparent sein, sondern auch die individuellen Aufgaben klar definiert werden. Jeder im Team sollte die an ihn gerichteten Erwartungen kennen und verstehen, wie seine Arbeit zum Gesamtziel beiträgt.
4. **Bedeutung der Arbeit:** Arbeit sollte mehr sein als nur ein Mittel zum Lebensunterhalt. Arbeitnehmer erreichen Höchstleistungen, wenn sie fühlen, dass ihre Arbeit einen Unterschied macht. Ein gemeinsames Ziel und die Verfolgung einer Vision können die Arbeit auf eine neue Ebene heben.

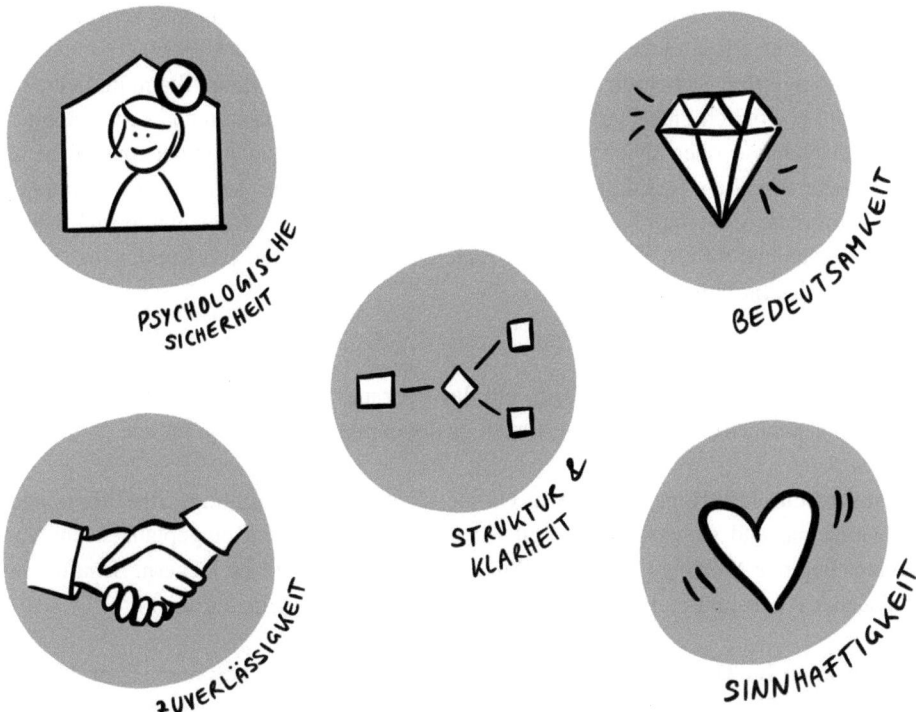

Abb. 13.1 Eigenschaften effektiver Teams

5. **Persönliche Relevanz der Arbeit:** Es ist wichtig, dass die Arbeit für jeden Einzelnen persönlich bedeutsam ist. Das schafft intrinsische Motivation. Führungskräfte sollten die individuellen Ziele der Mitarbeiter erkennen und sie dabei unterstützen, sich innerhalb des Teams zu verwirklichen.

13.3 Vertrauensvolle Basis im Team

Google (2015) hebt die Bedeutung von psychologischer Sicherheit als Kernfaktor für Teamerfolg hervor. Arbeiten Teams effektiv, fühlt sich jedes Mitglied frei, Ideen und Bedenken ohne Angst vor negativen Konsequenzen zu äußern. Das Konzept psychologische Sicherheit wurde 1999 von der Harvard-Professorin Amy Edmondson begründet und seitdem in unterschiedlichen Forschungen (bspw. zu Innovationen, Agilität und Diversität) aufgegriffen und bestätigt. Hinter dem Begriff steht die gemeinsame Überzeugung aller Mitglieder eines Teams, dass die Sicherheit innerhalb der Gruppe gegeben ist, zwischenmenschliche Risiken einzugehen. Es gilt das Credo: Alle müssen sich gehört fühlen. Eine Atmosphäre psychologischer Sicherheit fördert die Offenheit, das Engagement und die kreative Zusammenarbeit der Teilnehmer. Verantwortungsbewusstsein und Vertrauen sind wichtig für eine erfolgreiche gemeinsame Projektarbeit (Edmondson, 1999).

Psychologische Sicherheit beschreibt einen Zustand, in dem Teammitglieder in einem als persönlich sicher empfundenen Umfeld effizient zusammenarbeiten können. Missverständnisse oder „Nichtwissen" sind eine Chance, neue Kompetenzbereiche zu erforschen, die allen Beteiligten zugutekommen können – so sehe ich es zumindest. Psychologische Sicherheit kann von jedem Einzelnen und jeder Einzelnen positiv beeinflusst werden und fördert ein Gefühl der Zugehörigkeit, das auch von Kunden und Stakeholdern wahrgenommen wird.

Tipps für die Praxis
Schafft eine gesunde Basis im Team, um das Vertrauen langfristig zu fördern. Hier ein paar Stolpersteine für das nötige Vertrauen im Team und Ideen für die Praxis:

1. Austausch: Teilnehmer werden in Online-Meetings nicht ermutigt, ihre Meinungen auszudrücken und es wird keine Zeit für offene Diskussionen eingeplant. Mein Vorschlag: Beginne Meetings mit Small Talk, um die Atmosphäre zu lockern. Schaffe eine einladende Atmosphäre, in der jeder ermutigt wird, sich aktiv einzubringen.

2. Vertrauen im Team: Vertrauen ist das Fundament erfolgreicher Teamarbeit. Um die Basis zu schaffen, kann jeder Einzelne einen wichtigen Part übernehmen. Starte bei dir selbst: Wenn dir jemand vertrauliche Informationen anvertraut, betrachte dies als euer gemeinsames Geheimnis. Es ist essenziell, dass solche Informationen vertraulich bleiben, denn es spricht sich schnell herum, wenn Informationen weitergegeben werden. Dies kann das Vertrauen innerhalb des Teams ernsthaft untergraben. Sei also stets diskret und zuverlässig, insbesondere im Hinblick auf das, was andere dir anvertrauen.

3. Kamera und Interaktion: Schwarze Bildschirme und die erhöhte Anonymität bewirken oft das genaue Gegenteil von psychologischer Sicherheit. Das kann das Gemeinschaftsgefühl beeinträchtigen, die Kommunikation beeinflussen und damit die virtuelle Distanz eher verschärfen. Das ist wie beim Essen in einem Dunkelrestaurant, da geht ebenfalls mehr als die Hälfte daneben. Mein Vorschlag: Bitte alle Teilnehmer, die Kamera anzuschalten. Fördere aktive Teilnahme am Meeting und eine respektvolle Kommunikation. Es gibt häufig Fälle, in denen Menschen sich weigern, ihre Kamera anzuschalten. Versuche dann am besten, die Gründe dafür herauszufinden, um entsprechend dagegenwirken zu können. Zum Beispiel ist das Kamerabild im Online-Meeting für die einen eine gute Orientierung, für andere kann es hingegen sehr viel Kraft und Überwindung kosten, die Kamera anzuschalten. Hier hilft es auf jeden Fall darüber zu sprechen, ob und wann die Kamera generell an sein sollte oder nicht. Abb. 13.2 veranschaulicht virtuelle Interaktion mit und ohne Kameranutzung.

Abb. 13.2 Virtuelle Interaktion

4. Meeting-Regeln: Stelle Regeln auf und betone deren positiven Einfluss: „Diese Regeln sind wie eine Art Vertrag. Verträge sind für schlechte Zeiten – ähnlich wie man Versicherungen für den schlimmsten Fall abschließt". Bestimmt gemeinsam, welche Maßnahmen ergriffen werden, falls sich jemand nicht an vereinbarte Regeln hält. Damit wird klar, was ihr euch voneinander erhofft und was die Spielregeln im Kalender-Tetris sind. Dies könnte beispielsweise das Einhalten der Pünktlichkeit zu Online-Meetings betreffen. Damit schafft ihr ein klares Verständnis der Erwartungen und Konsequenzen, was zur Prävention von Konflikten und Missverständnissen beitragen kann.

5. Missverständnisse und Konflikte: Nicht jedes Problem muss sich zu einer größeren Angelegenheit entwickeln. Missverständnisse können auf einfachen Interpretationsfehlern basieren. Um Konflikte zu verhindern, ist es wichtig, Dinge offen und zeitnah anzusprechen.

Literatur

Edmondson, A. (1999). Psychological safety and learning behavior in work teams. In *Administrative Science Quarterly, 44*(2), 350–383. https://doi.org/10.2307/2666999

Google. (2015). *Rework with Google.* https://rework.withgoogle.com/jp/. Zugegriffen: 18. Jan. 2024.

Peterson, D. B. (2021). The DNA of VUCA: A framework for building learning agility in an accelerating world. In V. S. Harvey & K. P. De Meuse (Hrsg.), *The age of agility: Building learning agile leaders and organizations* (S. 327–344). Oxford University Press: Society for Industrial and Organizational Psychology. https://doi.org/10.1093/oso/9780190085353.003.0013.

Virtuelle Retrospektiven

14

> **Zusammenfassung**
>
> Im Kalender-Tetris sollten Retrospektiven einen besonderen Stellenwert einnehmen. Was strebt man mit einer Retrospektive an? Das Hauptziel einer Retrospektive liegt in der Optimierung der Teamzusammenarbeit. Dies kann erreicht werden, indem die Effizienz der Teamarbeit gesteigert, wertvollere Arbeitsergebnisse für Kunden erzielt oder das Arbeitsklima im Team verbessert wird. Ein weiteres Ziel kann darin bestehen, ein sicheres und angenehmes Arbeitsumfeld zu schaffen. Diese Ziele unterstreichen die entscheidende Rolle, die Retrospektiven für den Erfolg eines Teams und einer Organisation spielen können. Deshalb betrachte ich Retrospektiven als einen wesentlichen Bestandteil, damit Teams ihr volles Potenzial ausschöpfen können. In diesem Kapitel findest du praktische Tipps für die Durchführung von Retrospektiven.

14.1 Mehrwert von regelmäßigen Retrospektiven

Der L-Tetromino, also die Retrospektive, steht für das Lernen im Team. Ihr lernt darüber, was in der Vergangenheit gut gelaufen ist und wie ihr euch verbessern könnt. Die Retrospektive bietet Raum für Kreativität und Reflexion. Denn, wie man so schön sagt: Es sind oft die ruhigen Momente, in denen die besten Ideen entstehen. Ziel ist es, dem Team die Möglichkeit zu geben, über die vergangene gemeinsame Arbeit zu reflektieren. Was lief gut? Wofür sind sich Teammitglieder dankbar? Was hat einwandfrei funktioniert? Wo konnte sich das Team gegenseitig gut unterstützen? Insgesamt dienen Retrospektiven dazu, die Effizienz und Effektivität des Teams zu steigern.

Hier die wichtigsten Gründe, warum ich Retrospektiven wichtig finde:

- **Kultur der kontinuierlichen Verbesserung:** Konflikte und Herausforderungen ans Tageslicht. Indem das Team regelmäßig über seine Arbeitsweise und Prozesse reflektiert, kann es Schwachstellen und Engpässe identifizieren und Maßnahmen ergreifen, um diese zu beseitigen.
- **Feedback:** Retrospektiven bieten den Teammitgliedern eine sichere Umgebung, um Feedback auszutauschen. Dies ermöglicht es jedem Teammitglied, Bedenken, Ideen und Meinungen zur Verbesserung der Zusammenarbeit und Produktivität einzubringen.
- **Agilität:** Retrospektiven helfen dabei, das Team agiler zu machen, indem sie es in die Lage versetzen, seine Arbeitsweise an aktuelle Herausforderungen anzupassen. Das bedeutet, dass es schnell auf veränderte Anforderungen und Gegebenheiten reagieren kann.
- **Transparenz:** Durch die Diskussion von Erfolgen und Misserfolgen während der Retrospektive wird die Transparenz innerhalb des Teams gefördert. Dies hilft, Missverständnisse und Konflikte zu vermeiden und fördert das Verständnis und die Zusammenarbeit im Team.
- **Motivation:** Haben Teammitglieder das Gefühl, ihre Meinungen und Ideen werden gehört und berücksichtigt, steigert dies ihre Motivation und ihr Engagement. Das wiederum kann sich positiv auf die Produktivität und die Qualität der Arbeit auswirken.
- **Verantwortung:** Retrospektiven helfen dabei, Verantwortlichkeit im Team zu fördern. Werden Verbesserungsmaßnahmen vereinbart, sind die Teammitglieder motiviert, sich aktiv daran zu beteiligen und sicherzustellen, dass sie umgesetzt werden.

Tipps für die Praxis

1. Führe Retrospektiven konsequent durch: Normalerweise führen Teams, die Scrum anwenden, ihre Retrospektive direkt nach dem Abschluss eines Sprints durch. Solltest du jedoch kein Scrum-Team leiten oder dein Team arbeitet nicht in Sprints, rate ich dir, die Retrospektive in einem Rhythmus von zwei bis vier Wochen zu planen.

2. Halte die Retrospektiven kurz: Wenn das Team Retrospektiven als Zeitverschwendung empfindet, reduziere deren Dauer. Der Scrum Guide von Schwaber und Sutherland (2020) beispielsweise empfiehlt eine bestimmte Dauer für die Retrospektiven. Ich handle dabei nach Bauchgefühl, wenn ich neu in einem Team bin. Warum soll ich Menschen durch eine langatmige Retro von zwei Stunden unnötig quälen? Ich bin ein Fan von häufigeren kurzen Retrospektiven anstatt lange, intensive Sessions abzuhalten.

3. Erstellt Maßnahmen in jeder Retrospektive: In der Retrospektive entwickelt dein Team Maßnahmen zur Verbesserung, die es dann in die Praxis umsetzt. Je intensiver sich die Teammitglieder mit der Umsetzung dieser Maßnahmen befassen und je wertvoller diese sind, desto stärker wird die Teamleistung verbessert. Klingt gut, oder?

4. Bewerte den Return On Time Invested für eure Retrospektiven: Frage nach jeder Retrospektive, wie wertvoll die Zeitinvestition war und beobachte den Durchschnittswert über die Zeit, um positive Trends zu erkennen. Damit hat das Team „schwarz auf weiß" den Wert vor Augen. Zeige durch einen Rückblick auf frühere Retrospektiven, wie sehr sich das Team verbessert hat, um den Nutzen vergangener Retrospektiven zu belegen. Ihr könnt den Return On Time Invested im Team ganz einfach mit einer Punktanzahl bewerten. Ein Punkt beispielsweise bedeutet: Die Retro war wertlos für mich. Ich habe wertvolle Stunden verloren. Zwei Punkte heißen: Die Retro war sinnvoll/nützlich, aber die investierte Zeit nicht wert. Drei Punkte sagen aus: Die Retro war wertvoll. Der Nutzen und meine investierte Zeit sind ausgewogen. Bei vier Punkten überwiegt der Nutzen der Retro die investierte Zeit. Im Falle von fünf Punkten ist das Team der Meinung: Die Retro war überaus wertvoll. Der Nutzen der Retro übersteigt weitaus die investierte Zeit.

5. Schaffe Relevanz: Ich kenne es aus der Praxis als Scrum Master nur zu gut: Viele Teams halten eine Retrospektive für nicht relevant. Im Gegenteil, sie denken, es handele sich dabei um Zeitverschwendung. Das ist es selbstverständlich nicht. Dennoch gibt es einen Grund, warum sie dies glauben. Und genau diesen versuche ich zu Beginn immer erst einmal herauszufinden. Du vermutest vielleicht bereits, warum das Team Retrospektiven als überflüssig ansieht. Doch es ist entscheidend, diese Vermutungen zu überprüfen und das Team direkt nach seinen Bedenken zu fragen. Häufig beeinflusst ein meinungsstarkes Teammitglied die allgemeine Haltung. Versuche, diese Person zu identifizieren, ihre Perspektive zu verstehen und zusammen mit ihr Lösungen zu entwickeln. Wenn das Team Retrospektiven als unnötig empfindet, schlage vor, andere Routinen zu reduzieren oder wegzulassen, um den Fokus auf die Bedeutung von Retrospektiven zu lenken. Ein Beispiel dafür ist ein weiterer Serientermin, der rein aus Gewohnheit stattfindet.

14.2 Geeignete Tools für die Praxis

In Retrospektiven wollt ihr miteinander sprechen und interagieren! Du möchtest, dass alle ihre Meinung sagen können und zu Wort kommen. Und dafür braucht es in einem Online-Meeting das richtige Tool. Tools wie Miro, Mural oder Microsoft Whiteboard ermöglichen es den Teilnehmern, gemeinsam an virtuellen Whiteboards zu arbeiten. Sie können Ideen teilen, Notizen machen, Diagramme erstellen und zusammenarbeiten, als ob sie an einem physischen Whiteboard arbeiten würden.

Tools wie Mentimeter, Poll Everywhere oder Google Forms ermöglichen es den Teilnehmern, Umfragen, Abstimmungen und Quizfragen durchzuführen. Abb. 14.1 stellt beispielhaft virtuelle Umfragetools dar. In Echtzeit werden die Antworten und Ergebnisse digital abgebildet. Dadurch könnt ihr Feedback einholen, Meinungen erfassen und die Interaktion steigern. Diese und weitere interaktive Funktionen können helfen, die Aufmerksamkeit der Teilnehmer zu steigern und sie aktiv einzubeziehen.

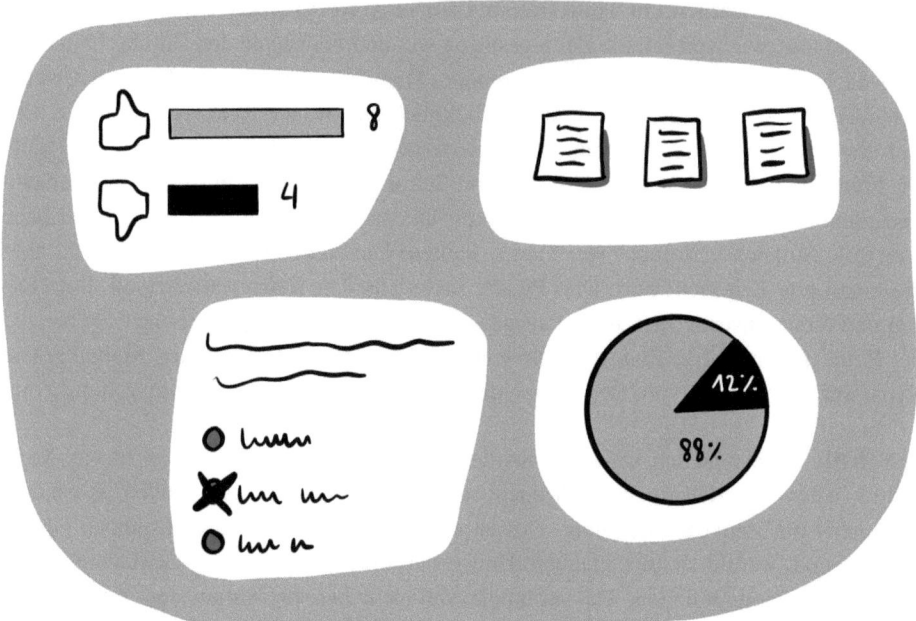

Abb. 14.1 Beispiel für virtuelle Umfragetools

Viele Videokonferenz-Plattformen wie Zoom, Microsoft Teams oder Google Meet ermöglichen es zudem, Breakout-Räume einzurichten. Dabei können Teilnehmer in kleinere Gruppen aufgeteilt werden, um in separaten Videoräumen zu diskutieren oder an Arbeitsaufgaben zu arbeiten. Dies fördert die Zusammenarbeit und ermöglicht intensivere Diskussionen.

Einige Plattformen verfügen über eine Funktion, mit der Teilnehmer virtuelle Handzeichen anzeigen können, um zu signalisieren, dass sie sprechen möchten oder eine Frage haben. Dies hilft, Unterbrechungen zu vermeiden und einen strukturierten Ablauf zu gewährleisten.

Diese Tools können die Interaktion und Beteiligung in Retrospektiven und anderen Online-Meetings verbessern. Mach es dir einfach! Achte unbedingt darauf, dass die Benutzung der Software intuitiv ist. Du willst schließlich nicht stundenlang herumprobieren, sondern direkt loslegen. Go for it!

14.3 Vorlagen für Retrospektiven nutzen

Ich empfinde es als wichtig, regelmäßige Retrospektiven durchzuführen, um sich ständig im Team zu verbessern. Gleichzeitig weiß ich auch, wie schwierig es mitunter sein kann, gute Ideen für eine Retrospektive im Team zu sammeln. Hintergrund ist, dass das Team oft heterogen ist. Die einen mögen das Format, die anderen nicht. Und allgemeine Leitfäden für die Durchführung einer Retrospektive helfen dann nicht.

Eine gute Retrospektive steht und fällt mit der Personalisierung an die aktuelle Teamsituation. So kannst du alle dazu bewegen, mitzumachen und ihre Meinung zu sagen. Bist du in einem Team mit vielen stetigen oder gewissenhaften Persönlichkeitstypen, rate ich dir von allzu kreativen und bunten Retrospektiven ab. Hier empfehle ich eine simple und klare Retrospektive.

Der Schlüssel zu einem erfolgreichen Einstieg liegt darin, eine entspannte und positive Atmosphäre zu schaffen, in der sich alle Teammitglieder wohlfühlen, ihre Gedanken und Ideen frei zu äußern. Durch solch einen kreativen und leichten Einstieg wird das Eis gebrochen und das Team ist eher bereit, sich auf die Retrospektive einzulassen und aktiv daran teilzunehmen.

Einstieg für eine Retrospektive
Der Start einer Retrospektive kann entscheidend für deren Erfolg sein, besonders wenn der Wert und das Ziel der Sitzung für das Team bisher nicht ganz klar sind. Um ein positives und aufgeschlossenes Umfeld zu schaffen, ist es hilfreich, mit etwas Leichtem und Ansprechendem zu beginnen. Dies kann etwa ein inspirierendes Bild oder ein kurzes Video sein, das die Teilnehmer zum Nachdenken anregt und eine offene Diskussionsatmosphäre fördert.

Ein Beispiel für einen solchen Einstieg könnte zum Beispiel das Video „The Guardian's 1986 'Points of view' advert" von The Guardian (2012) sein, siehe Abb. 14.2. Es regt dazu an, keine voreiligen Schlüsse zu ziehen und eine Situation aus verschiedenen Blickwinkeln zu betrachten. So kann das Team in einer Retrospektive schwierige Situationen besser reflektieren und zielgerichtete Verbesserungsvorschläge ableiten.

Für den besten Einstieg ist es absolut wichtig, diesen genau auf das Team anzupassen. Hast du Sportfans im Team? Dann suche etwas Passendes zum Thema aus: Zeige ein

Abb. 14.2 Einstieg in die Retrospektive

Bild einer Siegerehrung und steige ein mit: „Was glaubt ihr, macht dieses Team erfolgreich?" Hast du Kino-Enthusiasten dabei? Ein Filmzitat oder eine Szene kann als Metapher für Teamarbeit oder Herausforderungen genutzt werden: „Mit welchem Filmszenario würdet ihr eure letzte Projektphase vergleichen?"

Es kann auch effektiv sein, einen kleinen themenbezogenen Icebreaker zu nutzen. Zum Beispiel könnte man eine schnelle Runde „Zwei Wahrheiten und eine Lüge" zum Thema Arbeitserfahrungen machen. Das lockert die Atmosphäre auf und bringt die Teilnehmer zum Lachen, was eine offene und ehrliche Diskussion fördern kann.

Zudem ist es hilfreich, den Einstieg visuell ansprechend zu gestalten. Nutze unter anderem interaktive Tools oder digitale Whiteboards, um Ideen zu sammeln. Dies kann gerade bei virtuellen Teams sehr wirkungsvoll sein, da es das Engagement und die Teilnahme fördert.

Am wichtigsten ist es, eine Umgebung zu schaffen, in der sich alle gehört und geschätzt fühlen. Ermuntere jedes Teammitglied, seine Perspektive einzubringen. Dies kann durch offene Fragen oder durch das Teilen einer persönlichen Anekdote geschehen, die zeigt, dass auch Führungskräfte Fehler machen und daraus lernen.

Die Amazon-Bewertung

Für den Beginn eurer Retrospektive könnt ihr auch den betrachteten Zeitraum so wie ein Amazon-Produkt bewerten. Vergebt Sterne für den Zeitraum: Wie viele von fünf möglichen Sternen würdet ihr diesem geben? Wählt dann eine passende Überschrift dafür. Und zu guter Letzt: Gebt einen detaillierten Rückblick. Welche Erwartungen hattet ihr und wurden diese erfüllt?

Beschreibt eure Erfahrungen – gab es zufriedenstellende Momente oder Aspekte, die euch nicht überzeugt haben? Danach könnt ihr gemeinsam definieren, welche Schritte für eine Verbesserung sinnvoll sind.

Start, Stop, Continue-Retrospektive

Start, Stop, Continue ist eine beliebte Retrospektiv-Technik, die verwendet wird, um Feedback zu sammeln und Erkenntnisse während einer Team-Retrospektive zu gewinnen. In ihrer einfachsten Form basiert die Technik auf drei grundlegenden Fragen:

1. Start: Mit was sollten wir starten?
2. Stop: Was sollten wir stoppen?
3. Continue: Was sollten wir fortsetzen?

Für die Start, Stop, Continue-Retrospektive, wie in Abb. 14.3 zu sehen, kannst du eine Vorlage nutzen oder ganz einfach drei Spalten auf einem Conceptboard, Whiteboard oder im Notfall sogar mit Microsoft PowerPoint erstellen.

So funktioniert's auf einem virtuellen Board:

1. Weise jeder Person, die an der Retrospektive teilnimmt, eine Sticky-Note-Farbe zu und bestimme einen Moderator.

14.3 Vorlagen für Retrospektiven nutzen

Abb. 14.3 Beispiel für Start, Stop, Continue-Retrospektive

2. Wenn du Moderator bist, stelle einen Timer auf 3 min und bitte dein Team, die Sticky-Notes dem Start-Abschnitt hinzuzufügen.
3. Stelle nun einen neuen Timer auf 8 min und ermögliche allen, den Inhalt der Sticky-Notes zu erklären. Wenn es zu viele Notizen gibt, beginne diese Phase mit einer Abstimmungsrunde, um vorab die wichtigsten Themen zu bestimmen.
4. Wiederhole die Schritte 2 und 3 für „Stop" und „Continue".

Sailboat-Retrospektive:
Die Sailboat-Retrospektive ist etwas visueller und bringt Bilder ins Spiel. Sie besteht aus vier Bereichen:

- **Wind (Treibkräfte):** In diesem Bereich werden die Kräfte identifiziert, die den Erfolg des Teams antreiben. War es ein hilfsbereiter Kollege oder eine Kollegin? Ein klarer Projektfahrplan? Ein unterstützender Kunde? Es bietet sich auch die Gelegenheit, Teammitglieder anzuerkennen, die im betrachteten Zeitraum wesentlich zum Erfolg beigetragen haben.
- **Anker (Hindernisse):** Anker sind Faktoren, die das Team bremsen. Was blockiert das Team? Was verlangsamt den Fortschritt? Was ist dem Team unklar? Fehlt das

Gesamtbild? Dieser Bereich dreht sich um Selbstreflexion und die Identifikation von Verbesserungsmöglichkeiten für die Zukunft.

- **Felsen (Bedrohungen):** Felsen stellen Risiken dar, die den zukünftigen Erfolg des Teams bedrohen können. Dieser Abschnitt zwingt das Team, sich von der unmittelbaren Gegenwart zu lösen und eine langfristigere Sicht auf das Projekt einzunehmen. Es ist wichtig, Bedrohungen zu erkennen, bevor sie Schaden anrichten.
- **Ziele (Vision):** Damit Teams auf einem optimalen Niveau arbeiten und Ergebnisse liefern können, ist es wichtig, dass das Team gemeinsame Ziele teilt. Der Schwerpunkt sollte nicht auf operativen Kleinigkeiten liegen, sondern vielmehr auf lang- und kurzfristigen Zielen. Geht es darum, das Team mit der schnellsten Markteinführungszeit zu sein? Oder Produkte mit der höchsten Kundenzufriedenheit zu erstellen? Dies ist ein wichtiger Abschnitt, der zur Teamausrichtung beiträgt.

Für die Sailboat-Retrospektive, wie in Abb. 14.4 zu sehen, kannst du ebenso eine Vorlage nutzen oder ganz einfach Bilder für die vier Bereiche auf einem Conceptboard, Whiteboard oder mit Microsoft PowerPoint platzieren. Du kannst das virtuelle Board wie oben bereits beschrieben auch für die Sailboat-Retrospektive verwenden.

Abb. 14.4 Beispiel für Sailboat-Retrospektive

14.4 Individuelle Ideen für Retrospektiven generieren

Planst du eine Retrospektive in einem Team mit geringem Vertrauen? Gerade an stressigen Tagen ist es oft schwierig, kreative Gedanken für die nächste Retrospektive zu fassen. Und wie es so schön heißt: „Manchmal sieht man vor lauter Bäumen den Wald nicht mehr." So ist es herausfordernd, in einem Team neue Impulse zu finden.

Falls es dir auch so geht, dann nutze KI-Unterstützung.

Hier ist eine Anleitung, wie du ChatGPT nutzen kannst:

- Überlege dir, was du mit der Retrospektive erreichen möchtest. Dein Ziel könnte es sein, offene Kommunikation zu fördern und das Teamverständnis zu verbessern.
- Bitte ChatGPT um Vorschläge für Methoden, die zu deinem Ziel passen, wie etwa die Amazon-Bewertung oder eine Lean-Coffee-Retrospektive. Beispiel für einen Prompt: Welche Retrospektive kann ich mit meinem Team mit wenig Vertrauen durchführen?
- Frage ChatGPT nach spezifischen Anweisungen für die ausgewählte Methode, einschließlich notwendiger Schritte und Materialien. Passe die Methode an dein Team an: Überlege, ob Anpassungen nötig sind, um die Methode besser auf dein Team abzustimmen.
- Frag ChatGPT, wie du die Retrospektive effektiv gestalten und alle Teammitglieder einbinden kannst.
- Bitte ChatGPT um Ratschläge, wie du die Ergebnisse der Retrospektive nachbereiten und umsetzen kannst, um das Vertrauen im Team zu stärken.

Alle, die in großen Projekten unterwegs sind, wissen, dass es sehr herausfordernd sein kann, die Stimmung dauerhaft oben zu halten. In meiner Rolle als Scrum Master zum Beispiel nehme ich Retrospektiven und Rückblicke auf einen vergangenen Sprint oder eine Arbeitsphase sehr ernst. In solchen Retrospektiven stellt sich oft heraus, dass innerhalb des Teams Verbesserungen vorgenommen werden sollten. Diese werden dann entsprechend eingeplant. Ich hoffe, du hast mit diesem Kapitel einige Tipps erhalten, wie du das direkt angehen kannst. Im Folgenden möchte ich noch einmal konkret auf das Thema Feedback eingehen.

14.5 Geben, Empfangen und Nutzen von Feedback

Feedback ist großartig, um euch im Team weiterzuentwickeln. Obwohl das Geben von Feedback in Teams allgemein als wichtig anerkannt wird, gestaltet sich die praktische Umsetzung häufig schwierig (Smither & London, 2009). Gute Absichten münden manchmal in oberflächlichem Lob, unangemessener Kritik oder es unterbleibt gänzlich eine Rückmeldung, obwohl viel gesagt werden könnte. Nicht selten wird Feedback aufgrund negativer Erfahrungen in der Vergangenheit gänzlich gemieden. Folgende Fragen stellen sich also: Was geschieht in uns, wenn wir Feedback erhalten? Wie kann Feedback so gestaltet werden, dass es den Empfänger tatsächlich erreicht? Und wie kann ein Team eine effektive Feedbackkultur entwickeln, die tatsächlich zur Verbesserung beiträgt? Dieses Kapitel liefert Antworten und Lösungsansätze zu diesen Fragen.

Feedback ist kein Loben, das sich seltsam anfühlen muss. Es ist eine sachliche und wohlwollende Rückmeldung wie „Deine Präsentation war echt gut", „Dein Team hat tolle Arbeit geleistet" oder „Mir ist aufgefallen, dass deine Aufgaben noch nicht erledigt sind." Feedback bietet eine Möglichkeit für Veränderung und Entwicklung. Feedback für die Teamleistung ermöglicht die Überprüfung der bisherigen Arbeitsweise und eine Ableitung von Verbesserungsmaßnahmen. Es hilft, bestehende Blockaden oder festgefahrene Muster im Team zur Sprache zu bringen und trägt zur Lösung bei.

Über die Schaffung eines gemeinsamen Verständnisses von Feedback legt ihr die Grundlage für eine positive Feedbackkultur. Außerdem fördert ihr kontinuierliches Lernen und unterstützt damit die Entwicklung hin zu einer lernenden Organisation. Indem ihr als Team eine authentische Feedbackkultur pflegt, habt ihr die Chance, jedem Teammitglied hilfreiche Einblicke in Charaktereigenschaften, Verhaltensmuster oder Persönlichkeitsaspekte zu bieten, die ihm oder ihr vielleicht noch nicht bewusst sind. Aufgrund der vielen Stunden, die ihr gemeinsam in Online-Meetings verbringt, bietet sich euch eine reiche Auswahl an Gelegenheiten für solche Beobachtungen.

Ein praktisches Beispiel aus der Zusammenarbeit im Team:
Stell dir vor, Tanja präsentiert regelmäßig die Projektergebnisse in Online-Meetings mit anderen Abteilungen. Oft wirkt sie dabei unvorbereitet: Sie hat ihre Daten nicht sofort griffbereit, sucht dann hektisch danach und erzählt aus Verlegenheit dabei viele nebensächliche Dinge. Die anderen Teilnehmer des Online-Meetings werden ungeduldig und genervt, was Tanja aber nicht wahrnimmt.

Was bringt es Tanja nun, wenn sie Feedback erhält? Hier einige wichtige Punkte, die ihr für Tanjas Feedback berücksichtigen solltet:

1. Ihr seid ein Team. Würde Tanja das Feedback von jemand anderem als euch erhalten, könnte sie enttäuscht sein, dass ihr Team sie nicht früher informiert hat. Das wiederum könnte das Vertrauen innerhalb des Teams beeinträchtigen.
2. Tanjas Verhalten wirkt sich auf das gesamte Team aus. Ohne eure aktive Beteiligung an einer Verbesserung könnte sich die Situation verschlimmern oder von außen eingegriffen werden, was euch in eine reaktive Rolle drängt.
3. Tanja entgeht ohne euer Feedback die Möglichkeit, an ihrem Auftreten zu arbeiten und sich zu verbessern.

Du als Person und ihr als gesamtes Team könnt jedoch die Situation ändern, indem ihr Tanja konstruktives Feedback gebt und ihre Perspektive ergründet. Es macht Sinn

14.5 Geben, Empfangen und Nutzen von Feedback

herauszufinden, warum Tanja „unvorbereitet" wirkt. Mögliche Gründe könnten sein, dass sie sich bei solchen Präsentationen unwohl und nervös fühlt, aber gleichzeitig das Gefühl hat, diese Aufgabe übernehmen zu müssen. Eine Lösung könnte sein, dass jemand anderes aus dem Team diese Rolle übernimmt. Möglicherweise hat sie Schwierigkeiten, sich auf den Termin vorzubereiten, da sie die erforderlichen Informationen zu spät erhält oder vor dem Termin in andere Aufgaben eingebunden ist. Hier könnt ihr gemeinsam Lösungen suchen, wie zum Beispiel den Termin zu verschieben, Tanja vorher Freiraum zu schaffen oder die Daten früher bereitzustellen. Oder ganz anders: Tanja hat die Online-Meetings bisher als informell betrachtet. Euer Feedback könnte ihr helfen, die Bedeutung der Termine neu zu bewerten und ihre Rolle entsprechend anzupassen.

Vielleicht kennst du es von dir selbst oder deinem Umfeld. Wir sagen oft, dass wir über Feedback sehr dankbar seien und es als Geschenk ansehen. Doch was, wenn Feedback nicht immer gut ankommt? Ich versuche es so zu betrachten: Wir alle wollen zu jedem Zeitpunkt unser Bestes geben, basierend auf unseren Erfahrungen und Überzeugungen. Wir handeln immer mit einer positiven Absicht und wollen gute Arbeit leisten. Auf die Präsentation im Online-Meeting bereiten wir uns vor und geben unser Bestes – so unsere eigene Sicht. Und nun kommt ein gegenteiliges Feedback. Autsch! Der Feedbackgeber bringt seine eigene Perspektive mit (wie im obigen Beispiel beschrieben). Das Feedback, welches wir erhalten, weicht dabei oft von unserem eigenen Weltbild ab.

Was geschieht in uns, wenn wir negatives Feedback erhalten? Unsere erste Reaktion könnte sein, die eigene Sichtweise zu verteidigen. Dies hängt unter anderem von der Diskrepanz zwischen unserem Selbstbild und dem Fremdbild ab. Tanja war der Meinung, die Zahlen gut weiterzugeben, du selbst siehst es jedoch anders und gibst ihr das entsprechende Feedback. Diese Reaktion kann sich bei Tanja sogar körperlich bemerkbar machen: Ein flaues Gefühl im Magen, Ohrenrauschen, ein schnellerer Herzschlag, eine brüchige Stimme oder Zittern können auftreten. Unsere Gedanken versuchen fieberhaft, das Gehörte einzuordnen und wechseln häufig in eine Abwehrhaltung, bis wir eine Einschätzung des Gesagten treffen können. Dieser Prozess kann unterschiedlich lange dauern. Die körperlichen Symptome und die Abwehrhaltung sind ein Zeichen dafür, dass die Kritik uns berührt und möglicherweise sogar schmerzt.

Die Intensität der Reaktion auf Feedback kann von verschiedenen Faktoren beeinflusst werden wie zum Beispiel der Wichtigkeit, die man selbst dem Thema zuschreibt. Bekommst du negatives Feedback zu deinem Herzensthema, kann das weh tun. Siehst du dich in dem Bereich als kompetent an, doch das Feedback entspricht nicht dieser Selbstwahrnehmung, kann das ebenfalls deine Reaktion verstärken. Oder stell dir vor, Hannes, den du für inkompetent hältst, kritisiert dich. Du wirst seine Kritik dann wahrscheinlich stärker abwehren.

Im Folgenden schauen wir uns an, was beim Empfangen, Reflektieren und Nutzen von Feedback wichtig ist. Dieser Feedback-Zyklus wird in Abb. 14.5 dargestellt.

Abb. 14.5 Feedback-Zyklus

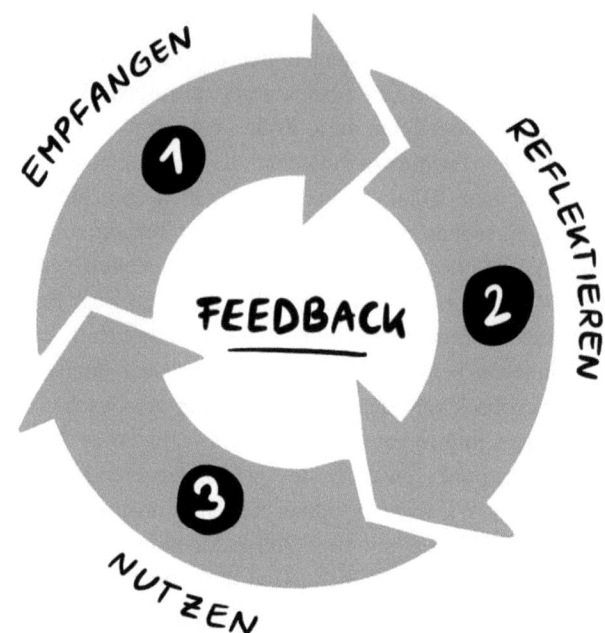

Feedback empfangen und reflektieren

Ein Schlüssel zum besseren Umgang mit negativem Feedback liegt im Verständnis unserer inneren Reaktionen darauf. Wenn wir erkennen, was in uns vorgeht, wenn wir Feedback erhalten, können wir effektivere Strategien entwickeln, um damit umzugehen. Hier ein paar Tipps zum Empfangen und Reflektieren von Feedback aus Erfahrungen, die ich in den letzten Jahren gemacht habe:

1. Lass den Feedbackgeber aussprechen und vermeide es, dich sofort zu rechtfertigen oder zu verteidigen. Konzentriere dich stattdessen darauf, das Feedback zu verstehen. Hör aufmerksam zu und stell Fragen, um sicherzustellen, dass du das Feedback wirklich verstehst. Zum Beispiel: „Könntest du bitte genauer erklären, was du mit diesem Punkt meinst?" oder „Könntest du mir Beispiele für Situationen geben, in denen ich mich so verhalten habe?"
2. Unabhängig davon, ob du dem Feedback zustimmst oder nicht, ist es wichtig, Dankbarkeit für die Rückmeldung zu zeigen. Überlege dann, welche Aspekte für dich nützlich und umsetzbar sind. Es ist in Ordnung, bestimmte Teile des Feedbacks abzulehnen, wenn sie dir nicht relevant oder hilfreich erscheinen. Damit förderst du eine positive Feedback-Kultur und öffnest den Raum für kontinuierliche persönliche Entwicklung.
3. Es ist ganz natürlich, dass es dir manchmal schwerfällt, sofort sachlich und konstruktiv auf Feedback zu reagieren. Gib dir daher Zeit, das erhaltene Feedback zu ver-

arbeiten. Denke darüber nach und betrachte es aus verschiedenen Perspektiven. Sobald du deine Gedanken geordnet hast, teile deine Perspektive dem Feedbackgeber mit, um Missverständnisse zu klären und ein tieferes gegenseitiges Verständnis zu schaffen.

Feedback geben
Die Beachtung von Feedback-Regeln ist eine wichtige Zwischenstufe auf dem Weg zu einer positiven Feedbackkultur und ermöglicht es, konstruktiv Feedback zu geben. Hier ein paar Tipps:

1. Beschreibe das betreffende Verhalten so, wie du es erlebst. Stelle sicher, dass dein Feedback nachvollziehbar ist und auf konkreten Beispielen basiert. Beziehe dich auf ein bestimmtes Verhalten (klar und konkret) und meide Verallgemeinerungen. Sei offen dafür, dass der Feedbackempfänger eine andere Sichtweise haben könnte. Nutze „Ich"-Formulierungen, um deine Sichtweise auszudrücken und bleibe dabei stets sachlich.
2. Beachte das Timing: Gib Feedback im besten Fall zeitnah. Das vermeidet, dass es bei deinem Gegenüber so ankommt, als würdest du mit ihm oder ihr im Nachgang abrechnen wollen. Gleichzeitig ist es wichtig, sich die Frage zu stellen: „Passt es gerade?" Das Feedback zu einer Präsentation ist in der großen Runde weniger passend. Betrachte den Gesamtkontext und zwinge dein Feedback nicht auf, sondern frage, ob es erwünscht ist.
3. Gib dem Betroffenen immer direkt Feedback, niemals über Dritte. Bewahre strikte Vertraulichkeit und trage keine Informationen nach außen. Das wäre ein Vertrauensmissbrauch und würde dazu führen, dass du langfristig die berufliche Beziehung schädigst.

Zusammenfassend die Bedeutung von Feedback aus meiner Sicht

- Persönliche Entwicklung: Indem jedes Teammitglied mehr über sich selbst lernt, kann es seine Fähigkeiten effektiver einsetzen.
- Teamwachstum: Gleichzeitig ermöglicht es dem Team, Stärken gezielter zu nutzen und Schwächen bewusster zu managen. Das Ergebnis ist eine gesteigerte Transparenz über die Kompetenzen im Team.
- Stärkung des Vertrauens: Feedback dient als Angebot zur Beziehungsvertiefung und hilft dabei, unbewusste Verhaltensweisen aufzudecken. Die Reaktion darauf erweitert den gemeinsamen Erfahrungsraum und stärkt das gegenseitige Vertrauen.

Somit ist Feedback ein entscheidender Faktor zur Vertrauensbildung im Team. Es schafft eine Basis, bei der ihr euch auf ehrliche Rückmeldungen verlassen könnt, die euch helfen, mehr über euch selbst und die Auswirkungen eures Handelns auf andere zu erfahren (Smither & London, 2009).

Literatur

Schwaber, K., & Sutherland J. (2020). *The scrum guide – The definitive guide to scrum: The rules of the game.* https://scrumguides.org/docs/scrumguide/v2020/2020-Scrum-Guide-US.pdf. Zugegriffen: 18. Jan. 2024.

Smither, J. W., & London, M. (2009). *Performance management: Putting research into action.* Wiley.

The Guardian. (2012). *The Guardian's 1986 'Points of view' advert.* https://www.youtube.com/watch?v=_SsccRkLLzU. *Zugegriffen: 18. Jan. 2024.*

Teamwork makes a team work   15

> **Zusammenfassung**
>
> Nicht allen Online-Meetings ist ein direkter Wert und Return On Time Invested in Zahlen zuzurechnen. Für mich steht aber fest, dass die wirkliche Zusammenarbeit zwischen Projektbeteiligten an unterschiedlichen Standorten von großer Bedeutung ist. In meiner täglichen Arbeit steht der Mensch im Vordergrund. Wer glaubt, dass er „Ressourcen" in einer Excel-Liste planen kann, liegt meiner Meinung nach falsch. Du planst mit Individuen, die gemeinsam größeren Wert schaffen können. Mein Leitsatz „Teamwork makes the dream work" betont die Bedeutung der Zusammenarbeit in einem Team für den gemeinsamen Erfolg. Er unterstreicht, dass ein Team dann am effektivsten ist, wenn alle Mitglieder zusammenarbeiten und ihre individuellen Fähigkeiten und Stärken einbringen. In einem gut funktionierenden Team ergänzen sich die Mitglieder gegenseitig und unterstützen sich, um Dinge zu realisieren, die allein unmöglich wären.

15.1 Teamphasen

Mein ehemaliger Lehrer sagte immer: „Jede Kette ist nur so stark wie das schwächste Glied." Damals sah ich es als Floskel an, heute weiß ich: Es stimmt. Jedes Mitglied für sich selbst kann noch so gut sein in einer Sache, wie beispielsweise der Programmierung von Apps. Wenn es aber niemanden gibt, der Wünsche eines Kunden in umsetzbare Anforderungen definieren kann, wird die App nicht entwickelt werden können. Kurzum: Ein Team kann nur dann erfolgreich sein, wenn alle alles daransetzen, sämtliche vorhandenen Kompetenzen und Fähigkeiten zu vereinen.

Das Team als „Ganzes" zusammenarbeiten zu lassen, ist nicht immer einfach. Insbesondere nicht, wenn es sich gerade erst formt. Das Lebenszykluskonzept von Teams legt die Annahme zugrunde, dass neu gebildete Teams nicht sofort voll leistungsfähig sind. Stattdessen durchlaufen sie vier Phasen, in denen sich Effektivität und Produktivität allmählich entwickeln (Tuckman, 1965): Forming, Storming, Norming und Performing. Tuckmans Theorie besagt, dass all diese Phasen notwendig und unvermeidlich sind, damit ein Team wachsen kann, Herausforderungen annimmt, Probleme angeht, Lösungen findet, Arbeit plant und Ergebnisse liefert. Das heißt: Kein Team startet mit voller Performance in ein neues Projekt.

Forming-Phase
Also ab auf Anfang. Den Start macht die Forming-Phase. Du kennst sicher folgende Situation: Ein Projekt startet, das Organigramm wird erstellt und Teams werden gebildet. Alle sind aufgeregt, neugierig und vielleicht sogar etwas nervös. Obwohl sich alle auf das neue Projekt stürzen möchten, herrscht auch Verwirrung: Wer macht was? Wie arbeiten wir zusammen? Welche Online-Meetings wird es geben?
Was euer Team jetzt braucht: In dieser Phase braucht das Team vor allem Klarheit und Verbindung. Stürzt euch nicht zu schnell in den Working Mode. Nehmt euch Zeit! Ian, Emma und der Rest des Teams müssen sich und ihre jeweiligen Arbeitsweisen erst einmal kennenlernen. Plant gerade für die Anfangsphase ausreichend Zeit ein, um euch kennenzulernen und Beziehungen untereinander aufzubauen. Nach dem anfänglichen „Beschnuppern" werden erste Strukturen wie zum Beispiel die Online-Meeting-Strukturen festgelegt. In dieser Zeit hilft es, Unklarheiten nicht per Chat, sondern auf jeden Fall per Videoanruf zu klären, wenn ihr nicht an einem Ort zusammenarbeitet. Außerdem könnt ihr Ice-Breaker oder andere Team-Building-Sessions einplanen.

Storming-Phase
Danach geht es über in die Storming-Phase. Ich kenne das aus großen SAP-Projekten: Die Teams werden mit sehr komplexen und geschäftskritischen Themen konfrontiert. Die Masse an Aufgaben erscheint nicht bewältigbar. Die vielen Risiken und Abhängigkeiten führen zu einem Wirbel aus (letztendlich unproduktiver) Aktivität: zu viele Meetings und Diskussionen, die ins Nichts führen. In dieser Phase eines Teams steht die Beziehungsebene weiterhin im Vordergrund, doch aus dem „Beschnuppern" wird ein Tiefgang. Hier geht es um die Rollenfindung und -verteilung. Das geht nicht immer reibungslos vonstatten.
Was euer Team jetzt braucht: Das Ziel und die einzelnen Schritte auf dem Weg dorthin sollten zu diesem Zeitpunkt von allen verstanden sein. Klarheit darüber, was Erfolg bei den einzelnen Meilensteinen konkret bedeutet, wird dem Team den benötigten Vertrauensschub geben. Hannah, Thomas, Tom, Ian und Emma müssen ihre jeweilige Rolle und ihren Platz im Team finden. Priorität Nummer Eins ist es nun, Transparenz zu schaffen und Unklarheiten aus dem Weg zu räumen. Der Schlüssel, um diese Phase erfolg-

reich zu durchlaufen, ist, die Dinge so einfach wie möglich zu gestalten: Wenige Meetings, die gut vorbereitet sind, und einfache Prozesse im Team.

Norming-Phase
Weiter geht es: Wenn du das Gefühl hast, dass die linke Hand weiß, was die rechte tut, habt ihr die Norming-Phase erreicht. Während bei der Storming-Phase noch Chaos herrschte, wirkt das Norming fast beruhigend. Das Team gewinnt an Schwung. Ein Gemeinschaftsgeist entsteht und – ich wage es zu sagen – ein Gefühl von Stolz auf das, was bisher erreicht wurde. Die Herausforderung besteht nun darin, im Projekt auf Hochtouren zu kommen und gleichzeitig die Qualität hochzuhalten.

Was euer Team jetzt braucht: Wichtig ist nun: Butter bei die Fische! Das bedeutet: Hindernisse beseitigen, wenn nötig eng mit anderen Teams koordinieren und offen kommunizieren. Daily-Meetings nutzen, Anforderungen an das Team mit Kunden und anderen Stakeholdern besprechen und nicht ablenken lassen durch politische Strukturen in der Organisation. Thematisch ist das Team hier auf Tiefgang und schwimmt nicht mehr nur noch an der Wasseroberfläche. Es werden mehr und mehr fachliche Details besprochen, die Diskussionsbedarf haben. Hier braucht euer Team eine gute Koordination und Moderation, insbesondere in euren Online-Meetings.

Performing-Phase
Last, but not least: In der Performing-Phase der Teamarbeit schließlich sind alle erforderlichen gruppendynamischen Prozesse durchlaufen und das Team kann effektiv zusammenarbeiten. Halleluja, jetzt läuft es! Die Teamkollegen vertrauen einander genug, um kreativ und innovativ zu sein und gleichzeitig großartige Projekte zu stemmen. Ihr führt konstruktive Diskussionen, die zu Ergebnissen führen. Alle haben ihren Platz im Team und ihre Expertisen gefunden.

Was euer Team jetzt braucht: Jetzt nicht lockerlassen. Verstärkt den Aufbau persönlicher Verbindungen unter den Teammitgliedern. Feiert eure Erfolge angemessen! Das ist der Zeitpunkt, an dem ihr anstelle von Online-Meetings vielleicht sogar über ein physisches Treffen nachdenken solltet, beispielsweise ein gemeinsames Essen oder ein Ausflug.

Was bedeutet das für deine Arbeit?
Stelle dir vor, es gibt drei Teams: Eines bildet sich ganz neu, ein anderes bekommt ein neues Teammitglied und das dritte richtet sich nach der Veränderung der Organisation neu aus. Welches Team hat gerade eine andere Entwicklungsstufe erreicht? Die richtige Antwort lautet: alle drei. Selbst kleine Veränderungen zwingen euch im Team dazu, die Art und Weise, wie ihr arbeitet, anzupassen. Vielleicht läuft es gerade so richtig rund in eurem Team in der Performing-Phase, doch dann kommt plötzlich Thomas als neues Mitglied dazu. Und zack müsst ihr etwas Forming betreiben. Gerade deshalb ist es vorteilhaft, Teams möglichst konstant zu halten.

Teamentwicklung ist wie eine never ending story. Ein Team entwickelt sich ständig. Der Zyklus der Team-Entwicklung beginnt öfter, als wir es realisieren. Das bedeutet nicht, dass wir von vorne beginnen müssen. Es heißt nur, dass Menschen, wenn Veränderungen eintreten, Zeit brauchen, um sich anzupassen. Nun kann euch beispielsweise ein Coach helfen, kontinuierlich an eurer Teamleistung zu arbeiten und jeden Tag etwas besser zu werden. Doch dazu später mehr.

15.2 „Echte" Teams

Was ist eigentlich ein „echtes" Team? Ich möchte dazu zwei Modelle nennen: von Watzlawick (2011) und Lencioni (2002).

Watzlawick unterscheidet hinsichtlich der Leistungsfähigkeit und des Zusammenhalts. Er differenziert zwischen vier Arten von Teams: In einer Einzelkämpfergruppe liegen kaum emotionaler Zusammenhalt und keine fachliche Kooperation vor. Beispiel: Anja macht ihr Ding, Klaus versucht irgendwie über Wasser zu bleiben, Maria schraubt an ihrer Karriere. In der „geselligen Gruppe" hingegen wird zu viel Zeit auf Beziehungspflege bzw. Machtkämpfe verwendet. Beispielsweise will sich keiner so richtig auf die Füße treten, alle sind immer sehr nett und harmonisch miteinander. Sobald es „brenzlig" wird, setzen die Teammitglieder auf Harmonie, was keine Ergebnisse bringt. In der Expertengruppe sind die Themen dagegen klar verteilt, aber die Sachebene ist hoch. In schwierigen Situationen wie stressigen Projektphasen wird die Leistung häufig schnell beeinträchtigt. Der Einsatz füreinander bleibt aus, da der emotionale Zusammenhalt fehlt. Jetzt aber zum Schluss die Idealvorstellung: In einem „echten" Team sind Sach- und Beziehungsebene gleichermaßen hoch ausgeprägt: Jeder weiß, was er tut, es herrscht Vertrauen und es wird einander immer unterstützt. Hier herrscht Teamwork.

Lencioni (2002) hat die Five Dysfunctions of a Team beschrieben. Diese sind das Fehlen von Vertrauen, Angst vor Konflikten, ein Mangel an Engagement, die Vermeidung von Verantwortlichkeit sowie Vernachlässigung der Teamergebnisse. Die fünf Merkmale sind also dafür verantwortlich, dass kein wirkliches Teamwork entstehen kann. Ich möchte das Ganze nun herumdrehen und stattdessen positive Eigenschaften nennen, die für mich ein „echtes" Team ausmachen. Du entscheidest, was davon auch für dich passt.

- **Vertrauen:** Die Teammitglieder vertrauen einander und respektieren die Meinungen und Beiträge aller. Ideen werden frei geteilt. Anerkennung und Wertschätzung der Beiträge jedes Einzelnen stärken das Gefühl der Zugehörigkeit und die Motivation. In „echten" Teams werden Konflikte nicht unterdrückt, sondern offen angesprochen und konstruktiv gelöst.
- **Gemeinsame Ziele:** Ein Team hat klare Ziele und Visionen. Jedes Teammitglied versteht und teilt die gemeinsamen Ziele und die Vision des Teams. In einem Projekt-

team beispielsweise weiß damit jeder, was er oder sie wann, wie und mit wem zu tun hat. Dies sorgt für Ausrichtung auf die zu erreichenden Ziele und Fokus in der Arbeit.
- **Volle Power:** „Echte" Teams zeichnen sich durch eine starke Zusammenarbeit aus, in der jeder bereit ist, zum gemeinsamen Ziel beizutragen und sich gegenseitig zu unterstützen. Die Teammitglieder sind engagiert und motiviert, stets ihr Bestes zu geben. Sie fühlen sich ihrem Team und dessen Zielen verpflichtet. Jedes Teammitglied übernimmt Verantwortung für seine Aufgaben und trägt zum Gesamterfolg bei.
- **Kommunikation:** Echte Teams pflegen eine offene, ehrliche und respektvolle Kommunikation. Dies beinhaltet sowohl das Äußern von Ideen und Bedenken als auch das aktive Zuhören. In guten Teams werden Konflikte konstruktiv und offen angesprochen und gelöst, anstatt sie zu ignorieren oder zu unterdrücken.
- **Interdisziplinarität:** Ein „echtes" Team vereint eine Vielfalt an unterschiedlichen Fähigkeiten, Erfahrungen und Perspektiven, die sich gegenseitig ergänzen. Damit können sie komplexe Probleme lösen, Innovationen fördern und ganzheitliche Lösungen entwickeln. Die Vielfalt der Fachkenntnisse und Erfahrungen innerhalb eines interdisziplinären Teams ermöglicht es, Aufgaben und Herausforderungen aus verschiedenen Blickwinkeln zu betrachten und zu bearbeiten.

Alle diese Eigenschaften bejahen zu können, ist wie ein Sechser im Lotto!

15.3 Teamwerte und –strukturen

Wie kommt man nun zu einem „echten" Team? Ein Ansatz für eine erfolgreiche Zusammenarbeit in Projektteams ist beispielsweise Scrum. Das Entwicklungsteam ist eine kleine Gruppe von Personen, die selbstorganisiert und interdisziplinär miteinander arbeiten. In ihrer Teamstruktur leben sie gemeinsame (agile) Werte.

Es gibt unterschiedliche Herangehensweisen, um gemeinsame Werte im Team zu definieren. Ich greife nun auf die agilen Werte zurück, um dir beispielhaft den Weg dorthin zu beschreiben. Die vier agilen Werte haben ihren Ursprung im agilen Manifest (Beck et al., 2001). Das agile Manifest wurde im Jahr 2001 von 17 Softwareentwicklern definiert. Es herrscht weitestgehend Einigkeit über die Werte und Prinzipien im agilen Arbeiten, dennoch kannst du sie für dich individuell deuten.

Der Zweck der agilen Werte ist es, einen groben Rahmen zu schaffen. Die Werte sind eure Leitplanken, um für euch passende Teamstrukturen zu schaffen. Verstehe die gemeinsamen Werte als Basis für eure Teamvereinbarungen. An diese wollt ihr euch langfristig halten. Gemeint sind damit nicht starre Regeln wie „Wir haben alle von 8 Uhr bis 17 Uhr verfügbar zu sein" oder „Keiner macht gleichzeitig Urlaub". Eure Werte sind vielmehr wie auch das Mindset ein weicher Faktor und üben eine starke Wirkung auf den Erfolg eures Teams aus.

Was steckt konkret hinter den agilen Werten?

„Individuen und Interaktionen mehr als Prozesse und Werkzeuge"
„Individuen und Interaktionen mehr als Prozesse und Werkzeuge" bedeutet, die intensive Kommunikation und Zusammenarbeit in eurem Team zu fördern. Dies ist vorwiegend für Interaktionen zwischen mehreren Abteilungen, Teams und Hierarchieebenen von großer Bedeutung.

Wenn folgende Punkte auf euch zutreffen, lebt ihr diesen Wert gegebenenfalls noch nicht:

- Es besteht keine gute Abstimmung zwischen Teammitgliedern, Abteilungen und Hierarchieebenen.
- Ihr haltet euch an starre Prozesse, die keinen Mehrwert bringen, wie das Einhalten irgendwelcher Regeltermine ohne Agenda. Komplexe Vorhaben scheitern oft, da ihr über interne Hindernisse stolpert: „Das bekommen wir nie genehmigt", „der Freigabe-Prozess ist zu lang", und so weiter.
- Ihr schafft es nicht, gemeinsame Ziele zu definieren.

Was euch dieser Wert bringt und wie ihr dorthin kommt:

Dieser agile Wert heißt nicht, gänzlich auf Prozesse und Werkzeuge zu verzichten. Es geht vielmehr darum, Prozesse zum Optimieren einzusetzen, ohne Individuen und Interaktionen dadurch zu beeinträchtigen. So vernetzt euch eine starke und flexible Interaktion miteinander. Auf diese Weise findet ihr im Team gemeinsam Lösungen und seid schnell handlungsfähig.

Mein Tipp: Seht euch als Team mit individuellen Menschen, Fähigkeiten und Erfahrungen. Und das bringt ihr zusammen. Vermeidet unbedingt, dass Teammitglieder in verschiedene Richtungen laufen. Stellt euch gegenseitig die richtigen Fragen: „Thomas, woran arbeitest du gerade? Ich bin da noch nicht so im Thema drin, kannst du mir erklären, wie das alles zusammenspielt?"

Baut gemeinsames Wissen und Verständnis im Team auf und sorgt dafür, dass sich alle einbringen können, anstatt ihre Zeit in Online-Meetings abzusitzen. Dadurch gewinnt ihr an Effektivität und verschwendet weniger Ressourcen auf dem Weg zum Ziel.

▶ **Hinweis für die Praxis**
In der Praxis wird der erste agile Wert oft in Daily-Meetings (in Scrum: Daily Scrum) umgesetzt. Dabei besprechen Teammitglieder in strukturierter Weise täglich ca. 15 min lang die aktuelle Lage. Das schafft Transparenz, die dazu führen soll, dass Mitarbeiter sich vernetzen und gemeinsam in die gleiche Richtung laufen. Sorgt mit aller Kraft dafür, dass Interaktion in euren Online-Meetings stattfindet, um eine positive Gruppendynamik herzustellen. Es gilt von vornherein, die Teilnehmer vermehrt in das Online-Meeting einzubeziehen, sodass alle einen Redeanteil haben und es für sie wichtig ist, wirklich zuzuhören. Ich mache ein Beispiel: Das Daily-Meeting sollte für alle so wichtig sein, dass keiner eine Info verpassen möchte. Die Themen des Workshops sollten so relevant sein für alle

Teilnehmenden, dass sie auf jeden Fall am Ergebnis beteiligt sein wollen. Die Retrospektive sollte einen solch hohen Stellenwert im Team haben, dass alle ihr Feedback geben möchten. Du kannst bei dir selbst anfangen, wieder aktiver zu werden; und damit Vorbild für die anderen sein. Mit Teamregeln könnt ihr das Ganze dann ins Team tragen.

„Funktionierende Software mehr als umfassende Dokumentation"
Der zweite Wert priorisiert funktionierende Software stärker als umfassende Dokumentation. Die Werte haben ihren Ursprung in der Softwareentwicklung, sind aber in andere Branchen übertragbar. Dazu tauschst du Software gedanklich mit „Ergebnissen" aus.

Wenn folgende Punkte auf euch zutreffen, lebt ihr diesen Wert heute noch nicht:

- Eure Ergebnisse und Produkte entsprechen nicht der Qualität, die ihr euch vorgenommen habt.
- Eure Kunden sind nicht happy, eure Teammitglieder verlieren an Motivation und das Management fängt an, kritische Fragen zu eurer Arbeit zu stellen.
- Ihr seid damit beschäftigt, PowerPoint-Folien und Dokumentationen zu erstellen, die euch keinen Mehrwert liefern.

Was euch dieser Wert bringt und wie ihr dorthin kommt:
Dieser Wert sieht Dokumentation nicht als überflüssig an. Allerdings ist diese nur dann sinnvoll, wenn am Ende auch ein Ergebnis entsteht. Der Nutzen dieses Wertes ist es, die Qualität der Ergebnisse stärker zu priorisieren. Das bringt gleich zwei positive Effekte mit sich: Ihr lasst unnötige Verwaltungsaufgaben und PowerPoint-Bastelei sausen und erstellt Dokumentationen nur dann, wenn sie wirklich nötig sind.

Ein Beispiel zur Umsetzung des zweiten agilen Wertes in einem Projekt: Das Projektmanagement bittet euch um die Stellungnahme zu eurem aktuellen Stand. Ab sofort erstellt ihr dazu keine 20 Folien mehr, sondern genau eine Übersichtsseite, die in der Erstellung nicht länger als 15 min dauert. Falls dann mehr nötig ist, könnt ihr es immer noch nachreichen. Und in der täglichen Arbeit erstellt ihr für euer Team ein Template und Muster für die Mindestanforderung an Dokumentation. So wissen alle, was genau gefordert ist und verschwenden ihre Zeit nicht unnötig. Na, wie klingt das?

„Reagieren auf Veränderung mehr als das Befolgen eines Plans"
Der dritte Wert betont das angemessene Reagieren auf Veränderungen statt sturen Befolgens eines Plans. Es läuft in Projekten oftmals eben nicht so, wie zuvor geplant. Das macht aber nichts. Hier bietet sich eine großartige Chance, um auf Veränderungen zu reagieren.

Wenn folgende Punkte auf euch zutreffen, lebt ihr diesen Wert heute noch nicht:

- Ihr erstellt im Team langfristige Pläne, die ihr dann immer wieder über den Haufen schmeißen müsst.

- Ihr verbringt Stunden in Planungsrunden, um am Ende feststellen zu müssen, dass ihr noch gar nicht alle Informationen habt.
- Ihr könnt schlecht auf Änderungen von Anforderungen reagieren.

Was euch dieser Wert bringt und wie ihr dorthin kommt:

Übt euch in Veränderung und damit in iterativen, kontinuierlichen Verbesserungen. Das heißt: ausprobieren, überprüfen und anpassen. Das kann sich auf eure Anforderungen im Projekt, Prozesse in der IT oder eure Teamstruktur beziehen. Es bedeutet zum Beispiel auch, dass ihr im Team nicht einfach alle wiederkehrenden Termine in eurem Kalender-Tetris durchzieht, nur weil sie geplant sind. Ihr stellt euch jeden Tag im Daily von Neuem die Frage: Was ist heute wirklich wichtig? Worauf legen wir heute unsere Priorität?

„Zusammenarbeit mit dem Kunden mehr als Vertragsverhandlung"

Der vierte Wert hebt die Zusammenarbeit mit dem Kunden über Vertragsverhandlungen hervor. Zusammenarbeit und Feedback sind der Schlüssel zum Erfolg: im Team und auch mit anderen Abteilungen, Kunden und Stakeholdern. Egal, was ihr im Team erarbeitet, sucht euch ein geeignetes Format für regelmäßiges Feedback, um effektiver und effizienter auf die Wünsche der anderen zu reagieren (Pröpper, 2012).

Wenn folgende Punkte auf euch zutreffen, lebt ihr diesen Wert heute bislang nicht:

- Ihr wisst nicht, was eure Kunden wirklich wollen.
- Ihr seid kaum im Austausch mit Personen, die euer Produkt oder das Ergebnis eurer Arbeit nutzen sollen.
- Ihr habt in der Vergangenheit bereits Dinge erarbeitet, die dann in der Form nicht gebraucht wurden, und musstet noch einmal von vorne beginnen.

Was euch dieser Wert bringt und wie ihr dorthin kommt:

Ihr wollt Feedback und um dieses zu bekommen, definiert ihr einen Prozess im Team. Scrum (Schwaber & Sutherland, 2020) definiert fünf formale Ereignisse zur Transparenz, Überprüfung und Anpassung, die innerhalb eines Sprint-Rahmens stattfinden. Sprints sind der Kern von Scrum. Sie dauern in der Regel zwei bis vier Wochen. Ein neuer Sprint beginnt unmittelbar nach dem Abschluss des vorherigen Sprints. Das schafft Konsistenz.

Alle notwendigen Arbeiten zur Erreichung des Ziels einschließlich Sprint Planning, Dailys, Sprint Review und Sprint Retrospective finden innerhalb von Sprints statt. Das Sprint Planning markiert den Beginn eines Sprints und umfasst die Planung der Arbeit, die im Sprint erledigt werden soll. Während des Sprints folgen Dailys, bei denen das Team den Fortschritt des Sprints überprüft und den Arbeitsplan für den Tag anpasst. Am Ende eines Sprints präsentiert das Team in einem Review die erreichten Ergebnisse den Stakeholdern und bespricht, was als Nächstes zu tun ist. Genau hier besteht die Möglichkeit, auf Feedback einzugehen und dieses für die kommende Arbeit im nächsten Sprint

Planning einzuplanen. In einer Team-Retrospektive könnt ihr intern die Verbesserungsmöglichkeiten für Qualität und Effektivität identifizieren. Und das wars! Keine Status-Meetings, keine langwierigen Online-Meetings ohne Ergebnis.

Was will ich damit sagen? Macht euch eure Teamwerte klar und definiert eine simple Struktur für eure Online-Meetings. „Weniger ist mehr" ist hier das Motto. Damit schafft ihr euch Zeit, um zu arbeiten und Mehrwert zu schaffen.

Literatur

Beck, K., Beedle, M., van Bennekum, A., Cockburn, A., Cunningham, W., Fowler, M., Grenning, J., Highsmith, J., Hunt, A., Jeffries, R., Kern, J., Marick, B., Martin, R. C., Mellor, S., Schwaber, K., Sutherland, J., & Thomas, D. (2001). *Manifesto for Agile Software Development.* https://agilemanifesto.org/. Zugegriffen: 18. Jan. 2024.

Lencioni, P. (2002). *The FIVE Dysfunctions of a TEAM. A leadership fable (20th anniversary).* Jossey-Bass.

Pröpper, N. (2012). *Agile Techniken für klassisches Projektmanagement. Qualifizierung zum PMI-ACP* (1. Aufl.). Mitp.

Schwaber, K., & Sutherland J. (2020). *The Scrum Guide – The Definitive Guide to Scrum: The Rules of the Game.* https://scrumguides.org/docs/scrumguide/v2020/2020-Scrum-Guide-US.pdf. Zugegriffen: 18. Jan. 2024.

Tuckman, B. W. (1965). Developmental sequence in small groups. In *Psychological Bulletin, 63*(6), 384–399.

Watzlawick, P., Beavin, J. H., & Jackson, D. D. (2011). *Menschliche Kommunikation. Formen, Störungen, Parodoxien* (12. Aufl.). Huber.

16 Wiederkehrende Meetings

Zusammenfassung

Sitzt du häufig in wiederkehrenden Online-Meetings, bei denen deine Anwesenheit überflüssig erscheint? Kommen gleichzeitig andere wichtige Themen zu kurz? Dann ist es an der Zeit, dem ein Ende zu setzen. In diesem Kapitel erfährst du, wie du tägliche Meetings effizient und sinnvoll gestalten kannst. Du lernst, wie du die Dauer des Meetings auf ein produktives Minimum beschränkst. Ich möchte dich kurz und knapp darauf hinweisen, wie wichtig es ist, den Sinn und Zweck wiederkehrender Online-Meetings zu gewährleisten und sicherzustellen, dass sie einen echten Mehrwert bieten. Zudem erhältst du praktische Tipps, um Multitasking zu vermeiden und die Kommunikation innerhalb des Teams zu verbessern.

16.1 Das Quadrat-Meeting – Daily-Meetings

Ein Beispiel für ein wiederkehrendes Meeting in deinem Kalender-Tetris ist das Daily-Meeting. Jeden Tag nimmst du dir hierbei die Zeit, an diesem Meeting teilzunehmen. Somit ist es äußerst wichtig, dass hier der Sinn und Zweck klar ist und ein Mehrwert entsteht.

In Scrum beispielsweise helfen tägliche Meetings, in denen die Teammitglieder teilen, was sie seit dem letzten Termin gemacht haben, was ihre nächsten Schritte sind und welche Hindernisse sie dabei erleben. Dieses Vorgehen unterstützt alle, synchron zu bleiben. Gute Daily-Meetings verbessern die Kommunikation, identifizieren Hindernisse, fördern die schnelle Entscheidungsfindung und eliminieren konsequent die Notwendigkeit für andere Meetings (Schwaber & Sutherland, 2020).

Tipps für die Praxis

1. Eigenen Kalender prüfen: Daily-Meetings sind ein absolut wertvolles Werkzeug für ein Team. Das heißt aber nicht, dass du an mehreren Dailys teilnehmen musst. Schaue genau hin: Reduziere deine Dailys auf ein Minimum. Sprich offen an, wenn du die Sinnhaftigkeit eines Meetings oder deiner Anwesenheit infrage stellst. Glaube mir: Du bist damit ein Vorbild für die anderen. Die meisten denken sich das wahrscheinlich auch, trauen sich aber nicht, es auszusprechen.

2. Teilnehmer überprüfen: Sind es deiner Meinung nach zu viele Teilnehmende? Meine Empfehlung aus der Praxis: Bei Teams mit mehr als 20 Mitgliedern hilft es, das Daily-Meeting thematisch aufzuteilen. In einem meiner Projekte teilen wir das Daily-Meeting beispielsweise in die Themen Konzepte, Spezifikation und Entwicklung auf. Auf diese Weise müssen nicht immer alle teilnehmen, sondern nur diejenigen, die aktuell zu den genannten Themen arbeiten.

3. Mehrwert hinterfragen: Ist die Motivation für die Teilnahme an einem Daily-Meeting gering? Dann ist es schlicht und ergreifend so, dass der Mehrwert für das Team nicht gesehen wird. Das sollte dringend besprochen werden. Stellt heraus, welche Vorteile eure tägliche Abstimmung hat. Und vor allem: Wie könntet ihr Anpassungen vornehmen, sodass alle Vorteile zum Vorschein kommen? Ich höre oft: „Ich würde gerne teilnehmen, aber ich habe da schon andere Termine." Fein, allerdings sollte ein Daily-Meeting von 15 bis 30 min absolut Priorität haben, solange es einen Mehrwert stiftet. Überlege noch einmal für deinen gesamten Kalender: Was darf weg? Wo sollte ich sein?

4. Daily kurz und knapp halten: Ein Daily sollte meiner Meinung nach nicht länger als 15 bis 30 min dauern. In der Kürze liegt die Würze. Kein Blabla, sondern schnelle Updates und wichtige Informationen im Team austauschen. So weiß jeder, woran er oder sie ist! Alle kennen den Fortschritt in Richtung des Projektziels, können Fragen beantworten und die bevorstehende Arbeit justieren. Sprechen Kollegen und Kolleginnen sehr lange oder ufern aus? Meetings im Stehen abzuhalten, hilft dabei, die Teilnehmer daran zu erinnern, sich auf das Wesentliche zu konzentrieren und keine längeren Diskussionen zu führen. Geht das im Homeoffice nicht, dann lass einen Online-Timer laufen. Es gibt diverse kostenlose Tools, die dir dabei helfen! Timeboxing lautet das Stichwort!

Das Daily-Meeting wird regelmäßig überzogen? Das Daily-Meeting ist auf gar keinen Fall dafür vorgesehen, in fachliche Diskussionen abzutauchen. Falls das passiert, sollte sich das Team gegenseitig daran erinnern, diese Themen in kleinerer Runde zu besprechen. Der Outcome aus dem Daily kann sein, dass ein Thema tiefer besprochen werden muss. Was mir ebenfalls wichtig ist: Keine sinnvollen Diskussionen unterbinden oder abwenden. Jegliche Transparenz und Kommunikation sind super. Das Daily-Meeting ist kein Statusmeeting, sondern lebt von proaktiven Teilnehmern. Es sollte dennoch stets individuell bestimmt werden, wie viel Zeit für ein Daily eingeräumt wird.

5. Multitasking vermeiden: Vermeidet Multitasking und tut nicht nur so, als würdet ihr zuhören. Selbst wenn euer Team remote arbeitet, merken eure Kollegen wahrscheinlich, wenn einer abschaltet und anfängt, das eigene Postfach aufzuräumen. Das Daily-Meeting sollte dem Team nutzen. Wenn ihr denkt, dass jemand über etwas spricht, das für eure Arbeit irrelevant ist, macht darauf aufmerksam. Ihr könnt in Retrospektiven ebenso Verbesserungen zum Daily-Meeting vorschlagen.

16.2 Das I-Meeting – Weekly und andere wiederkehrende Online-Meetings

Alle Tipps, die ich dir für ein Daily-Meeting gebe, zählen auch für ein Weekly. Unter Weeklys packe ich gedanklich alle Online-Meetings, die wiederkehrend in deinem Kalender-Tetris geplant sind. Das bedeutet, dass du sehr viel Zeit damit verbringst und daher auch hier gilt, das genaue Ziel zu hinterfragen. Wie in deinem gesamten Kalender-Tetris heißt es: Wenn es kein Ziel gibt und das Meeting keinen Mehrwert bringt: weg damit!

Tipps für die Praxis

1. Ziel des Meetings immer wieder hinterfragen: In meinen Projekten beschweren sich Teilnehmer häufig, dass in wöchentlichen und wiederkehrenden Online-Meetings nicht wirklich etwas Neues kommuniziert wird und das Meeting „unnötig" war. Auch, wenn das Meeting im Kalender eingeplant ist, sollte jede Woche das Ziel aufs Neue hinterfragt werden: „Gibt es Themen? Wenn nicht, sollte das Weekly diese Woche dann vielleicht besser ausfallen?"

2. Themen nicht aufschieben: Du hast das Gefühl, die Kommunikation leidet und statt miteinander zu sprechen, warten Teammitglieder mit Fragen auf das nächste Weekly, was zu einer Verschwendung in der Arbeitsorganisation führt? Mein Tipp ist, immer wieder zu betonen: Bei dringendem Klärungsbedarf gleich per E-Mail oder Telefon angehen und nicht bis zum nächsten wöchentlichen Meeting warten.

3. Teilnehmer hinterfragen: Du glaubst, dass zu viele Personen an den wöchentlichen Meetings teilnehmen? Ich sehe häufig, wie gerade bei wiederkehrenden Meetings die Teilnehmerzahl stetig wächst. Tom kommt noch dazu, Maria ist irgendwie auch am Thema dran und so weiter. Mein Tipp: Immer wieder aufs Neue die Teilnehmer hinterfragen: „Welche Themen stehen diese Woche an? Wen genau brauchen wir dazu?"

4. Ergebnisse erzielen: Du hast das Gefühl, ihr schafft keine Ergebnisse und stattdessen entsteht eine Plauderrunde? Die Vor- und Nachbereitung ist entscheidend. Versuche das Meeting so kurz wie möglich zu halten und sinnvoll zu strukturieren. Du könntest auch versuchen, mit Themenclustern zu arbeiten, um das Meeting thematisch zu strukturieren: 1. Projekt-Updates der Projektleitung, 2. Abstimmung auf Team-Ebene, 3. Organisatorisches.

5. Macht es „KESS": K wie kurz: Niemand möchte viel Zeit in Online-Meetings verbringen. Plant eure wiederkehrenden Online-Meetings daher am besten so kurz wie möglich ein. Das Daily-Meeting beispielsweise 15 min, das Weekly 30 bis 60 min. Das Gleiche gilt für eure Kommunikation in Meetings. Lange, ausgedehnte Erklärungen können schnell zur Verwirrung führen. Und denke daran, dass die Teilnehmer online möglicherweise abgelenkt sind und es ohnehin schon schwierig ist, alle bei der Stange zu halten. Sei präzise, halte Präsentationen kurz und komme auf den Punkt in deinen Meetings.

E wie einfach: Komplexe Begriffe und „Berater-Sprache" können in Online-Meetings zu Missverständnissen führen. Verwende eine klare und einfache Sprache, um sicherzustellen, dass alle Teilnehmer deine Botschaft verstehen. Nutze simple Begriffe, die für alle verständlich sind. Sprich nicht von Learning Nuggets, sondern einfach von kurzen Trainingseinheiten für die Nutzer. Das gilt im Übrigen auch für Englisch allgemein. Bedenke immer, dass die meisten keine Muttersprachler sind und eine einfache Sprache für alle am besten ist.

S wie stimulierend: Online-Meetings können schnell langweilig werden. Versuche, deine Präsentation oder Diskussion interessant und ansprechend zu gestalten. Verwende Geschichten oder Fallstudien, um die Aufmerksamkeit der Teilnehmer zu wecken.

S wie strukturiert: Struktur ist in Online-Meetings entscheidend, um sicherzustellen, dass die Teilnehmer den roten Faden behalten. Ein Beispiel könnte sein, eine Agenda zu Beginn des Meetings vorzustellen und dann während des Meetings die abgeschlossenen Punkte zu markieren.

Literatur

Schwaber, K., & Sutherland J. (2020). *The scrum guide – The definitive guide to scrum: The rules of the game.* https://scrumguides.org/docs/scrumguide/v2020/2020-Scrum-Guide-US.pdf. Zugegriffen: 18. Jan. 2024.

Virtuelle Workshops 17

> **Zusammenfassung**
>
> Es ist kein Geheimnis, dass Online-Workshops oft weniger interaktiv sind und es schwierig ist, das Konzentrationslevel aufrechtzuerhalten. Die Vor- und Nachbereitung von Workshops ist daher essenziell. Wie kannst du den Workshop bestmöglich für deine Teilnehmenden vorbereiten? Wie können Moderation und Facilitation euch optional bei Diskussionen, Meetings oder Workshops unterstützen? Ich möchte, dass die Teilnehmenden Lust auf die gemeinsame Arbeit haben und ich nicht den Clown machen muss, um Begeisterung zu schaffen. Mir selbst geht es auch so. Werde ich eingeladen zu einem Workshop und verstehe nicht wirklich, was dort von mir erwartet wird, dann habe ich das Gefühl, dadurch einen Tag zu „verlieren". Weiß ich hingegen genau, was das Ziel ist, dann freue ich mich darauf, dieses zu erreichen. Lass uns gemeinsam an guten Workshops arbeiten und wieder konkrete Ergebnisse erzielen.

17.1 Moderation von Workshops

Was ist eigentlich ein Workshop? Dafür gibt es nicht die eine Definition, doch allgemein wird darunter ein interaktives Meeting verstanden, bei dem Teilnehmer aktiv zusammenarbeiten, um ein spezifisches Thema oder eine bestimmte Aufgabe zu bearbeiten. Typischerweise gibt es einen Moderator, der die Diskussion lenkt und sicherstellt, dass die Ziele des Workshops erreicht werden. Workshops können für eine Vielzahl von Zwecken eingesetzt werden, wie zum Beispiel zur Problemlösung, Ideenfindung, Wissenserweiterung, zum Team-Building oder zur (Weiter-)Entwicklung von Fähigkeiten und Kompetenzen.

Einen ersten Hinweis darauf, worum es bei Moderation geht, bietet die Herkunft des Begriffs. Er geht auf das lateinische Verb moderare zurück, was so viel wie „mäßigen" bedeutet (Navigum, 2022). Das Wort impliziert, dass es um Beschwichtigung geht, konkreter darum, die Interessen zweier Parteien zu vertreten. Moderation bezieht sich für mich auf die neutrale Leitung und Steuerung von Gruppendiskussionen oder Meetings, um sicherzustellen, dass alle Teilnehmer ihre Meinungen und Ideen frei äußern können, während gleichzeitig sowohl die Zielerreichung als auch die Zeitplanung im Blick behalten werden.

Moderatoren haben in der Regel keine inhaltliche Rolle und nehmen eine unparteiische Position ein. Sie legen ein klares Ziel und eine zeitliche Abfolge fest, um den Ablauf des Meetings zu organisieren. Am Ende fassen sie meist noch einmal die wichtigsten Punkte zusammen und schließen das Meeting ab.

Tatsächlich geht es in der Moderation, anders als etwa bei der Mediation, gar nicht vorrangig um Konfliktbewältigung. Vielmehr geht es darum, Vertreter unterschiedlicher Einzelinteressen für eine konkrete Aufgabe an einen Tisch zu bringen. Ein guter Moderator schafft eine Kommunikationsbasis, die für die Produktivität und Kreativität förderlich ist. Ein weiterer Unterschied zwischen Moderation und Mediation: An einer Mediation nehmen die Konfliktparteien freiwillig teil. Das kann man von einem moderierten Arbeitsmeeting dagegen nicht immer behaupten.

17.2 Mit „schwierigen" Personen umgehen

In der Welt der vertikalen Kommunikation bestimmen die Rangordnung und das Revierverhalten, wem du zuhörst und wann du dich dazu durchringst, dich kooperativ zu verhalten. Gerade in der Anfangsphase eines Meetings geht es den hierarchisch gestrickten Kommunizierenden meist kaum um Argumente und Inhalte, sondern in der Regel eher um den Austausch von Hierarchie- und Funktionsbotschaften. Das kann die andere Fraktion, Menschen also, die eine horizontale Kommunikation und damit inhaltliche Klärung verfolgen, leicht in den Wahnsinn treiben. Zudem gibt es, was die Kommunikationsstile angeht, auch geschlechterspezifische Unterschiede, wie Tannen (1993) in ihrem Buch *Du kannst mich einfach nicht verstehen. Warum Männer und Frauen aneinander vorbeireden* beschreibt. Männer tendieren dazu, gerne öffentlich zu sprechen und sich, ihr Wissen und auch ihren Status zu präsentieren. Frauen fühlen sich hingegen eher in einem privateren Rahmen wohl und teilen sich dort lieber mit, besonders auch, um Beziehungen aufzubauen und gleichermaßen zu stärken.

Wem helfen Missverständnisse? Richtig, niemandem! Deine Aufgabe als Moderator ist es, beide Systeme, die Personen, die eher vertikal, und jene, die eher horizontal kommunizieren, parallel zu bedienen. Es geht ums Brückenbauen, damit Vertreter beider Lager effizient miteinander kommunizieren können.

Achte als Moderator stets darauf, nicht zu werten. Ein Sprachsystem ist nicht besser oder schlechter als das andere, sie sind schlicht unterschiedlich. Leider gehört es zur beklagenswerten Angewohnheit beider Seiten, einander zu unterschätzen: Ein vertikaler Kommunikator empfindet einen horizontalen Kommunikator als zu weich, unwichtig und unproduktiv, wohingegen ein horizontaler Kommunikator das vertikale Gegenüber schnell als arrogant, prähistorisch und verletzend wahrnimmt. Und beide Seiten sehen natürlich ihren eigenen Standpunkt. Dabei bedeutet Höflichkeit in beiden Systemen etwas grundsätzlich Unterschiedliches. Vereinfacht gesagt: Für die einen ist es Kommunikation auf Augenhöhe, für die anderen das Anerkennen der hierarchischen Strukturen.

Mein persönlicher Rat für diese Rolle: Nimm dir auch als Moderator Zeit, dich inhaltlich und mental auf eine Moderation vorzubereiten. Schaue dir genau an, wer die Teilnehmer sind. Was ist wichtig während des Meetings? Mache dir klar, wie die Menschen in deinem Meeting agieren. Konkret beispielsweise, welche Sprache bei euch im Unternehmen gesprochen wird. Und damit ist nicht etwa eine Landessprache wie Deutsch oder Englisch gemeint, so einfach ist es leider nicht.

Kläre schon im Vorfeld deine Rolle. Das ist mir grundsätzlich sehr wichtig. Nichts ist schlimmer als enttäuschte Erwartungen und Unzufriedenheit. Fragt dich jemand: „Kannst du die Moderation machen?", dann erkundigst du dich: „Was genau wird meine Aufgabe sein und was nicht?" Das erspart dir unangenehme Momente während und nach dem Meeting.

Gerade bei Personen, die in der Unternehmenshierarchie über dir stehen oder gerne das Wort an sich reißen, muss deutlich artikuliert werden: Du moderierst hier. Du hältst die Fäden in der Hand. Du baust die Brücken. Schon allein deshalb ist es ratsam, dass du als Moderator die Einladung zum Meeting selbst verschickst. Mein persönlicher Rat für diese Rolle: Nimm dir auch als Moderator Zeit, um dich inhaltlich und mental auf eine Moderation vorzubereiten. Mache dir klar, wie die Menschen in deinem Meeting agieren.

Lädt jemand anderes ein, dann bitte die Person, zu Beginn des Meetings nach einer kurzen Begrüßung des Teams explizit das Wort an dich zu übergeben. Das gilt insbesondere in Situationen, bei denen die Vermutung von Schwierigkeiten mit deiner Autoritätsrolle besteht. Ein einfacher Satz wie „Frau Strecker übernimmt in der folgenden Sitzung die Rolle der Moderatorin, um uns hier alle auf Spur zu halten" tut Wunder, damit vertikale Kommunikatoren dich in deiner Moderationsfunktion anerkennen.

Frage dich außerdem: Gibt es potenzielle Konfliktfelder oder sind Fraktionsbildungen zu erwarten? Und damit die Laber-Rhabarber-Fraktion gar nicht erst in Schwung kommt, kann es hilfreich sein, eine Agenda zu erstellen und die vorgesehene Zeitdauer für das Meeting klar zu begrenzen. Du bist Time-Keeper und sorgst dafür, dass die Agenda eingehalten wird. Egal, ob Herr Sowieso noch seinen Monolog halten möchte oder nicht.

17.3 Was macht gute Moderation aus?

Hier noch ein paar Soft Skills, die meiner Meinung nach sehr förderlich sind, um deine Rolle als Moderator zu meistern:

In Online-Meetings bist du meistens mit Menschen, die über unterschiedliche Kenntnisse verfügen, konfrontiert und du darfst hier die Schweiz sein: die neutrale Person, die sicherstellt, dass alle über dasselbe sprechen. Als Beispiel: Ihr trefft euch, um die Implementierung einer App zu besprechen. Dazu benötigt ihr den Projektleiter Sven für das Budget, Ian als Product Owner für die fachlichen Anforderungen an die App, dann habt ihr Tom vom Marketing dabei, Emma als Schnittstelle zwischen IT und Business und Vladka als Entwicklerin. So, und nun ist es vorprogrammiert, dass Missverständnisse aufkommen. Während Sven wissen will, wann die App fertig ist und was die Entwicklung kostet, möchte Vladka einfach nur erfahren, was genau die Anforderungen sind, die sie implementieren soll. Als Moderator ist es entscheidend, sicherzustellen, dass alle Teilnehmer aktiv zuhören und auf das Feedback anderer achten. Macht Vladka Vorschläge für die Testsysteme, stelle sicher, dass das gesamte Team genau hinhört und den Standpunkt der Entwicklerin versteht. Frage in die Runde: „Ist allen klar, was damit gemeint ist? Ich für meinen Teil habe es technisch nicht vollständig verstanden und würde bitten, dass wir es noch einmal ‚einfach' erklären können." Das ist auch aktives Zuhören: zu spiegeln, wie man sein Gegenüber verstanden hat und bei Unsicherheiten um Klärung zu bitten. Und schon hat der Rest der Runde auch keine Hemmungen mehr oder fühlt sich doof dabei, nachzufragen.

Bereite dich immer auf sämtliche Eventualitäten vor. Als Moderator ermutigst du alle Teilnehmer, ihre Beiträge einzubringen und achtest darauf, dass niemand dominiert oder übergangen wird. Das ist keine leichte Übung. Hier kannst du dir auch noch einmal das Kap. 12 ins Gedächtnis rufen: Wer ist in dem Meeting? Sind es eher extrovertierte oder introvertierte Menschen? Sind sie eher personen- oder sachbezogen? Und welches Format ist geeignet, um alle zu Wort kommen zu lassen? Hier hilft es, einfach mal etwas auszuprobieren und auch offen zu sein für Planänderungen während des Meetings. Als Beispiel: Du wolltest „mündlich" Feedback aller Teilnehmer einholen und merkst jetzt, dass einige wenige sehr lange sprechen, sodass die Zeit nicht ausreicht. Somit wäre es gut, vorab ein Board (Mural, Conceptboard oder ähnliches) vorzubereiten. Hast du Optionen, fühlst du dich selbst sicherer und wirst das auch ausstrahlen.

Kommen dir Online-Meetings vor wie Talkshows? Ich weiß nicht, wie es dir geht. Ich bin selten in der Glückspilz-Position, dass sich alle Teilnehmer grün sind und gemeinsam ein Ziel verfolgen. Es gibt immer ein paar zwischenmenschliche Konflikte oder politische Konstrukte, die die Situation schwierig gestalten. Versuche dir vorab Informationen darüber einzuholen, damit du nicht ins Fettnäpfchen trittst. Ein Beispiel: Mir ist es mal passiert, dass ich einen Workshop in einem neuen Team moderieren sollte und nicht über die „Vorgeschichte" Bescheid wusste. Im Workshop ging es darum, die neuen Verrechnungsprozesse im Konzern zu skizzieren. Was ich nicht wusste, war, dass es bei zwei Herren des Meetings darum ging, die Verantwortlichkeiten und Hierarchien der neuen Struktur auszukämpfen. Das hat dazu geführt, dass sie sich immer wieder angefeindet haben. Mit mehr Informationen über die Situation kannst du viel besser eingreifen und das Meeting auf den richtigen Weg lenken. Wie heißt es so schön: Nachher ist man immer schlauer! Und daher: Mache dir die Meinungen der Teilnehmer vorab bewusst, damit du souverän unterstützen kannst, alle zu Wort kommen zu lassen.

Vermeide außerdem, dass deine Meetings zu einem Gerichtssaal werden. Die einen beschuldigen, die anderen verteidigen sich. So kommt keiner ans Ziel. Als Beispiel: Ian sagt zu Corinna, dass sie in seinem Sales-Team nicht weiterkommen, weil sie auf Corinnas Migration-Team warten. Jetzt geht's los. Corinna startet mit einer langen Geschichte darüber, was sie alles in ihrem Team machen und erläutert die Ausfälle wegen Urlauben oder Krankheiten. Ein guter Moderator vermeidet, dass jemand auf der Anklagebank sitzt. Anstatt sofort zu erklären, warum eine bestimmte Entscheidung getroffen wurde, ist es hilfreicher, das Feedback zu verstehen.

Als Moderator stellst du sicher, dass Feedback wirklich verstanden wird. Worauf genau wartet Ians Team? Versuche daher, genau zu erfragen, worum es geht, damit Corinna bewerten kann, ob das etwas ist, was kurzfristig erledigt werden kann oder ihr zumindest ein Zeitrahmen für die Fertigstellung zugesichert werden kann. Hier im konkreten Beispiel könnte es sein, dass Verkaufseinheiten im SAP-System in das Testsystem transportiert werden sollen. Denn Ians Team ist darauf angewiesen, um mit diesen die Sales-Orders anzulegen. Mit dieser Information ist es viel einfacher, eine Lösung für Corinna zu finden und das Vorgehen führt letztlich zu einer Lösung anstatt zu einer Verhandlung mit Gerichtsbeschluss.

Es klingt komisch, doch mein persönlicher Rat an dich ist: Lege keinen zu großen Wert auf Harmonie in deinen Online-Meetings. Stattdessen schaffe eine Plattform für alle Meinungen und Diskussionen, die am Ende zu einem Ergebnis führen. Falsche Harmonie führt dazu, dass dann im Nachgang oft Themen von vorn begonnen werden, weil nie ein Konsens entstanden ist. Stattdessen wurde zwar zunächst zugestimmt, jedoch ohne wirkliche Überzeugung. Lass Feedback und Diskussionen zu. Fühlt sich jemand durch das erhaltene Feedback verletzt oder verunsichert, stellst du eine offene und transparente Kommunikation sicher. Dies trägt zur Klärung von Missverständnissen und zur Stärkung der Zusammenarbeit im Team bei. Du bewältigst potenzielle Konflikte und hältst gleichzeitig die Diskussion konstruktiv und respektvoll. Um das Feedback besser zu verstehen, kannst du um konkrete Beispiele bitten. Bemängelt jemand, ein bestimmtes Feature in der Software sei nicht benutzerfreundlich, kannst du nach Beispielen für solche Situationen fragen. Frage nach, wer, was, warum benötigt! So schaffst du für die gesamte Runde ein besseres Verständnis. Schließlich ist es ratsam, nach Vorschlägen zur Verbesserung zu fragen. Stellt ein Tester fest, dass die Software bestimmte Fehler aufweist, fragst du konkret nach Ideen zur Fehlerbehebung. Und auch hier hilft es, dich auf diese Situation vorzubereiten!

Moderatoren in Projekten spielen eine entscheidende Rolle bei der Einhaltung von klaren Feedback-Regeln, um die Qualität der Arbeit zu steigern und eine positive Teamdynamik aufrechtzuerhalten. Du bist in den Meetings auch ein Mutmacher und gibst einen sicheren Rahmen. Stelle dir vor, du lädst deine Kollegen und Kolleginnen zu dir nach Hause ein und möchtest, dass sich alle wohlfühlen. Dazu ist es wichtig, dass die Menschen dir vertrauen. Dieses Vertrauen erarbeitest du dir über die Zeit, indem du dich selbst an die oben genannten Punkte und dein Bauchgefühl hältst. Die Menschen im Projekt lernen, dass du dein Wort hältst und am Wohl aller interessiert bist. Wichtig: Das heißt nicht, dass du immer allen zustimmen sollst. Im Gegenteil: Du zeigst klar auf, dass du eine Meinung hast. Diese drängst du keinem auf und versuchst nicht zu manipulieren oder andere zu überstimmen. Schaffst du es, dass alle Teilnehmer in deinen Meetings eine vertrauensvolle Atmosphäre und am Ende ein Ergebnis erleben, dann sage ich: Herzlichen Glückwunsch! Du bist eine oder einer der wenigen!

Auch nach dem Meeting ist deine Aufgabe weiterhin nicht vorbei. Mache für dich selbst eine Nachbereitung. In dieser Phase kannst du überlegen, wie du Personen, die dich in deiner Rolle gefordert haben, künftig besser einbinden kannst. Möchtest du die Person zu einem persönlichen Gespräch einladen und Allianzen schaffen? Als Vorbereitung auf deine nächste Moderation lohnt es sich ebenfalls, das Protokoll der Sitzung aufmerksam zu lesen. Frage dich, wo du in deiner Rolle als Moderator noch stärker hättest intervenieren sollen oder wo du möglicherweise die Grenzen deiner Rolle überschritten hast. Hast du eigenmächtig eine Entscheidung über die Köpfe der Teilnehmenden hinweg getroffen, anstatt ihnen bei der gemeinsamen Entscheidungsfindung zu assistieren? Mit anderen Worten: Gibt es Momente, in denen du dich stärker zurücknehmen oder das Gespräch in eine andere Richtung lenken könntest?

Dabei geht es nicht darum, wo du dich in besserem Licht hättest darstellen können. Nein, es geht ausschließlich darum, wie du deine Rolle als souveräner, unparteiischer Moderator verbessern kannst. Deine Aufgabe ist es, Differenzen zu überbrücken und alle Teilnehmenden gleichermaßen wahrzunehmen, Potenzial zu erkennen sowie unterschiedliche Sichtweisen wahrzunehmen und anzuerkennen. Das macht die Moderation so spannend und abwechslungsreich.

17.4 Was macht Facilitation aus?

Ich sehe einen Unterschied zwischen Moderation und Facilitation. Früher habe ich viel als PMO (Project Management Office) in großen IT-Projekten gearbeitet. Hier habe ich oft die „Moderation" übernommen. Heute bin ich häufiger als Scrum Master oder Agile Coach unterwegs. Und hier sehe ich mich mehr als Facilitator. Meiner Meinung nach erweitert es die Verantwortlichkeiten von Moderation und zielt noch stärker darauf ab, die effiziente Zusammenarbeit und Teamarbeit zu gewährleisten. Als Facilitator konzentrierst du dich darauf, die Lernfähigkeit, die Kooperationsbereitschaft und die Kreativität innerhalb der Gruppe zu fördern. Hier sind einige Beispiele aus der IT-Projektwelt, wie ein Facilitator diese Aufgaben angehen kann:

Du schaffst ein unterstützendes Umfeld und vermittelst klar, dass die Menschen zu dir kommen können, du wirklich zuhörst und du Hilfestellungen anbietest. Anstatt lediglich Leitfäden des Projektes zu folgen, bist du erfinderisch und hilfst, Herausforderungen zu überwinden. Zum Beispiel traut sich Stefanie, ein neues Teammitglied, nicht so richtig, auf andere zuzugehen. Du bemerkst das. Bringe Stefanie nach einem Workshop zum

17.4 Was macht Facilitation aus?

Aufbau der neuen Lagerstruktur, bei dem sie nicht viel beitragen konnte, mit Claudia zusammen. Claudia ist seit 10 Jahren im Unternehmen und kennt das Lager in- und auswendig. Sie kann Stefanie in Ruhe erklären, wie alles abläuft. Und so wird Stefanie automatisch sicherer und kann sich in der nächsten Runde ebenfalls einbringen.

Als Facilitator gehst du noch besser auf die menschlichen Komponenten in einem Projekt ein und verstehst diese. In einem agilen Softwareentwicklungsteam kann ein Facilitator ein Umfeld schaffen, in welchem die Teammitglieder sich wohlfühlen, ihre Ideen zu teilen. Dies kann erreicht werden, indem er sicherstellt, dass jedes Teammitglied gehört und keine Idee als unwichtig abgetan wird. Du ermutigst zur Offenheit und förderst ein Klima des Vertrauens. Hier meine Tipps für dich in deinen Online-Meetings:

- In einem Brainstorming-Meeting für die Entwicklung neuer Softwarefunktionen kann ein Facilitator verschiedene Kreativitätstechniken einführen. Design-Thinking-Methoden bringen die Teammitglieder dazu, außerhalb der üblichen Denkmuster zu denken. Dies fördert innovative Lösungsansätze und Ideen. Facilitators geben den Teilnehmern insbesondere bei komplexen Themen die nötige Zeit, um über das erhaltene Feedback nachzudenken.
- Ein Facilitator kann in einem Projekt zur Auswahl einer neuen Technologieplattform eine wichtige Rolle dabei spielen, die Gruppe bei der Entscheidungsfindung zu unterstützen. Er kann Informationen über verschiedene Optionen bereitstellen, Diskussionen moderieren und die Gruppe dabei unterstützen, eine fundierte Entscheidung zu treffen.
- Muss ein IT-Team ein komplexes Projekt bewältigen, kann ein Facilitator bei der Entwicklung klarer Handlungspläne behilflich sein. Er oder sie stellt ein gemeinsames Verständnis über die Ziele des Projektes sicher und ermutigt dazu, Schritte und Verantwortlichkeiten zu definieren, um diese Ziele zu erreichen.
- Der Facilitator spielt auch eine wichtige Rolle bei der kontinuierlichen Verbesserung der Teamkommunikation. Nach jedem Meeting oder Projektabschnitt kann er oder sie Feedback von den Teammitgliedern einholen und sicherstellen, dass dieses Feedback zur Verbesserung der Zusammenarbeit genutzt wird.
- Zudem kann ein Facilitator die Teammitglieder ermutigen, persönlich zu wachsen und sich im virtuellen Raum sicherer zu fühlen. Die Erreichung dessen ist unter anderem durch die Förderung von Selbstreflexion und die Bereitstellung von Ressourcen zur Weiterentwicklung der eigenen Fähigkeiten möglich.

Insgesamt ist die Rolle des Facilitators entscheidend, um sicherzustellen, dass in IT-Projekten die Zusammenarbeit effizient und zielgerichtet verläuft. Ein guter Facilitator ist sensibel für die Bedürfnisse der Gruppe und trägt dazu bei, dass die Teamziele erreicht werden, während gleichzeitig ein unterstützendes und kreatives Umfeld geschaffen wird.

In der Rolle als Facilitator versuche ich, viel öfter mal Stille im Online-Meeting auszuhalten, nicht ständig zusammenzufassen oder alle Personen einzeln anzusprechen. Ich höre auf mein Bauchgefühl und verwende Methoden, um Teamdynamik und Raum für selbstorganisiertes Arbeiten zu schaffen. Zusammengefasst: Moderation zielt eher auf die Strukturierung und Organisation von Diskussionen ab, während Facilitation den Fokus auf die Unterstützung des Teams bei der Zusammenarbeit und dem Erreichen ihrer Ziele legt.

> **Literaturempfehlungen**
> Hier findest du empfehlenswerte Literatur hierzu:
>
> - Kaner, S. (2014). *Facilitator's Guide to Participatory Decision Making* (3. Aufl.). San Francisco: Jossey-Bass.
> - Schwarz, R. M. (2017). *The Skilled Facilitator: A Comprehensive Resource for Consultants, Facilitators, Managers, Trainers, and Coaches* (überarb. Aufl.). San Francisco, CA: Jossey-Bass.
> - Bens, I. (2017). *Facilitating with Ease!: Core Skills for Facilitators, Team Leaders and Members, Managers, Consultants, and Trainers* (4. Aufl.). Hoboken, New Jersey: Wiley.
> - Hunter, D., Thorpe, S., Brown, H. & Bailey, A. (2009). *The Art of Facilitation: The Essentials for Leading Great Meetings and Creating Group Synergy* (überarb. Aufl.). San Francisco, CA: Jossey-Bass.
> - Bystedt, J., Lynn, S. & Potts, D. (2003). *Moderating to the Max. A full-tilt guide to creative, insightful focus groups and depth interviews.* Ithaka, NY: Paramount Market Publishing.
> - Neal, C. & Neal, P. (2011). *The Art of Convening: Authentic Engagement in Meetings, Gathering, and Conversations.* Berrett-Koehler Publishers.
>
> Diese Bücher bieten verschiedene Perspektiven und Ansätze zur Moderation und Facilitation von Meetings. Je nach deinen spezifischen Interessen und Anforderungen kannst du das Buch auswählen, das am besten zu deinen Bedürfnissen passt.

17.5 Stimmungskiller Groan Zones

Wie oft hat man nach einem Meeting das Gefühl, dass gar kein Outcome erzielt wurde? Leider viel zu oft. Teilnehmer stoßen beim Finden von Konsens für kreative Lösungen häufig auf Herausforderungen. Stell dir Folgendes vor: Du lädst zu einem Workshop mit fünf Personen ein, die gemeinsam Ideen für die Anforderungen der nächsten Projektphase einer IT-Implementierung sammeln sollen. Zu Beginn bringen alle ihre Ideen ein – nach 20 min wird dann deutlich, dass die Meinungen und Interessen stark auseinander-

17.5 Stimmungskiller Groan Zones

gehen. Eine Person möchte, dass man sich auf den Rollout eines Werkes konzentriert, eine andere Person möchte sich zunächst vorerst auf das Training von Key Usern fokussieren und eine weitere Person lenkt die Diskussion auf die Ressourcen im Allgemeinen. Nach einer Weile stagniert das Meeting – keiner weiß mehr so richtig, worum es gerade geht und wie man hier heil hinauskommen soll.

Dieser herausfordernde, oft unbequeme Raum wird als Groan Zone (groan aus dem Englischen: „stöhnen") bezeichnet. Der Begriff stammt von Kaners (2014) Diamantmodell der Beteiligung, wie in Abb. 17.1 zu sehen. In der anfänglichen Phase des divergenten Denkens („Ja, wir wollen alle den Plan für die nächste Phase festlegen.") werden verschiedene Ideen eingebracht. Schaffen es alle Teilnehmer, diese Informationen zu organisieren und sich auf das Wichtigste zu konzentrieren, werden schnell Entscheidungen getroffen. Idealerweise trifft man sich dann im „konvergenten" Raum. Die-

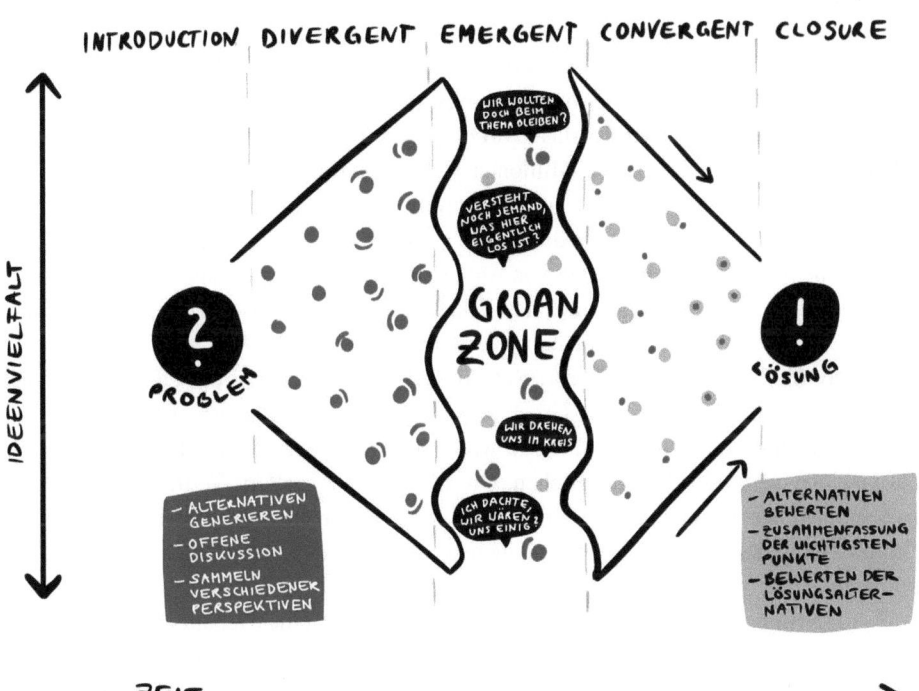

Abb. 17.1 Übersicht Groan Zone

ser Übergang zwischen divergentem und konvergentem Denken ist der Bereich, in dem Kreativität und Innovation entstehen (Kaner, 2014).

Leider ist die Realität, dass genau dieser Schritt in vielen großen Projekten nicht gemeistert wird. Es gibt schlichtweg zu viele Interessensgruppen, zu viele Abhängigkeiten und zu viel Politik innerhalb des Unternehmens – und gleichzeitig zu WENIG Interesse an der tatsächlichen Umsetzung. Oft ist „Blockieren" statt „Umsetzen" angesagt. Und genau dann kann es passieren, dass Meeting-Teilnehmer im „emergenten" Raum festhängen.

Meine eigene Erfahrung mit der Groan Zone machte ich vor Kurzem in der Mitte eines Sprint Plannings mit einem Scrum Team. Die Stimmung war im Keller, der vorherige Sprint mit 40 % Erfolgsquote abgeschlossen. Abhängigkeiten zu anderen Teams ungeklärt, plötzliche Krankheitsfälle im Team – keiner wusste mehr genau, was noch zu schaffen ist in den kommenden vier Wochen. Ich sagte: „Wir sind an einem Punkt angelangt, an dem wir wie Kinder alles aus dem Schrank geholt haben und das Ganze auf dem Boden verstreut ist. Jetzt müssen wir das Chaos sortieren und herausfinden, was wichtig ist, was wir behalten wollen und wie wir es organisieren können, damit wir das finden, was wir benötigen." Jedes interdisziplinäre Team hat sich schon einmal in der Groan Zone gefunden. Die gute Nachricht ist, dass man kein erfahrener Moderator sein muss, um sich in diesem Gebiet zurechtzufinden und sein kreatives Potenzial voll auszuschöpfen.

Die halbe Miete ist es, überhaupt zu erkennen, dass man in die Groan Zone eintritt. Diese Erkenntnis und die Auseinandersetzung damit sind ein wichtiger Aspekt hin zur positiven Veränderung deiner Online-Meetings. Hier ein paar grundlegende Tipps:

1. Miteinander sprechen ist das Zauberwort – und am besten über das Gleiche! Es gibt nichts Schlimmeres als die Millionen von Abkürzungen, die in Unternehmen und Projekten genutzt werden. Nicht, weil sie komplex sind, sondern weil sie „hausgemacht" sind und sie jeder für sich selbst definiert. Das sorgt für Verwirrung und Missverständnisse. Daher die klare Empfehlung, von Anfang an Wert auf die Definition von Begriffen, das Entpacken von Annahmen und das Erklären von Denkweisen zu legen, um unterschiedliche disziplinäre Perspektiven zu verstehen!

2. Schaffe Vertrauen im Team: Sobald Teilnehmer merken, dass die Moderatorin nicht nervös wird im Falle einer Groan Zone, dass alle weiterhin sprechen und sich zu erklären versuchen, anstatt gewinnen zu wollen und die Begriffe für alle klar sind, bleibt ein gewisser vertrauter Raum bestehen. Ob virtuell oder vor Ort: Vertrauen sorgt dafür, dass Teilnehmer weiter interagieren und sich wohlfühlen. Sie bauen darauf, zwar in die Ungewissheit der Groan Zone einzutauchen, aber andererseits wieder dort herauszukommen.

3. Ermutige zum Dialog: Mündet die Diskussion in eine Debatte, braucht es eine Moderation oder Mediation, um darauf hinzuweisen. Dialog statt Debatte ermöglicht kollektive Einsicht und kreative Durchbrüche in Teams. Allgemein bin ich immer ein Fan davon, die Teilnehmer nicht einzeln zum Sprechen aufzufordern. Es ist eine gewisse Kunst, es gelegentlich mal auszuhalten, dass eine Stille herrscht und niemand spricht.

Falls du merkst, dass es kein Vor und kein Zurück mehr gibt, ermutigst du die Teilnehmer zum Sprechen. Ziel ist, verstanden zu werden und damit sogar direkt den „Groschen" zum Fallen zu bringen.

4. Schaffe Erfolgserlebnisse: Baue spezifische Prozesse ein, um sich auf Ideen zu einigen. Dabei geht es um das kollektive intellektuelle Kribbeln, das beim Stoßen auf eine Idee, die das Potenzial hat, neue Erkenntnisse freizusetzen, aufkommt. Das kann zum Beispiel auch ein konzeptioneller Rahmen sein, um Ideen zu organisieren und Verbindungen herzustellen. Die gemeinsame Erstellung eines visuellen Modells hilft dabei, die unterschiedlichen Denkweisen der Einzelnen über das Problem aufzudecken, was zu einem gemeinsamen Verständnis des Problems führen und ganz neue Lösungsansätze eröffnen kann. Das gemeinsame Erstellen eines Modells unterstützt die Metakognition und schärft das Bewusstsein für individuelle Annahmen, Lücken und Voreingenommenheit.

Literatur

Kaner, S. (2014). *Facilitator's guide to participatory decision making* (3. Aufl.). Jossey-Bass.

Navigum. (2022). *Moderare – Übersetzung und Redewendungen Latein/Deutsch.* https://www.navigium.de/latein-woerterbuch/moderare. *Zugegriffen: 18. Jan. 2024.*

Tannen, D. (1993). *Du kannst mich einfach nicht verstehen. Warum Männer und Frauen aneinander vorbeireden.* Goldmann-Verlag.

18 Virtuelles Kick-off: Mit voller Power ins Projekt starten

> **Zusammenfassung**
>
> In diesem Kapitel wird die Bedeutung von Motivationsfaktoren in der Projektwelt beleuchtet. Der Fokus liegt auf dem erfolgreichen Start von Projekten und der Vermeidung von Chaos im Kick-off. Hier findest du konkrete Tipps für ein effektives Kick-off-Meeting, darunter die Kommunikation klarer Ziele, das Hervorheben der Rolle jedes Teammitglieds, das Bieten von Mitgestaltungsmöglichkeiten und die Förderung von Teamgeist. Es wird betont, wie wichtig es ist, implizite Erwartungen zu klären, um Enttäuschungen vorzubeugen. Zudem werden die Bedeutung sozialer Interaktion und des Engagements der Mitarbeiter sowie die Möglichkeiten zur Steigerung von Commitment und effektiver Kommunikation im Projekt und in dessen Teams diskutiert.

18.1 Selbsterfüllenden Prophezeiungen entgegenwirken

Kennst du Gedanken wie „das Projekt wird eh nichts"? Die selbsterfüllende Prophezeiung ist ein psychologisches Konzept nach dem Soziologen Robert K. Merton (1948). Danach führt eine Annahme oder Erwartung über eine Person oder Situation zu Verhaltensweisen, die diese Annahme tatsächlich erfüllen lassen. Mit anderen Worten: Glaubt jemand, dass etwas bestimmtes passieren wird, beeinflusst dieser Glaube sein Verhalten und seine Handlungen in diese Richtung. Gehst du fest davon aus, dass das neue Projekt sowieso den Bach hinunter geht, wird es so kommen. Grund dafür ist: Du tust wenig dafür, dass es nicht so kommt.

Im Kontext von Online-Meetings kann die selbsterfüllende Prophezeiung folgendermaßen auftreten: Angenommen, ein Teamleiter hat die Überzeugung, dass Online-Meetings häufig ineffizient und zeitraubend sind und erwartet, dass die Teammitglieder in den Meetings nicht aktiv und engagiert sein werden. Aufgrund dieser Erwartung verwendet der Teamleiter weniger Zeit und Mühe darauf, die Online-Meetings angemessen zu planen und zu strukturieren. Und nun sind die Online-Meetings tatsächlich ineffizient. Teammitglieder sind weniger motiviert. Sie nehmen kaum aktiv am Geschehen teil.

Die selbsterfüllende Prophezeiung verdeutlicht, wie die Erwartungen und Überzeugungen einer Person die Realität beeinflussen können. Im Kontext von Online-Meetings ist es wichtig, sich dieser Dynamik bewusst zu sein und negative Erwartungen zu hinterfragen.

Hier sind drei Punkte, die dir dabei helfen, das Wissen über die selbsterfüllende Prophezeiung in Online-Meetings zu nutzen:

1. Schafft bei den Teilnehmern ein Bewusstsein darüber, dass ihre Erwartungen das Kick-off beeinflussen. Damit werden diese effizienter, produktiver und motivierender.
2. Überwindet Vorurteile und negative Annahmen. Kultiviert positive Erwartungen und eine optimistische Einstellung gegenüber dem neuen Projekt.
3. Last, but not least: Stellt klare Ziele und eine Agenda für das Kick-off bereit. Damit vermeidet ihr Verwirrung zu Beginn des Projektes. Gleichzeitig werden die Erwartungshaltungen geklärt.

18.2 Implizite Erwartungshaltungen in Projekten

In der Zusammenarbeit im Team und in Projekten spielen implizite und unausgesprochene Erwartungshaltungen eine entscheidende Rolle. Sie können erhebliche Auswirkungen auf das Teamverhalten und die Projektwahrnehmung haben. Das Kick-off hilft dabei, die Erwartungshaltung des Projektes zu klären. Kurzum: Legt die Karten auf den Tisch. Hinterlasst keine fragenden Gesichter. Definiert zu Beginn, was das Ergebnis des Projektes ist. So ist am Ende niemand enttäuscht, weil die eigenen Erwartungen nicht erfüllt sind. Um es konkret zu machen: Was wird von Ian als Product Owner erwartet? Welche konkreten Aufgaben soll Emma im Team übernehmen?

Stelle dir vor, du hast unbewusst Erwartungen an andere. Ein Beispiel könnte sein, dass du ein Daily mit deinem Team voraussetzt. Der Rest des Teams denkt, dass ein wöchentliches Online-Meeting völlig ausreicht. Deine Interaktion im Team wird zeigen, dass irgendwas nicht passt. Dir fehlt der tägliche Austausch. Der Elefant ist im Raum. Keiner spricht es aus. Das kann vermieden werden, indem gleich zu Beginn beispielsweise die Meetingstruktur festgelegt wird.

Zweites Beispiel: Nehmen wir an, du erwartest unbewusst von deinen Kollegen, dass sie in Echtzeit auf deine Chatnachrichten oder E-Mails reagieren. Sie hingegen antworten erst nach zwei Tagen. In deinem Kopf schwirrt nun der Gedanke herum: „Die sind nicht so engagiert wie ich". Du gehst davon aus, dein Anliegen sei nicht ernstgenommen worden. Für deine Kollegen hingegen ist es eine akzeptable Antwortzeit. Ergo: besser gleich zu Beginn die Rahmenbedingungen klären. Das vermeidet Missverständnisse und unnötige Spannungen im Team.

Wie erkennst du implizite Erwartungen? Ich persönlich reagiere allergisch auf Formulierungen wie „Man sollte …", „Man muss …" oder „Es gehört sich so …". Diese Ausdrücke weisen auf implizite Erwartungen hin, die oft schwer sachlich begründet werden können. Keiner fühlt sich damit so richtig angesprochen. Und somit kommt auch keiner ins Handeln. Wenn Emma sagt: „Man sollte mal auf die Zeit in unseren Online-Meeting achten. Wir überziehen ständig die geplante Zeit", wer ist dann dafür verantwortlich? Die Reflexion der eigenen Erwartungen in Projekten ist von entscheidender Bedeutung. Denke darüber nach, welche „Man muss/soll"-Erwartungen du an dich selbst und andere stellst. Die Reflexion impliziter Erwartungen eröffnet die Möglichkeit, deine Wahrnehmung zu erweitern und auch die impliziten Erwartungshaltungen von anderen erahnen und anschließend erfragen zu können. Ein Beispiel einer Antwort von dir auf Emmas Hinweis könnte sein: „Ich nehme auch wahr, dass wir die Zeit in unseren Meetings immer überziehen. Wie verhindern wir das? Wollen wir für jedes Meeting jemanden bestimmen, der uns auf die Zeit hinweist?" Sei bereit, deine eigene Denkweise zu verändern und damit auch deine Online-Meetings erfolgreicher durchzuführen.

18.3 Mit voller Power ins neue Projekt

Ein neues Abenteuer beginnt. Alle sind etwas aufgeregt. Bei einem Kick-off kommen alle Beteiligten zusammen und tauschen sich aus. Sie stimmen sich gemeinsam auf bevorstehende Herausforderungen ein. So die Traumvorstellung. Stattdessen beobachte ich in der Praxis jedoch häufig, wie daraus Online-Formate werden, die einem schlechten Kinofilm gleichen. Die Teams werden zu Zuschauern. Sie lassen sich „berieseln" von unverständlichen Informationen. Und am Ende entscheiden sie, ob sie den Film mögen oder nicht. Anstelle von Austausch ist hier oft Frontalbeschallung an der Tagesordnung. Am Ende ist ein Kick-off teuer aufgrund der vielen Teilnehmer und bringt keinen echten Mehrwert.

Startet das Kick-off eines Projektes bereits im Chaos, kommt die notwendige Motivation nicht auf. Es braucht eine Menge Kraft für zielgerichtete Teamarbeit. Der Motor muss gestartet und Momentum geschaffen werden. Wenn das nicht der Fall ist, gibt es einen Motorschaden. Und das, bevor er überhaupt startet. Dieter Lange sagt: „Gewinner erkennt man am Start – Verlierer auch."

Kurzer Exkurs zu Motivation: Es gibt unterschiedliche Modelle zu Motivatoren. Hier möchte ich das 2-Faktoren-Modell nach Herzberg et al. (1959) anbringen. Herzberg unterscheidet Faktoren, die auf den Inhalt der Arbeit bezogen sind (Motivatoren), und Faktoren, welche sich auf den Kontext der Arbeit beziehen (Hygienefaktoren). Uns motiviert in Projekten Erfolg, Anerkennung, Verantwortung und beispielsweise eine Beförderung. Außerdem geht es uns um den Arbeitsinhalt. Je besser also der Sinn hinter einem Projekt verstanden wird, desto einfacher ist es, Menschen dafür zu motivieren. Genau das muss in einem Kick-off rüberkommen: „Warum" tun wir, was wir tun? Hygienefaktoren wie finanzielle Leistungen, flexible Arbeitszeiten oder eine klare Meetingkultur verhindern zusätzlich Unzufriedenheit.

Die Kombination aus Hygienefaktoren und Motivatoren führt zu vier Zuständen:

1. Hohe Motivation und hohe Hygiene: Ihr seid startklar. Das Projekt kann losgehen. Das ist der Idealzustand mit hochmotivierten Mitarbeitern.
2. Niedrige Motivation und hohe Hygiene: Keiner kann so richtig sagen, woran es mangelt. Geld stimmt, Arbeitszeiten auch. Aber die Motivation fehlt. Euch fehlt das „Warum".
3. Hohe Motivation, aber niedrige Hygiene: Mitarbeiter sind motiviert. Inhaltlich sind alle überzeugt vom Projekt. Doch die Rahmenbedingungen passen nicht. Daran muss gefeilt werden.
4. Niedrige Motivation und Hygiene: Hier ist Hopfen und Malz verloren. Mein Tipp: Projekt überdenken und für bessere Arbeitsbedingungen sorgen!

18.4 Soziale Interaktion und Commitment fördern

Soziale Interaktionen können die Arbeitsbedingungen positiv beeinflussen (Ulich, 2011). Humphrey et al. (2007) legen in einer Metaanalyse dar, dass soziale Faktoren die Arbeitsmotivation, -zufriedenheit und organisationales Commitment positiv beeinflussen können. Dazu gehören Feedback von Kollegen, soziale Unterstützung oder auch Interdependenz im Team.

Das eine ist, das virtuelle Kick-off und weitere Online-Meetings effizient zu gestalten. Das hält die Motivation oben und stärkt das Commitment. Ich möchte außerdem kurz auf den IKEA-Effekt eingehen. Diesen halte ich für sehr relevant für den Start eines Projektes. Er bezieht sich darauf, dass Menschen eine stärkere emotionale Bindung zu einem Projekt oder Erfolg entwickeln, bei dem sie sich aktiv beteiligen (Norton et al., 2012). Bezogen auf das Kick-off heißt das: Lasst Projektbeteiligte mitgestalten. Anstatt alle Strukturen vorzugeben, „bauen" sie am Konstrukt mit.

Die gemeinsame Erfahrung des Erfolgs wird dadurch wertvoller und bedeutsamer, da die Beteiligten stolz auf ihre Beiträge und die erzielten Ergebnisse sind. Dies kann ebenso während des Projektes die Motivation und das Engagement der Teammitglieder in Online-Meetings oben halten. Der IKEA-Effekt betont die Bedeutung der aktiven Beteiligung und des Gefühls „Wir haben das zusammen erschaffen" (Norton et al., 2012). Abb. 18.1 veranschaulicht dieses Gefühl und das Commitment im Projekt.

Baut gemeinsam unbedingt ein Growth Mindset (Wachstumsmentalität) auf (Dweck, 2007). Es bezieht sich auf die Überzeugung, dass Fähigkeiten und Intelligenz nicht festgelegt sind. Stattdessen können sie durch Anstrengung und Lernen verbessert werden. Nutzt dieses Konzept, um das Engagement des Teams zu steigern, Herausforderungen

Abb. 18.1 Commitment im Projekt

anzunehmen, aus Fehlern zu lernen und die Innovationskraft zu stärken. Überlegt euch in Retrospektiven regelmäßig, wie ihr euch weiterentwickeln könnt.

Und nun zu dir: Welche Rolle kannst und möchtest du persönlich spielen, um das Commitment zu verbessern?

18.5 Checkliste für das Kick-off

Die Initiierung eines Projekts bietet eine einzigartige Gelegenheit. Insbesondere in großen Projekten ist es ein Kraftakt, gleich von Beginn an alle Fäden zusammenzuhalten. Bringt die Motivation nach oben. Kümmert euch um die Hygienefaktoren. So wird euer Projekt zum Erfolg. Hier findest du Tipps für die Steigerung der Motivation im Kick-off:

1. Klare Vision und Ziele kommunizieren
Präsentiert zu Beginn des Kick-offs eine klare und überzeugende Vision des Projekts. Damit meine ich keine 50-seitige-PowerPoint-Präsentation. Hier sollte sich lediglich auf die Darstellung des Projektziels konzentriert werden. Gut formulierte Ziele sind spezifisch, messbar, erreichbar, relevant und zeitgebunden (SMART). Durch die Verwendung

dieser SMART-Kriterien werden Ziele greifbarer und für das Team einfacher zu verstehen und zu verfolgen. Dies hilft dabei, die Erwartungen klar zu definieren. Es ermöglicht zudem, Fortschritte effektiv zu messen und zu steuern. Dies umfasst die Darlegung der langfristigen Ziele und des erwarteten Nutzens für das Unternehmen. Wenn Mitarbeitende verstehen, wie ihre Arbeit zum Gesamterfolg des Konzerns beiträgt, steigert dies ihre intrinsische Motivation.

Ziele sollten klar und verständlich kommuniziert werden, um sicherzustellen, dass alle Teammitglieder die Richtung und die Erwartungen des Projekts verstehen. Statt „Wir werden den Markt dominieren" wählt ihr: „Wir planen, unseren Marktanteil in den nächsten 12 Monaten um 5 % zu steigern, indem wir gezielte Vertriebsstrategien in den Schlüsselmärkten umsetzen." Statt „Wir werden unsere Prozesse verbessern" spezifiziert ihr: „Wir werden bis Ende des Jahres unsere Produktionsprozesse optimieren, um die Durchlaufzeit um 20 % zu reduzieren."

2. Rolle und Bedeutung jedes Teammitglieds hervorheben
Jedes Teammitglied sollte verstehen, wie dessen individuelle Rolle und Aufgabe zum Erfolg des Projekts beitragen. Dies fördert ein Gefühl des Gebrauchtwerdens und der Zugehörigkeit. Das wiederum steigert die Motivation. Beschreibt alle Rollen ganz genau, also beispielsweise: Unsere Teams bestehen aus Product Owner, Scrum Master und Entwickler. Product Owner verantworten ganz klar das Produkt und vertreten es gegenüber Stakeholdern, und so weiter.

3. Gelegenheit zur Mitgestaltung bieten
Mitarbeiter in Konzernen sind oft motivierter, wenn sie aktiv an der Gestaltung des Projekts beteiligt sind. Im virtuellen Kick-off sollte daher Raum für Diskussionen und Ideenaustausch geschaffen werden, um die Kreativität und das Engagement der Teammitglieder zu fördern.

4. Förderung von Teamgeist und Zusammenhalt
Ein gemeinsames Verständnis und Zusammenhalt im Team sind entscheidend für den Projekterfolg. Baut gleich zu Beginn gute Beziehungen zueinander auf. Also: Teambildende Aktivitäten oder informelle Gespräche für das virtuelle Kick-off einplanen. Dies stärkt das Gefühl der Zusammengehörigkeit. Kennen sich bereits alle? Oder sollte vorab eine Vorstellungsrunde eingeplant werden?

In großer Runde sprechen die wenigsten Menschen offen ihre Bedenken aus. In kleineren Gruppen fällt das leichter. Wenn Ian als Product Owner eines Projektes alle anderen Product Owner kennt, weiß er, wen er für bestimmte Themen ansprechen kann. Kennt Emma als Entwicklerin die anderen Teamstrukturen, lernt sie ihre Ansprechpartner kennen.

5. Das passende virtuelle Format
Jetzt denkst du vielleicht: „Virtuell" heißt, dass das Format klar ist. Ich meine damit aber nicht nur zu entscheiden, ein virtuelles Kick-off durchzuführen. Die Planung und

Vorbereitung sind entscheidend. Es ist absolut notwendig, das Format so zu wählen, dass sich alle abgeholt fühlen. Mein Tipp: Entweder alle Onsite oder alle Remote. Hybride Veranstaltungen enden oft darin, dass die virtuellen Teilnehmer nicht gut integriert werden. Hier sind einige Schritte und Tipps, um das geeignete Format zu finden:

1. Bestimmt, wie viele Teilnehmer am Kick-off teilnehmen. Berücksichtige alle unterschiedlichen Interessensgruppen des Meetings: Steering Committee, Projektleiter, Entwickler, andere Stakeholder. Bedenkt: weniger ist mehr.
2. Ist das Team international verteilt, wählt einen Zeitpunkt, der für alle Teilnehmenden möglichst günstig ist.
3. Berücksichtige die Erfahrung mit virtuellen Meetings aller Teilnehmenden. Wählt eine Videokonferenzplattform, die leicht zugänglich für alle ist.
4. Nutzt interaktive Tools! Bespiele sind Umfragen, Chat-Funktionen und Breakout-Räume. Arbeitet zusammen mit einem Whiteboard, Conceptboard oder Miro. Das fördert die Teilnahme und das Engagement. Plant Aktivitäten, die zur Interaktion anregen, wie Gruppendiskussionen oder Brainstorming-Sessions.

Mit dieser Checkliste schafft ihr im Kick-off ein motivierendes Umfeld. So können sich Mitarbeitende aktiv und engagiert in das Projekt einbringen. Nehmt diese Motivation und die Power mit, um auch während der gesamten Projektlaufzeit PS auf die Straße zu bringen.

Literatur

Dweck, C. S. (2007). *Mindset. The new psychology of success. How we can learn to fulfill our potential*. Random House LLC US.
Herzberg, F., Mausner, B., & Snyderman, B. (1959). *The motivation to work* (2. Aufl.). Wiley.
Humphrey, S. E., Nahrgang, J. D., & Morgeson, F. P. (2007). Integrating motivational, social, and contextual work design features: A meta-analytic summary and theoretical extension of the work design literature. *Journal of Applied Psychology, 92*(5), 1332–1356. https://doi.org/10.1037/0021-9010.92.5.1332.
Merton, R. K. (1948). The self-fulfilling prophecy. *The Antioch Review, Jg., 8*, 193–210.
Norton, M. I., Mochon, D., & Ariely, D. (2012). *The IKEA effect: When labor leads to love. Journal of Consumer Psychology, 22*(3), 453–460.
Ulich, E. (2011). *Arbeitspsychologie* (7. Aufl.). Schäffer-Poeschel.

Deep Work und meetingfreie Zeit 19

Zusammenfassung

Schau mal in deinen Kalender. Wie viel freie Zeit hast du? Wann kommst du zum Arbeiten? Hast du Raum für kreative Gedanken? In diesem Kapitel beleuchte ich die veränderten Bedingungen durch vermehrtes Homeoffice. Ich gebe dir eine Studie von Narayan et al. (2021) an die Hand, die zeigt, dass bei reduzierter zeitlicher Überschneidung im Team die Arbeitsproduktivität zu untypischen Tageszeiten, wie spät abends oder nachts, steigt. Diese Erkenntnis legt nahe, dass Teams nicht durch starre Überwachung und Kontrolle, sondern durch Vertrauen und Flexibilität gefördert werden sollten. Individuelle Arbeitszeiten erlauben es den Teammitgliedern, ihre Aufgaben dann zu erledigen, wenn sie am produktivsten sind. Das Kapitel zeigt dir auf, wie du zu Deep Work und meetingfreier Zeit kommst.

19.1 Veränderte Bedingungen durch Homeoffice

In der heutigen Zeit – und insbesondere seit COVID-19 – tendieren Organisationen dazu, weg von festen Bürozeiten und hin zu flexibleren Homeoffice-Regelungen zu gelangen. Flexibler scheint auch der Kalender geworden zu sein. Im Büro würde man fragen, ob das Meeting nächste Woche passt. Im virtuellen Spiel des Kalender-Tetris ist das keine Frage mehr, stattdessen fällt der Blick direkt in den Kalender der anderen. Gibt es noch eine Lücke? Ja? Dann passt der Termin auch. Wehe, da wird abgelehnt! Es ist selbstverständlich geworden, die gesamte Arbeitszeit für Meetings zur Verfügung zu stellen. Wer nicht eingeloggt ist in einem Call, arbeitet offensichtlich nicht. Die Teilnahme an Meetings dient mehr oder weniger als Rechtfertigung dafür, sehr beschäftigt zu sein.

Alle sind jederzeit erreichbar und produktiv. Doch ist das wirklich gut? Jeder Mensch benötigt Pausen, um langfristig einen guten Job machen zu können – so zumindest meine persönliche Meinung. Das weiß ich auch aus persönlicher Erfahrung: Lese ich morgens meine gesendeten E-Mails vom Vorabend, kann ich direkt erkennen, dass es mal wieder spät wurde. Obwohl ich die E-Mail am Vorabend / in der Nacht vermeintlich mit Bedacht schrieb, finde ich mehrere Fehler darin. Der Grund ist simpel: Der Tag war einfach zu lang, um die Konzentration aufrechterhalten zu können.

Eine bahnbrechende Studie von Narayan et al. (2021) der Harvard Business School und des Teamsoftwareanbieters Soroco macht deutlich, wie sich die Zeiten der Produktivität verändern. Für ihre Analyse untersuchten sie das Arbeitsverhalten von 187 Menschen in sechs großen US-Unternehmen, die sich 2020 von Präsenzarbeit hin zur virtuellen Arbeit verlagerten. Diese Mitarbeitenden gehörten 22 Teams mit durchschnittlich zehn Mitgliedern an – alle mit einer Vergangenheit im traditionellen Büroalltag.

Die Wissenschaftler der Studie untersuchten nicht nur die Arbeitszeiten der Teammitglieder, sondern auch deren Produktivität. Dabei wurde ein interessantes Muster entdeckt: Mitten in der Nacht erreichte die Produktivität ihren Höhepunkt. Ja, du hast richtig gelesen – Mitarbeitende waren nachts beruflich besonders leistungsfähig (Narayan et al., 2021).

Die Forscher vermuten, dass dies eine direkte Folge der geringen zeitlichen Überschneidung mit den Kollegen und Kolleginnen zu dieser Tageszeit sein könnte. Frei nach dem Motto „Ich bin morgens immer müde, abends werde ich wach" kommen Mitarbeiter erst nach allen Meetings, dem Trubel durch sämtliche Chatnachrichten und E-Mails und im Anschluss an die eigentliche Arbeitszeit dazu, Dinge produktiv zu erledigen. Aufgaben, die konzentrierte Datenbankarbeit erfordern oder eine ungestörte Arbeitsumgebung, lassen sich dann offenbar besonders effizient erledigen (Narayan et al., 2021).

19.2 Tipps für virtuelle Teamstrukturen

Die Studie macht deutlich, dass Teams, die nicht physisch zusammenarbeiten, unabhängig von der gemeinsamen Zeitzone rund um die Uhr arbeiten (Narayan et al., 2021). Das ist meiner Meinung nach eine digitale Evolution. Morgens um drei Uhr, die Büro-Welt scheint zu schlafen, doch Mitarbeitende entfesseln nun ihre produktivsten Energien. Das kenne ich von mir selbst. Als Beispiel: Von 8 Uhr bis 17 Uhr sind Termine im Kalender für ein Projekt geplant. Teammitglieder versuchen mich zu erreichen, doch ich kann erst nach 17 Uhr zurückrufen. Damit fertig bin ich um 18:15 Uhr. Und erst jetzt kann es losgehen mit der Planung von strategischen Themen, der Vor- bzw. Nachbereitung von Workshops oder dem Einpflegen der Anforderungen an das neue Projekt in eines der projektbezogenen Tools. Der Statusbericht soll natürlich noch gepflegt werden. Und so wird es schnell 20:30 Uhr, bis sich das Gefühl einstellt, etwas erledigt zu haben.

Es stellt sich jedoch die Frage nach der Sinnhaftigkeit dieser ständigen Erreichbarkeit und Produktivität. Pausen sind schließlich essenziell für die langfristige Leistungsfähigkeit und Qualität der Arbeit, wie auch persönliche Erfahrungen zeigen: Arbeit, die spät am Abend oder in der Nacht erledigt wird, ist oft fehleranfälliger, was auf Übermüdung und nachlassende Konzentration zurückzuführen ist.

Team-Overlap neu definieren
Aus den Erkenntnissen der Studie von Narayan et al. (2021) ergibt sich die Notwendigkeit, neue Normen für die zeitliche Übereinstimmung im Team zu schaffen. Ziel sollte es sein, von der Erwartung permanenter Verfügbarkeit abzurücken und stattdessen definierte Zeiten zu etablieren, zu denen das Team mit Antworten rechnen kann. Die Forschenden schlagen vor, ein „digitales Team-Statut" zu entwickeln, in welchem Arbeitszeiten und Team-Überschneidungen festgelegt werden. Hierbei definieren Führungskräfte spezifische Zeitfenster, in denen ein Großteil des Teams gleichzeitig arbeitet. Innerhalb dieser Zeiträume sollten vorrangig Aufgaben bearbeitet werden, die von intensiver Zusammenarbeit profitieren. Es ist nicht notwendig, dass dieses Zeitfenster acht Stunden umfasst. Vielmehr ist es wichtig, die tatsächliche Verfügbarkeit aller Teammitglieder zu berücksichtigen. Dies schließt auch die Berücksichtigung von Eltern, die morgens oder nachmittags ihre Kinder betreuen, oder der unterschiedlichen Zeitzonen der Teammitglieder ein.

Die Einblicke der Studie in die Produktivität von digitalen Teams bieten viel Potenzial für die Gestaltung moderner Arbeitsstrukturen. Indem Führungskräfte Flexibilität und individuelle Anpassung fördern, holen sie das Beste aus ihren Teams heraus. Sie schaffen eine Umgebung, in der alle zur für sie effizientesten Zeit arbeiten können. Die Zukunft der Arbeit ist vielfältig und wird flexibel mit individuellem Spielraum gestaltet werden müssen. Meinen Mitarbeitern gebe ich nicht vor, wann sie arbeiten sollen. Alle Menschen sind unterschiedlich: Die einen sind so wie ich und lieben es, morgens Zeit für Deep Work zu haben. Ich benötige beispielsweise Freiraum – keine festen Zeiten. Die anderen wollen hingegen einen klaren, vorausschauenden Plan mit immer gleichbleibenden Zeiten. Das ist beides absolut fein. In der sich überschneidenden Zeit dazwischen kommen dann alle zur inspirierenden Teamarbeit zusammen.

Die Pandemie hat deutliche Veränderungen in der Arbeitskultur bewirkt und das Konzept des Team Overlaps – die Überschneidung der Arbeitszeiten der Teammitglieder – in den Vordergrund gerückt. Während in Büroumgebungen feste Arbeitszeiten eine hohe Überschneidung und damit eine nahtlose Zusammenarbeit ermöglichen, sind diese Überlappungen in der virtuellen oder hybriden Arbeitswelt reduziert, was sowohl Herausforderungen als auch Chancen bietet.

In Projekten sollte kein Overlap von Teams erzwungen werden. Mehr Kontrolle und Regeln führen nicht zwangsläufig zum gewünschten Ergebnis. Stattdessen sollte eine Vertrauensbasis geschaffen werden, die Menschen einen Raum bietet, in dem sie sich entfalten können. In jedem Team gibt es individuelle Prozesse, die am besten in einem maßgeschneiderten Zeitrahmen erledigt werden können. Zeiten mit geringer Teamüberschneidung sind ideal für solche Aufgaben. So sollte den Teams insgesamt die Freiheit gegeben werden, ihre Aufgaben nach individuellen Vorlieben zu terminieren. Laut den Forschern erledigen die meisten Teammitglieder ihre Arbeit automatisch zu jener Tageszeit, in der sie am effizientesten sind. Arbeitet Ian am liebsten, so wie ich, morgens „in Ruhe" an der Produktvision, ist das klasse. Liest Emma abends nach ihrem Sport gerne noch einmal die E-Mails, ist das auch gut. Wichtig ist die offene Kommunikation.

Meetingfreie Zeit definieren
Die Herausforderung im Kalender-Tetris liegt darin, nicht nur die anstehenden Termine zu organisieren, sondern auch gezielt Pausen und Vorbereitungszeiten einzuplanen. Vollgepackte Kalender suggerieren zwar eine hohe Produktivität, führen aber oft zu kognitiver Überlastung durch ständige Umstellungen – die sogenannten Umrüstzeiten. Ein überfüllter Kalender mit mehreren Online-Meetings senkt gleichzeitig paradoxerweise die Produktivität (Meyer et al., 2001).

Erinnere dich an Weihnachten. Das ist die einzige Zeit im Jahr, in der fast alle Urlaub machen. Ich mag die Weihnachtszeit, da ich nie das Gefühl habe, etwas in meinen Projekten zu verpassen. Ich weiß, dass gerade nichts anbrennt, da die meisten Projektmitglieder sowieso im Urlaub sind. Es ist eine Zeit des Kraftsammelns, bevor das neue Jahr startet. Lass uns dieses Gefühl in das gesamte Jahr bringen.

Wie wäre es, Zeiten zu vereinbaren, die frei sind von dem alltäglichen Druck und Gehetze? Und das ist absolut kein Hexenwerk. Eine feste Zeit, in der die Mitarbeitenden weder an Meetings teilnehmen noch für ihre Kollegen und Kolleginnen erreichbar sein müssen, wird meiner Meinung nach dazu führen, dass der negative Stress in Projekten nachlässt. Dies ermöglicht es den Mitarbeitenden, sich auf komplexe Aufgaben zu konzentrieren, ohne von Unterbrechungen gestört zu werden. Das ist wie ein weiterer Tetromino: Zeit für Deep Work und produktives Arbeiten. Ein gemeinsamer meetingfreier Tag kann ein positives Zeichen für die Eigenverantwortung des Teams sein.

Als Beispiel: Es wird im Team der Wunsch geäußert, dass Meetings (online und virtuell) nur noch im Zeitraum von 10 Uhr bis 15 Uhr geplant werden können – und freitags grundsätzlich gar nicht. Und jetzt geht es los: „Das klappt bei uns nicht. Wir haben freitags immer Linienmeeting." Die nächste Person sagt: „Das wird so ohnehin nicht funktionieren – dann stellt mir einfach jemand einen Termin ein." Hier mein persönlicher Tipp: Zunächst einmal ist es schlicht und ergreifend so, dass aufgrund von Betriebsordnungen innerhalb des Unternehmens möglicherweise andere Regelungen gelten als in den Projekten – und auch funktionieren.

Fast ein Drittel der Befragten in einer Conjoint-Analyse von Diedrich et al. (2023) gibt an, dass die Erreichbarkeit der anderen Teammitglieder im hybriden Modell problematisch ist. Nahezu die Hälfte der Befragten sieht die größten Schwierigkeiten in Bezug auf Kommunikation und Teamzusammengehörigkeit.

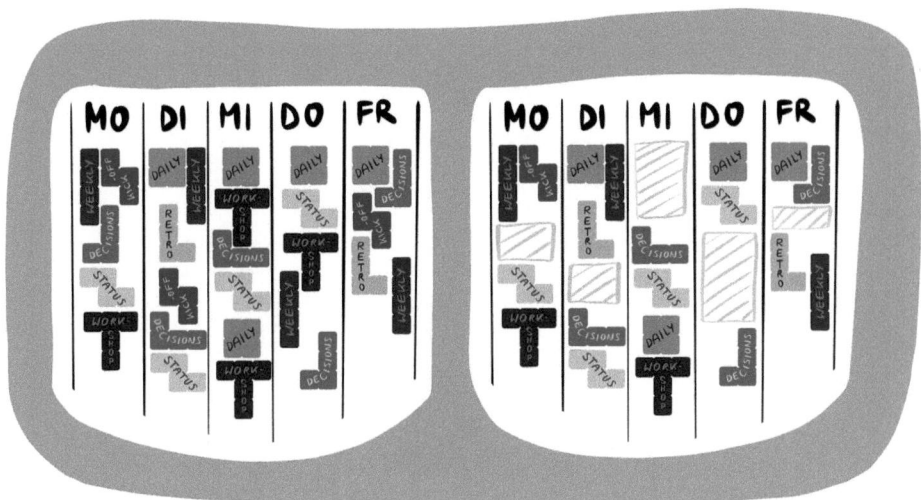

Abb. 19.1 Darstellung von meetingfreien Zeiten

Selbst wenn zu Beginn alle denken, es würde nicht funktionieren: Am besten gleich damit anfangen und es für das gesamte Team durchsetzen. Zeiten einplanen, zu denen keiner „offiziell" die Erlaubnis hat, Meetings zu planen, wie in Abb. 19.1 zu sehen. Eine meetingfreie Zeit jeden Freitag oder Dienstag- und Freitagnachmittag zum Beispiel! Herrlich dieser Blick in einen Kalender, der nicht dem Tetris-Spiel ähnelt und immer mehrere Termine gleichzeitig aufweist. Ein Tag, an dem man nicht denkt: „Wie zur Hölle soll dies gehen?" Es ist wie ein weiterer weißer Tetromino im Kalender, mit Platz für Kreativität und produktives Arbeiten. Halleluja!

Literatur

Diedrich, D., Klier, J., Mohr, N., Hartmann, V., Sellinger, M., Thomaschweski, D., & Völker, R. (2023). *Arbeiten neu denken und organisieren. So gelingt KMU die Umstellung auf hybride Arbeitsformen*. McKinsey.

Meyer, D. E., Evans, J. E., & Rubinstein, J. S. (2001). Executive control of cognitive processes in task switching. *Journal of Experimental Psychology: Human Perception and Performance 2001, 27*(4), 763–797. https://doi.org/10.1037//0096-1523.27.4.763. PMID: 11518143.

Narayan, A., Narayana Murty, R., Das, R. B., & Kominers, S. D. (2021). *The endless digital workday*. Harvard Business Review. https://hbr.org/2021/08/the-endless-digital-workday. Zugegriffen: 18. Jan. 2024.

Virtuelles Onboarding

20

Zusammenfassung

Die virtuelle Einarbeitung ist eine Chance. Nutzt diese sorgfältig und empathisch. Berücksichtigt individuelle Bedürfnisse der neuen Teammitglieder. So schöpft ihr deren Potenzial voll aus. Gleichzeitig befähigt ihr neue Teammitglieder schneller dazu, sich in das Team zu integrieren und produktiv zu arbeiten. Macht euch einen genauen Plan. Es gibt einige Studien darüber, welche Bedeutung das Onboarding hat. Diese möchte ich dir in diesem Kapitel mitgeben. Außerdem findest du Tipps, wie ihr eine Checkliste für das Onboarding erstellen könnt. Darin enthalten sind beispielsweise klare Onboarding-Prozesse, virtuelles Kennenlernen und Mentoring. Mit dieser Checkliste bringt ihr euer Team schneller zum Performing.

20.1 Studien zum Onboarding

Untersuchungen unterstreichen, warum das Onboarding so bedeutend ist:

- Die ersten Tage und Monate sind für das Erlebnis des neuen Mitarbeiters entscheidend (Maurer, 2015).
- Das Onboarding neuer Mitarbeiter sollte strategisch erfolgen und mindestens ein Jahr dauern. Gerade in den ersten zwölf Monaten ist die Wahrscheinlichkeit größer, dass der neue Mitarbeiter das Unternehmen wieder verlässt (Kieser et al., 1980). In einer Umfrage gaben ein Drittel der Befragten an, ihren Job innerhalb der ersten sechs Monate gekündigt zu haben, wobei 16 bis 17 % dies zwischen der ersten Woche und dem dritten Monat taten (Maurer, 2015).

- Von denjenigen, die innerhalb der ersten sechs Monate kündigten, gaben 23 % als Grund die unklaren Verantwortlichkeiten an. Etwa ein Drittel der Neuzugänge, die gekündigt hatten, berichteten, dass sie kaum oder gar kein Onboarding erhielten. 15 % erklärten, dass der Mangel an einem effektiven Onboarding-Prozess zu ihrer Entscheidung beitrug (Maurer, 2015).
- Neu eingestellte Mitarbeiter, die einen strukturierten Onboarding-Prozess durchlaufen haben, waren mit einer um 58 % erhöhten Wahrscheinlichkeit auch drei Jahre später noch im Unternehmen.
- Effektive Onboarding-Programme können zudem die Mitarbeiterleistung um bis zu 11 % steigern (Maurer, 2015).

Na, wenn das kein Potenzial ist, das genutzt werden möchte. Teil des Onboardings von neuen Mitarbeiten an verteilten Standorten ist das virtuelle Kennenlernen.

20.2 Virtuelles Kennenlernen

Vielleicht kennst du selbst das Gefühl: erster Tag, neue Stelle, neue Arbeitskollegen. Du weißt nicht so richtig, was dich erwartet, und bist etwas aufgeregt. Und dann ist es schließlich so weit: dein erster Tag im neuen Job. Idealerweise gibt es nun einen klaren Plan für dich, der dir sagt, was du tun kannst, um an Board zu kommen und Fahrtwind aufzunehmen.

Du hast diese Situation sicherlich schon positiv und negativ erlebt. Ich selbst hatte einmal beim Start in einem Unternehmen das Gefühl, dass noch gar nicht geklärt war, was sie überhaupt mit mir vorhatten. Nicht einmal das Team, in dem ich startete, wusste, dass ich komme. Ich fühlte mich verloren. Das sollte auf jeden Fall verhindert werden. Der einfachste Tipp für die Einarbeitung ist die Fragestellung: Was würde ich mir selbst wünschen? Wie würde ich gerne empfangen werden?

Organisiert eine virtuelle Einführungsrunde, bei der das neue Teammitglied das Team und andere relevante Personen kennenlernen kann. Beispiel: Als Emma neu im Projekt startet, lädt Chris zu einer virtuellen Kennenlernrunde ein. Er gibt allen Teilnehmern vorher Bescheid, dass es Emmas erster Tag sein wird. Das virtuelle Kennenlernen hilft Emma, die vielen neuen Namen mit Gesichtern zu verbinden. Sprecht euch also vorher ab, sodass auch alle die Kamera einschalten. Chris stellt Emma dem Team vor. Jeder hat die Gelegenheit, sich und seine Rolle im Projekt kurz vorzustellen. Das erleichtert den virtuellen Einstieg in das neue Team. Zusätzlich fördert es von Anfang an den sozialen Kontakt.

Ihr könnt auch gleich zu Beginn ein Teambuilding machen. Ein Beispiel wäre das Spiel *Zwei Wahrheiten und eine Lüge*. Alle Teammitglieder nennen über sich selbst zwei Wahrheiten wie „Ich wohne im Saarland" und „Ich habe Ingenieurwesen studiert" sowie eine Lüge wie beispielsweise „Mein Hobby ist Fußball" auf einem virtuellen Board. Danach geht ihr Person für Person durch. Alle geben ihre drei Aussagen preis und die anderen erraten, was wahr und falsch ist. Das ist eine gute und lockere Art, neben dem ganzen Business-Blabla auch mal persönliche Dinge über die anderen zu erfahren. So von Mensch zu Mensch, denn Menschen verbinden sich gerne mit ihren Mitmenschen.

Das ist aber nur der Anfang. Ab dann gilt es, am Ball zu bleiben und das Team zusammenwachsen zu lassen. Organisiert regelmäßig virtuelle Team-Events oder Kaffeepausen, um soziale Kontakte zu fördern. Und nehmt Emma mit zu Terminen mit anderen Abteilungen oder Projektmitgliedern. So weiß Emma schneller, wen sie für was fragen und wen sie am besten mit ihrer Expertise unterstützen kann.

20.3 Virtuelles Mentoring

Gerade am Anfang kann es sehr schwierig sein, digital Anschluss an die anderen zu finden. In einem Büro trifft man sich auf dem Flur, online muss so etwas sorgfältig geplant werden. Und gerade die Erfahrenen wissen, wie der Hase läuft und wen man unbedingt kennen sollte. Ich finde Mentoring sehr wichtig für das Onboarding. Mentoring beschreibt den Prozess, in dem eine erfahrene Einzelperson (Mentor/Mentorin) ihr fachliches Know-how und ihre persönlichen Erfahrungen an eine weniger erfahrene Person (Mentee) weitervermittelt (Graf & Edelkraut, 2017). Es gibt den Mitarbeitern die Möglichkeit, sich schneller zurechtzufinden.

Nehmen wir an, Emma soll die Rolle Head of Change-Management einnehmen. Dafür wäre es ideal, wenn der oder die bisherige Rolleninhaber/in als Mentor/in für Emma da wäre. Das gibt ihr wertvolle Einblicke in die Projektabläufe und zusätzlich Fachwissen an die Hand, um ihre Fähigkeiten zu fördern. Ihre Mentorin Laura dient als vertrauenswürdige Anlaufstelle. Laura bietet Emma beratende Unterstützung, indem sie ihr dabei hilft, sich mit den Strategien des Unternehmens vertraut zu machen und ihre ersten Maßnahmen zu planen. Lauras Rat und Erfahrung vermitteln Emma das Vertrauen, welches sie für ihre neue Rolle benötigt.

Ich habe in Projekten mittlerweile bereits mehrmals erlebt, dass für das Onboarding sogar zwei Mentoren eingesetzt werden: ein Mentor für die fachliche Entwicklung und ein Buddy für die soziale Unterstützung beim Einstieg. Dafür gab es stets positives Feedback.

20.4 Onboarding-Prozess

Erstelle einen detaillierten Onboarding-Prozess, der die verschiedenen Schritte während der Einarbeitungsphase festlegt.

Willkommenspaket und Homeoffice
Der erste Schritt könnte zum Beispiel sein, ein schönes Willkommenspaket an das neue Teammitglied zu schicken. Neben der technischen Ausstattung wie Laptop, Kamera, Tastatur und so weiter könnte dort eine handschriftliche Karte drin sein. Überlege selbst, über was du dich freuen würdest. Zu dem Onboarding-Prozess gehört ebenfalls das Ein-

richten des Homeoffice. Stellt sicher, dass neue Mitarbeitende neben der Hardware auch alle Software-Zugänge, Rechte und Rollen haben. Steht als Team unterstützend bei technischen Problemen bei der Einrichtung zur Seite.

Erwartungen klären
Ab Tag eins sollte für neue Kollegen klar sein, was sie erwartet und was sie von anderen erwarten dürfen. Erinnerst du dich an das Spiel „Stille Post"? Bei der virtuellen Einarbeitung ist ein solcher Ablauf zu vermeiden. Stelle sicher, dass die Kommunikation klar und transparent ist. Kläre die Erwartungen bezüglich Arbeitszeiten, Erreichbarkeit, Kommunikationskanälen und Zuständigkeiten.

Onboarding-Checkliste
Erstellt für jedes neue Teammitglied einen Prozess für das Onboarding, wie in Abb. 20.1 zu sehen: wer, was, wann, mit wem. Für neue Mitarbeiter sollte von Beginn an Transparenz geschaffen werden: Vom virtuellen Kennenlernen mit dem Team hin zu der Dokumentation aller wichtigen Infos zum Projekt. Das gibt Struktur in der neuen Umgebung und hilft dem neuen Mitarbeiter, sich auf die bevorstehenden Aufgaben zu konzentrieren. Die Checkliste vermeidet das Übersehen wichtiger Schritte.

Abb. 20.1 Darstellung Checkliste des virtuellen Onboardings

Schulungen
Plant virtuelle Schulungen und Trainings. Vermittelt neuen Mitarbeitenden das notwendige Wissen und die Fähigkeiten, die sie für ihre Aufgaben benötigen. In Emmas Plan für das Onboarding stehen virtuelle Trainings im Vordergrund. So macht sie sich vertraut mit den internen Entwicklungstools und -prozessen. Sie nimmt an interaktiven Workshops teil, in denen sie die wichtigsten Entwicklungsrichtlinien und Best Practices des Unternehmens kennenlernt. Damit hat sie gleich die Möglichkeit, Fragen zu stellen und sich mit anderen Entwicklern auszutauschen.

Handbücher und Leidfäden
Stellt schriftliche Ressourcen wie Handbücher, Leitfäden und interne Wiki-Seiten zur Verfügung. Emma kann nun Informationen wie beispielsweise die spezifischen Entwicklungsrichtlinien jederzeit nachlesen. Voraussetzung dafür ist, dass alle Dokumente gut strukturiert sind und nicht nur aus unternehmensinternen Kürzeln bestehen.

Regelmäßige Feedback-Gespräche
Denke an euer Projekt. Die neuen Mitarbeiter haben sich inzwischen gut in ihre Rollen eingearbeitet und fühlen sich im Team wohl. Nun folgen regelmäßige Feedbackgespräche mit der Führungskraft, aber auch untereinander im Team. So stellt ihr sicher, dass ihre Leistungen stetig verbessert werden und sie sich weiterentwickeln können.

Einsatz von KI im Onboarding
Die Integration von Künstlicher Intelligenz (KI) in den Onboarding-Prozess neuer Teammitglieder eröffnet vielfältige Möglichkeiten. Ihr könnt damit den Prozess sowohl effizienter als auch interaktiver gestalten. KI ermöglicht es, personalisierte Lernpfade zu erstellen basierend auf der Rolle, den Erfahrungen und den individuellen Lerngewohnheiten des neuen Teammitglieds.

Des Weiteren können KI-basierte Chatbots als erste Anlaufstelle für häufige Fragen fungieren. Sie bieten die Möglichkeit, jederzeit grundlegende Fragen zu Unternehmensrichtlinien, IT-Support oder Anliegen an die Personalabteilung zu klären. Zudem lässt sich KI in bestehende Personal-Systeme integrieren. Das ermöglicht beispielsweise automatisierte Erinnerungen für das Ausfüllen von Dokumenten oder Trainings. Probiert euch aus und passt den Prozess regelmäßig an.

Literatur

Graf, N., & Edelkraut, F. (2017). *Mentoring. Das Praxisbuch für Personalverantwortliche und Unternehmer* (2. Aufl.). Springer Gabler.

Kieser, A., Althauser, U., Krüger, K. H., & Krüger, M. (1980). Stellenwechsel als Folge von Schwierigkeiten im Prozess organisationaler Sozialisation. In *Die Unternehmung, 34*, 2, (S. 85–109). Nomos Verlagsgesellschaft mbH.

Maurer, R. (2015). *Onboarding Key to Retaining, Engaging Talent.* SHRM. https://www.shrm.org/ResourcesAndTools/hr-topics/talent-acquisition/Pages/Onboarding-Key-Retaining-Engaging-Talent.aspx . Zugegriffen: 18. Jan. 2024.

Teil III
Organisationsebene

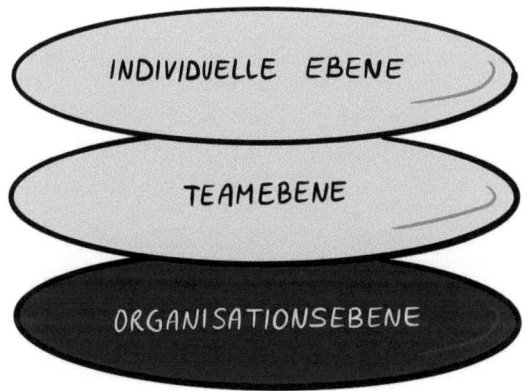

Check der virtuellen Meetingkultur 21

> **Zusammenfassung**
>
> In diesem Buch geht es darum, wie die Strukturen innerhalb eines Unternehmens angepasst werden können, um eine langfristige und nachhaltige Verbesserung der Meetingkultur zu erreichen. Es geht hier um die Organisationsebene, wie in vorangegangener Abb. zu sehen. Oder um es mit den Worten von Deming (2018, S. 270) wiederzugeben: „Die meisten Probleme und Möglichkeiten zur Verbesserung teilen sich etwa folgendermaßen auf: 94 % gehören zum System (Verantwortung des Managements), 6 % sind spezifisch." Eine effiziente Meetingkultur ist ein entscheidender Erfolgsfaktor in Unternehmen. Um eine solche zu gewährleisten, muss die gesamte Unternehmenskultur in Betracht gezogen werden, da sie das Arbeitsumfeld und die Interaktion der Mitarbeiter prägt. In einer guten Meetingkultur geht es nicht darum, selbst effizient zu sein, sondern auch darum, anderen zu helfen. Lass uns überprüfen, wie es bei euch aussieht.

1. Wie zufrieden bist du mit eurer Meetingkultur in der gesamten Organisation? Bitte schätze die Zufriedenheit damit auf einer Skala von 1 (ich bin sehr unzufrieden und es müsste viel optimiert werden) bis 10 (ich bin sehr zufrieden und die Meetings könnten nicht besser laufen) ein.

    1   2   3   4   5   6   7   8   9   10

2. Gibt es in eurer Organisation die nötigen Rahmenbedingungen, um international und in unterschiedlichen Zeitzonen gut zusammenzuarbeiten? Bitte schätze die Zufriedenheit

damit auf einer Skala von 1 (absolut unzufrieden) bis 10 (sehr zufrieden, bei uns wird auf jeden individuell eingegangen) ein.

       1   2   3   4   5   6   7   8   9   10

3. Wie gut funktioniert die Priorisierung der Themen, die ihr innerhalb der Organisation bearbeiten sollt? Bitte nimm eine Einschätzung auf einer Skala von 1 (ich bin komplett überlastet und möchte am liebsten weg) bis 10 (wir können fokussiert ein Thema nach dem anderen abarbeiten) vor.

       1   2   3   4   5   6   7   8   9   10

4. Wie gut ist die Organisation darin, Entscheidungen zu treffen und umzusetzen? Bitte nimm eine Einschätzung auf einer Skala von 1 (Entscheidungen werden nie getroffen und wenn, werden sie nicht eingehalten) bis 10 (alle nötigen Entscheidungen werden abschließend innerhalb von einer Stunde getroffen und transparent kommuniziert) vor.

       1   2   3   4   5   6   7   8   9   10

5. Welche Online-Meeting-Typen habt ihr?

- Fast nur 1:1-Meetings und es herrscht Mikro-Management.
- Es gibt fast keine 1:1-Meetings mehr, stattdessen wird vieles im Team geklärt und das Team ist sich der Verantwortung bewusst und nimmt sie auch wahr.
- Fast nur noch Workshops im Team, wir sind uns unserer gemeinsamen Verantwortung für die Ergebnisse bewusst und halten uns auch daran.

6. Besteht die Organisation darauf, dass ihr Elemente für die kontinuierliche Verbesserung in eurem Team einbaut? Bitte nimm eine Einschätzung auf einer Skala von 1 (nein, dafür haben wir keine Zeit) bis 10 (ja, wir planen regelmäßig Retrospektiven und Feedbacks ein, unser Prozess verbessert sich kontinuierlich) vor.

       1   2   3   4   5   6   7   8   9   10

7. Besteht in der Organisation Klarheit über eure Ziele? Bitte schätze dies auf einer Skala von 1 (nein, jeder macht, was er will) bis 10 (ja, wir haben gemeinsame Ziele, erreichen diese und dürfen Dinge ablehnen, die nicht zu unseren Zielen passen) ein.

Literatur

Deming, W. E. (2018). *Out of the Crisis*. The MIT Press.

Wer ist verantwortlich für gute Online-Meetings? 22

> **Zusammenfassung**
>
> In diesem Kapitel geht es um die Herausforderungen in Projekten, die oft an schlechter Planung, unklaren Zielen und ineffizienter Kommunikation scheitern. Studien zeigen, dass viele Projekte nicht die an sie gerichteten Erwartungen erfüllen. Dies verursacht in der Folge hohe Kosten. Im Folgenden wird die Verschwendung in der Arbeitsorganisation betont, wobei ineffiziente Meetings und das „Arbeits-Schauspiel" kritisiert werden. Die Bedeutung von Tribal Leadership wird hervorgehoben, um eine unterstützende und effiziente Arbeitskultur zu schaffen. Das Kapitel unterstreicht die Notwendigkeit, Verschwendung in Meetings zu reduzieren und eine produktive Meetingkultur zu etablieren, um die Effizienz und das Wohlbefinden der Mitarbeiter zu steigern. Die Kernfrage auf Organisationsebene lautet: Welchen Rahmen muss die Organisation setzen, damit die Teams es leichter haben?

22.1 Verschwendung in der Arbeitsorganisation entgegenwirken

Die Bedrohung durch Zeitverschwendung erstreckt sich über alle Ebenen einer Organisation. Vom leitenden Manager bis zum Praktikanten haben alle Beteiligten die Verantwortung sicherzustellen, dass ihre Arbeit zur Wertschöpfung beiträgt. Auch für Online-Meetings gilt dieser Unternehmensgrundsatz. Die drängende Frage lautet an dieser Stelle: Wieso siehst du dich dennoch so oft mit der Verschwendung von Ressourcen konfrontiert? Warum platzt dein Kalender aus allen Nähten und wird zum willkürlichen Spielfeld deiner Tetromino-Bausteine?

Die Erkenntnisse aus Studien bei Toyota von Womack et al. (1990) haben einen tiefen Einblick in die Natur der Verschwendung in Arbeitsprozessen gewährt:

Verschwendung durch Nachfrageschwankungen bei schlechter Planung
In einem Meeting-Kontext könnte dies bedeuten, dass zu viele Meetings angesetzt werden, obwohl die Notwendigkeit der Absprache gar nicht besteht. Oder aber es sind zu wenige, in denen dringende Themen nicht ausreichend behandelt werden.

Manche Meetings, ob virtuell oder physisch an einem gemeinsamen Ort, sind reine Informationsrunden. Eine E-Mail wäre hier oft ausreichend. Stattdessen gibt es unzählige Status-Meetings, die über eine Stunde dauern. Mehrere Teilprojektleiter geben einen kryptischen Status ab, den sie zuvor in eine PowerPoint-Folie eintragen. Aufgrund des Platzmangels auf der Folie werden zahlreiche Abkürzungen verwendet. Spätestens jetzt verstehen weder die anderen neun Zuhörenden noch der Vorgesetzte etwas. Das ist einer der Gründe, warum große Projekte ein Project Management Office haben. Ein Team also, das sich rein um die Organisation in Projekten kümmert – maßgeblich auch um die Organisation von Meetings.

Jeden Tag sehe ich in großen Projekten, wie Teammitglieder bereits drei Wochen im Voraus so sehr überbucht sind, dass es kaum möglich ist, einen Termin zur Rücksprache bezüglich wichtiger Projektthemen zu finden. Die vollen Kalender führen dazu, dass dann einfach die Mittagspausen genutzt werden. Damit sich das etwas besser anhört, nennt man es einfach Working Lunch. Viele Mitarbeitende haben mittlerweile ein schlechtes Gewissen, die volle Mittagspause auszuschöpfen – ein weißer Fleck im Kalender-Tetris. Wie kann das sein?

Der Grund dafür ist nicht etwa, dass Vorgesetzte sagen, dass man die Mittagspause durcharbeiten soll. Vielmehr existieren ein gewisser Gruppenzwang und die Idee, dass man möglichst viele Termine haben müsse. Wer viele Termine hat, ist offenbar gefragt und wichtig. Wer pünktlich zu Terminen erscheinen kann und bis zum Ende bleibt, ist dagegen scheinbar nicht ausgelastet. Das ist absoluter Nonsens.

Verschwendung durch Überlastung
Sie entsteht durch die Konfrontation der Mitarbeitenden mit zu vielen Aufgaben oder Meetings gleichzeitig. Emma ist bekannt für ihre Lösungsorientierung bei sehr komplexen Aufgaben. So bekommt sie in jedem Online-Meeting eine neue Aufgabe, weil jeder weiß, dass auf sie Verlass ist. Emma fühlt sich dabei wie auf einer überfüllten Tanzfläche – sie hat das Gefühl, „herumgeschubst" zu werden und nicht ihre eigenen Drehungen durchführen zu können. Das führt zu verminderter Qualität der Arbeit, Stress oder sogar Burnout.

Auch in der täglichen Arbeit stellt das Überschätzen der eigenen Arbeitsleistung eine Herausforderung dar. Ian ist jemand, der jeden Morgen bei dem Blick in seinen Kalender denkt: „Das wird eng, wird aber schon mehr oder weniger funktionieren." Er ist Product Owner und Verantwortlicher bei einer SAP-Einführung und hat immer alle Hände voll zu tun. Gegen 17 Uhr kommt die E-Mail der Projektleitung. Dringend soll noch einmal die aktuelle Situation in einer Präsentation für das Steering Committee am nächsten Morgen zusammengefasst werden. Er weiß, wie der Hase läuft, kennt die politischen Spielchen und seinen Platz im Organisationskonstrukt. Ihm ist klar, dass er keine Wahl hat und seine Präsentation noch bis spät am Abend fertigstellen muss. Dazu stellt er sich einen Blocker in den Kalender von 17 bis 19 Uhr mit dem Titel „Präsentation für Vorstand" ein. Seinen privaten Termin sagt er ab und den Sport schiebt er auf den darauffolgenden Tag. All das wird ebenfalls nachhaltigen Einfluss auf die Meetings haben. Denn auch diese werden für den nächsten Tag weniger vorbereitet und Ian automatisch gestresster sein.

In manchen Arbeitsumgebungen, in denen ich tätig war, herrschte der Eindruck, dass eine stärkere Strukturierung notwendig ist. Die Teams dort neigten dazu, jede Interaktion als formelles Meeting zu behandeln, selbst bei kurzen Unterhaltungen. Häufig beobachte ich, dass überlastete Personen mit ihren Kalendern jonglieren, was ironischerweise zusätzliche Zeit verbraucht, da das Organisieren von Meetings an sich sehr zeitintensiv ist.

Verschwendung durch unproduktive Tätigkeiten
Dieser Aspekt bezieht sich auf Aktivitäten, die zwar Zeit in Anspruch nehmen, aber keinen Wert für das Endprodukt oder die Kunden schaffen. Ein Beispiel dafür sind lange Diskussionen über unwesentliche Details. Eine solche Art der Verschwendung kann durch eine bessere Planung und Strukturierung von Meetings minimiert werden. Mir ist es wichtig, in diesem Buch insbesondere die wiederkehrenden Meetings einzubeziehen. Du findest sie hier als I-Tetrominos. Nicht, weil ich sie für besonders wichtig halte, sondern weil ich weiß, dass die meisten Projektmitglieder am Ende immer auch noch in der Linienorganisation „gefangen" sind und sich nicht wirklich zu 100 % auf das Projekt konzentrieren können. Das senkt die Produktivität enorm und sollte Gehör bei allen Führungskräften finden.

Sieh dir dazu am besten das Video von David Grady „Retten Sie die Welt (oder wenigstens sich selbst) vor schlechten Meetings" an. Du wirst einen humorvollen Vortrag von Grady (2014) über die Probleme und Auswirkungen von ineffizienten und überflüssigen Meetings in der modernen Geschäftswelt vorfinden. Er ist überzeugt, dass starke Kommunikationsfähigkeiten in der heutigen globalen Wirtschaft unerlässlich sind. Diese These legt er auch in seinem Vortrag offen. Er spricht über die Frustration und Verschwendung von Zeit, die viele Menschen in Meetings erleben. Grund ist, dass Meetings oft keine klaren Ziele oder Agenden haben.

Er betont, dass viele Meetings oftmals als Statussymbole fungieren. Wer viele Meetings in seinem Kalender-Tetris hat, wird automatisch als systemrelevant angesehen und würde dies auch von sich selbst behaupten. Mit einem Augenzwinkern führt er aus, dass sich Meetings zudem gerne als produktive Veranstaltungen tarnen. Sie ziehen Teilnehmer mit verheißungsvollen Einladungen an, um dann in der Realität wenig Relevanz für sie zu haben. Er nennt diese Täuschung „MPT" – Mindless Productivity Traps. Wie viel Zeit investierst du in Meetings, die dir nicht wirklich dabei helfen, deine Ziele zu erreichen? Hast du dich schon einmal ernsthaft mit dieser Frage auseinandergesetzt?

Verschwendung durch „Arbeits-Schauspiel"
Dieser letzte Punkt ist besonders relevant für die Diskussion über Meetings. Gemeint ist das Schauspiel, um die Arbeitslast zu rechtfertigen oder sich selbst zu inszenieren, ohne tatsächlich wertschöpfende Beiträge zu leisten. In großen Unternehmen, in denen die individuelle Produktivität schwer zu messen ist, kann sich das „Arbeits-Schauspiel" schnell multiplizieren.

Im Rahmen von virtuellen Meetings ist es häufig schwieriger, die Aufmerksamkeit aller Teilnehmer über längere Zeiträume aufrechtzuerhalten. Die Aufmerksamkeitsspanne in Online-Meetings wird zunehmend kürzer. Die Gründe dafür haben wir im dritten Kapitel beleuchtet. Tom versucht nebenbei seine Präsentation fertigzustellen, was seine Konzentration auf das eigentliche Thema senkt. Ian versucht derweil verzweifelt, den Workshop am Laufen zu halten. Doch die Interaktion bleibt aus. Keiner hat mehr so richtig Energie. Kennst du das Gefühl: Du sprichst in Meetings und siehst gleichzeitig, wie andere Teilnehmer tippen und sich deren Augen auf den zweiten Monitor bewegen?

Ich selbst kenne folgende Situation nur zu gut: Während eines Online-Meetings bekomme ich gleichzeitig mehrere E-Mails von einer Person, die am Meeting teilnimmt. Was heißt das? Offensichtlich versucht sie nicht mal zu vertuschen, dass sie gerade etwas anderes macht. Es ist mittlerweile schon normal geworden, nicht wirklich am Geschehen eines Online-Meetings teilzunehmen. Es wird akzeptiert, dass Teilnehmende nicht bei der Sache sind und das Online-Meeting dadurch an Effizienz verliert. Denn eines steht fest: Verpassen Teilnehmer durch das E-Mail-Schreiben 25 bis 50 % des Inhaltes des Online-Meetings, können sie auch nichts Gehaltvolles zum Thema beitragen.

Eines meiner Teams in einem großen SAP-Implementierungsprojekt hatte mir zu Beginn von fünf wöchentlichen Meetings zu demselben Thema berichtet. Jedes Mal war der Titel des Weekly-Meetings anders und der Teilnehmerkreis immer etwas unterschiedlich. Diese Runden waren sehr frustrierend für alle Teilnehmenden. Ständig kam das Gefühl auf, dass man Diskussionen doppelt oder dreifach führt, weil es zu Redundanzen kommt und am Ende kein wirkliches Ergebnis entsteht. Die Folge daraus war, dass alle diese Meetings als wenig wertvoll oder sinnstiftend empfunden wurden. Und jetzt kommt's: Keiner hat einfach mal gesagt: „Warum haben wir dieses Meeting gerade? Und warum soll ich daran teilnehmen?"

22.2 „Politische Spielchen" in der Organisation

In vielen Unternehmen dominieren Leistungsdruck und hierarchische Strukturen, was oft dazu führt, dass das Potenzial der Mitarbeiter ungenutzt bleibt und ein Mangel an gemeinsamer Zielrichtung herrscht. „Politische Spielchen" in Unternehmen sind für mich persönlich ein taktisches Verhalten von Mitarbeitern, um persönliche oder gruppenbezogene Interessen durchzusetzen, oft auf Kosten anderer. Beispiele sind Informationsvorenthaltung, Kämpfe um eine Beförderung, Schuldzuweisungen oder Gerüchteverbreitung. Diese Spielchen können die Arbeitsatmosphäre negativ beeinflussen und die

Produktivität mindern. Sie können durch Faktoren wie Ressourcenknappheit, Machtkämpfe und Unsicherheit ausgelöst werden. Daher ist es wichtig, sie zu erkennen und eine transparente und kollaborative Unternehmenskultur zu fördern, um politische Spielchen zu minimieren. Meetings, ein zentraler Punkt dieser Problematik, werden häufig als ineffizient empfunden und dienen nicht der unternehmerischen Wertschöpfung.

Ich war einmal Zeugin einer Situation, in der ein System-Architekt befördert und das Wort „Lead" zu seinem Titel hinzugefügt wurde. Als Lead Architekt wurde er plötzlich zu weiteren sechs Besprechungen pro Woche verdonnert, obwohl er im Grunde dieselbe Stellenbeschreibung und genau dieselben Aufgaben hatte.

Um politische Spielchen innerhalb von Organisationen zu verhindern, ist es wichtig, den Fokus auf echten Mehrwert und Erfolg zu legen, anstatt sich auf bürokratische Rituale zu konzentrieren. Dieses Dilemma kann durch eine Neubewertung der Unternehmenskultur angegangen werden, die sich auf die Schaffung von Mehrwert konzentriert. Deine Rolle dabei: Sei stets transparent und hinterfrage die Hintergründe von Entscheidungen. Statt einfach mitzuspielen, achte darauf, dass Entscheidungen auf einer klaren Zielsetzung und einem konkreten Mehrwert basieren. Dies erfordert Mut und die Bereitschaft, den Status quo zu hinterfragen, um die Unternehmenskultur in eine wertschöpfende Richtung zu lenken.

22.3 Ungeklärte Ziele und Verantwortlichkeiten

Nicht alle Projekte können bei ausbleibendem Erfolg ewig weitergeführt werden. Dazu ein paar Studien: Laut dem Chaos Report von The Standish Group (2015) hat mehr als die Hälfte aller IT-Projekte nicht vollständig die Erwartungen der Auftraggeber erfüllt. Sei es durch verlängerte Zeiträume, erhöhte Kosten oder nicht erfüllte Ziele – viele Projekte endeten im Desaster. Knapp ein Fünftel musste sogar vollständig aufgegeben werden, während lediglich 29 % als rundum erfolgreich gelten können. Ein weiterer Bericht von Bloch et al. (2012) der Universität Oxford und McKinsey zeigt, dass 17 % der analysierten IT-Projekte (durchschnittliche Kosten: 170 Mio. US$) mit erheblichen Kostensteigerungen und Verzögerungen zu kämpfen haben, die Unternehmen oft in ernsthafte Schwierigkeiten bringen.

Laut einer von Roland Berger Strategy Consultants veröffentlichten Studie der Autoren Richter et al. (2008) werden 20 % aller IT-Projekte abgebrochen. Bei der Hälfte dieser Projekte verzögerte sich entweder der Zeitplan oder die Kosten stiegen an. Größere und komplexere Projekte weisen ein höheres Risiko auf, zu scheitern. The Standish Group (2015) schätzt, dass in den USA nur 34 % der Projekte erfolgreich sind und die übrigen Misserfolge das Land jährlich 150 Mrd. $ kosten. Ähnliche Zahlen werden auch für die EU angenommen – mit jährlichen Verlusten von schätzungsweise 140 Mrd. €.

Falls unerwartete Schwierigkeiten nicht rechtzeitig erkannt, analysiert und beseitigt werden, kann es zu Verzögerungen bei der Durchführung des Projekts kommen. Die starren Pläne und die mangelnde Anpassungsfähigkeit können das Projekt ernsthaft gefährden. Das gilt insbesondere in dynamischen Geschäftsumgebungen mit sich ändernden Umständen. Die Liste an möglichen Stolperfallen großer und komplexer Projekte ist unendlich. Sind die Anforderungen an das Projekt nicht klar definiert oder ändern sich während des Projekts häufig, kann dies in Verwirrung, Missverständnissen und Fehlern resultieren. Eine schlechte Kommunikation mit den Stakeholdern kann zu fehlendem Engagement, zu wenig Unterstützung und mangelndem Verständnis der Projektziele führen. Unzureichende Planung, unklare Verantwortlichkeiten und schlechte Ressourcenverwaltung können darüber hinaus das Projekt in Unordnung bringen. Das Ergebnis sind Zeit- und Budgetüberschreitungen. Komplexe technische Probleme oder ungeeignete Technologien erschweren außerdem oftmals die Umsetzung des Projekts und führen zu Verzögerungen. Wenn das Projektteam nicht über ausreichend Kenntnisse und Fähigkeiten verfügt, um die gestellten Aufgaben zu bewältigen, kann dies zu einem Misserfolg führen. Werden die Projektziele und -erwartungen im Vorfeld nicht klar definiert, haben die Teammitglieder unterschiedliche Vorstellungen von den Ergebnissen. Das endet dann oft darin, dass gestresste Projektmitglieder umherwirbeln, die kaum noch echte Erfolgserlebnisse feiern.

22.4 Der Vorteil von Entscheidungsfindung

Entscheidungsfindung in Teams kann auf verschiedene Arten erfolgen. Bei einem vertikalen Ansatz innerhalb der Organisation wird autoritär entschieden. Der Vorstand, die Führungskraft oder jemand anders, der hierarchisch überstellt ist, trifft die Entscheidung. Nach dem Motto „Ich bin Chef, ich entscheide". Der horizontale Ansatz in einer Organisation hingegen fördert Selbstorganisation. Gewünscht ist, dass unabhängig von der Hierarchie alle Verantwortung übernehmen und sich selbst organisieren. Und damit funktioniert die autoritäre Entscheidungsfindung nicht mehr.

Kennst du Entscheidungen, die einfach nicht getroffen werden wollen? Das Follow-up vom Follow-up zu dem gleichen Thema. Ein Beispiel dafür könnte auch ein Meeting für die Entscheidungen zu neuen Business-Prozessen sein. Die einen wollen den Status quo erhalten, andere eine Neuheit implementieren. Die größte Herausforderung ist es dabei, tatsächlich überhaupt zu einer Entscheidung zu kommen.

Welche Auswirkungen hat es, wenn Entscheidungen nicht getroffen werden? Johnson (2018) beschreibt die Entscheidungslatenz. Das ist die durchschnittliche Zeit, die benötigt wird, um eine Entscheidung zu treffen. Was sind die wichtigsten Erkenntnisse? Wenn die Entscheidungslatenz weniger als eine Stunde beträgt, liegt die Erfolgsquote des Vorhabens unabhängig vom Prozess bei 70 %. Sofern die durchschnittliche Entscheidungszeit über 5 h liegt, sinkt die Erfolgsrate auf 25 % (scruminc, w. Y.). Tab. 22.1 stellt die Entscheidungsfindung mit durchschnittlicher Zeit und Anteil erfolgreicher Projekte gegenüber:

Tab. 22.1 Entscheidungsfindung Status

Durchschnittliche Zeit für Entscheidung	Anteil erfolgreicher Projekte in Stichprobe (%)
<1 h	70
1 bis 2 h	40
3 bis 5 h	28
>5 h	25
Total	41,62

Das bedeutet: Schnelle Entscheidungen zu treffen sorgt für den Erfolg im Projekt. Lass uns also alles daransetzen, Entscheidungen in kürzester Zeit zu treffen. Wie das am besten geht, erfährst du im nächsten Kapitel.

Literatur

Bloch, M., Blumberg, S., & Laartz, J. (2012). Delivering large-scale IT projects on time, on budget, and on value. *McKinsey on business technology, 27,* 2–7.

Grady, D. (2014). Retten Sie die Welt (oder wenigstens sich selbst) vor schlechten Meetings. https://www.youtube.com/watch?v=F6Qo8IDsVNg. Zugegriffen: 18. Jan. 2024.

Johnson, J. (2018). *Decision Latency Theory: It is All About the Interval.* The Standish Group International.

Richter, G., Bender, K., Klinger, M., & Herbolzheimer, C. (2008). *Projekte mit Launch Management auf Kurs halten. Warum IT-Großprojekte häufig kentern und Projekterfolg kein Glücksspiel ist.* Roland Berger Strategy Consultants.

Scruminc. (o. J.). *Why do 47% of Agile Transformations Fail?* https://www.scruminc.com/why-47-of-agile-transformations-fail/. Zugegriffen: 18. Jan. 2024.

The Standish Group International Inc. (2015). *Chaos Report 2015.* https://standishgroup.com/sample_research_files/CHAOSReport2015-Final.pdf. Zugegriffen 18. Jan. 2024.

Womack, J. P., Jones, D. T., & Roos, D. (1990). *Die zweite Revolution in der Autoindustrie. Konsequenzen aus der weltweiten Studie des Massachusetts Institute of Technology.* Heyne Campus.

23

Status-Meetings und virtuelle Entscheidungen

Zusammenfassung

In diesem Kapitel geht es um die zwei Tetrominos virtuelle Entscheidungen und Status-Meetings. Es zielt darauf ab, virtuelle Entscheidungsfindungen zu verbessern und eine Kultur der Verantwortungsübernahme sowie effektiver Kommunikation zu etablieren. Des Weiteren wird erörtert, wie Status-Meetings von bloßem Zeitvertreib zu wertvollen und produktiven Meetings umgestaltet werden können. Du erhältst praktische Tipps und Lösungsansätze für virtuelle Entscheidungsprozesse. In diesem Kapitel lernst du, wie Konsens- und Konsent-Verfahren dabei helfen, schnellere und effektivere Entscheidungen zu treffen. Erfahre, wie du Meetings mit klarer Zielsetzung leitest, produktive Diskussionen anregst und fundierte Entscheidungen triffst.

23.1 Konsens- und Konsent-Entscheidungsverfahren

Wir wissen nun, dass autoritäre Entscheidungsfindung in internationalen und selbstorganisierten Teams an Grenzen stößt. Gleichzeitig stellt das Treffen von Entscheidungen mit mehreren Menschen eine Herausforderung dar. Das kennen wir aus unserem Alltag oder dem Vereinbaren von Treffen mit Freunden. Doch gemeinsame Entscheidungsfindung muss nicht langwierig und mühsam sein.

Das Konzept der konsens- und konsentbasierten Entscheidungsfindung hilft Organisationen, kollektive Entscheidungen zu treffen. Bei einem Konsens müssen alle Gruppenmitglieder einer Entscheidung zustimmen, bevor sie umgesetzt wird. Dies fördert ausführliche Gespräche, kann aber auch viel Zeit in Anspruch nehmen und Entscheidungen verzögern.

Das Konsentverfahren ist meiner Meinung nach einfacher. Bei einer Entscheidung im Konsent muss nicht jeder zustimmen. Eine Entscheidung wird getroffen, wenn niemand ernsthafte Einwände hat. Konsent ermöglicht damit schnelleres Handeln. Es fördert außerdem das Vertrauen und die Ermächtigung der Teammitglieder. Diese Methode baut auf der Idee auf, dass es wichtiger ist, Fortschritte zu machen. Dies verkürzt den Entscheidungsprozess und ermöglicht es, Ideen schneller zu entwickeln und zu testen. Das zentrale Versprechen des Konsents ist, dass Abstimmungen effektiver verlaufen und qualitativ bessere Entscheidungen als im Konsens getroffen werden (Diehl, 2020).

23.2 Lösungsansätze für virtuelle Entscheidungen

Online-Meetings ohne Ziel oder mit einer Agenda, die vage oder nicht existent ist, führen oft zu Besprechungen ohne Ergebnis. Das frustriert! Kennst du sie? Entscheidungsmeetings, die keine sind. Diese Online-Meetings, von denen ich gerade spreche, sind schlecht vorbereitet. Es ist unklar, was zu tun ist. Hier findest du wichtige Punkte zur Verbesserung virtueller Entscheidungen.

Setze eine klare Agenda und definiere Entscheidungsziele
Gerade in fachlichen Abstimmungen und Entscheidungsmeetings ist eine Agenda absolut notwendig. So kann der notwendige Fokus gehalten werden. Die Agenda sollte so gebaut sein, dass man sich die Zeit nehmen kann, um wirklich zu einem Konsens zu kommen. Das bedeutet nicht, dass alle der gleichen Meinung sind, sondern vielmehr das Finden der aktuell besten Lösung.

Kommuniziere die Agenda vor dem Meeting, insbesondere welche Entscheidungen getroffen werden. Beispielsweise könnte eine Entscheidung für ein Tool ausstehen: Alternative 1 Jira oder Alternative 2 SAP Solution Manager als Anforderungsmanagement-Tool. Je klarer die Alternativen sind, desto leichter wird die Entscheidung getroffen werden können.

Bereite Entscheidungsalternativen vor
Stelle sicher, dass alle notwendigen Informationen und Unterlagen vor dem Meeting zur Verfügung stehen, damit du und die anderen Teilnehmer fundierte Entscheidungen treffen könnt. Im oberen Beispiel: Formuliere die Alternativen aus. Benenne die Vor- und die Nachteile, die Kosten für beide Tools, Vertragskonditionen, und so weiter. Was soll entschieden werden? Was genau brauchst du, um mit deiner Arbeit weitermachen zu können? Was ist das Ausmaß, wenn keine Entscheidung getroffen werden kann? Was sind die Alternativlösungen? Mein Tipp: Weise darauf hin, dass Entscheidungen schneller getroffen werden müssen und es mehr Entscheidungsbedarf gibt, als oft angenommen wird.

Vermeide auch auf jeden Fall, dass die Beteiligten keinen Zugriff auf die Entscheidungsvorlage haben. Die ersten Lösungsansätze zum Start einer gemeinsamen virtuellen Zusammenarbeit sind meist so simpel wie effizient: Die Beteiligten – interne und externe Projektmitglieder – können sicher von überall auf alle wichtigen Dateien und Projektinformationen zugreifen. Sämtliche Informationen sind in einem einzigen Tool leicht auffindbar – wie Teams oder SharePoint. Es ist absoluter Horror, stundenlang nach Unterlagen zu suchen. Hier meine Traumvorstellung insbesondere für die Unterlagen für fachliche Abstimmungen und Entscheidungsmeetings: Es gibt getrennte Ablagen für laufende und abgeschlossene Vorgänge sowie nach Prozessen sortierte Ablagen wie einen SharePoint mit klarer und verständlicher Ablagestruktur.

Baue gegebenenfalls „Konsent" bereits auf
Bei der Konsent-Methode zur Entscheidungsfindung werden zunächst Ziele und Agenda des Treffens festgelegt. Anschließend folgt eine Informationsrunde, in der Teilnehmer ihre offenen Fragen klären. Danach teilen alle Teilnehmer ihre ersten Eindrücke und Meinungen zum Thema. In einer weiteren Runde werden diese Meinungen vertieft und angepasst. Der Moderator formuliert dann einen Entscheidungsvorschlag, der in der Gruppe abgestimmt wird. Bei Einwänden werden diese diskutiert und in den Vorschlag eingearbeitet. Die Entscheidung wird entweder festgelegt oder bei Bedarf vertagt. Abschließend erfolgt ein Feedback zur Reflexion des Prozesses.

Je besser das Entscheidungsmeeting vorbereitet ist, desto einfacher wird es fallen. Damit können sich die Teilnehmer vorbereiten, sich in dem Meeting besser beteiligen und ihre Meinung zu den Tools aufgrund der Alternativen teilen.

Nutze Moderationstechniken
Ein Moderator kann das Meeting strukturieren, die Diskussion leiten und darauf achten, dass alle zu Wort kommen und die Diskussion zielgerichtet bleibt. Die Person muss auch nicht mit allen Informationen und Details vertraut sein. Der Moderator stellt sicher, dass ihr beispielsweise über die Alternativen sprecht und euch nicht in der Diskussion über das vergangene Projekt und dessen Probleme verliert. Starke Moderation bewirkt Wunder beim Treffen von Entscheidungen. Weniger Blabla und mehr Fakten: Haltet das Status-Meeting kürzer und effizienter. Kommuniziere, dass du heute zu einer Entscheidung kommen möchtest, und nicht erst im Follow-up.

Verwende digitale Tools
Nutze Online-Tools für gemeinsame Dokumente, Umfragen oder Abstimmungen, um Ideen zu sammeln und Entscheidungen zu organisieren. Dazu kann zum Beispiel auch Microsoft Teams dienen. Du kannst die Umfragefunktion nutzen und beide Alternativen abfragen. Damit hast du es auch gleich schriftlich.

Manage die Zeit effektiv
Begrenze die Diskussionszeit für jedes Thema und verwende gegebenenfalls einen Timer, um genügend Zeit für die Entscheidungsfindung zu haben. Das kann entweder der Moderator tun oder ihr bestimmt eine Person im Meeting, die während der Entscheidungsfindung die Uhr im Blick behält. Übrigens ist ein einfaches Mittel für ausufernde Diskussionen,

Meetings knapp vor den Mittagspausen einzuplanen. Keiner oder keine hört sich gerne selbst so lange reden, dass er oder sie die Mittagspause dafür opfern würde.

Fördere aktives Zuhören und Beteiligung
Schaffe eine Atmosphäre, in der jeder seine Meinung äußern kann, und ermutige alle Teilnehmer, sich aktiv einzubringen. Versuche die Teilnehmer dazu zu bringen, die Kamera einzuschalten. Verdeutliche auch die Wichtigkeit der Entscheidung: „Hey, die Entscheidung für das Tool ist echt wichtig. Das wird unser täglicher Begleiter und hier wollen wir alles richtig machen."

Schaffe Verantwortlichkeiten
Hast du das Gefühl, keiner möchte so richtig die Verantwortung übernehmen? Frage nach: „Wer hat hier den Hut auf? Wer ist die Person, die dies entscheiden kann und soll?" Ich erlebe immer, dass mehrere Hierarchien einer Organisation in Entscheidungsmeetings sitzen, die dann alle nicht so genau wissen, was denn tatsächlich ihr Verantwortungsbereich ist. Und keiner will sich in Brennnesseln setzen. Versuche anstatt zuständigen Abteilungen wirkliche Namen hinter Entscheidungen und Aufgaben zu bekommen. Nicht die Abteilung Sales ist für das Thema verantwortlich, sondern Sandra aus dem Sales-Team für den ersten, Heiko für zweiten, Tanja für dritten Prozessschritt. Und für alle drei müssen Entscheidungen getroffen werden, die einzeln viel leichter zu bewerten sind. So schaffst du Verbindlichkeit. Fange am besten damit an, dass du mit deinem Namen beginnst. So zeigst du Eigeninitiative und beweist, dass es gut ist, Verantwortung zu übernehmen.

Kommuniziere Entscheidungen klar
Gerade bei Entscheidungen ist die Verbindlichkeit sehr wichtig. Nach dem Entscheidungsmeeting dokumentierst du die Ergebnisse. Wenn du bereits während des Meetings ein Tool nutzt, hast du die Dokumentation bereits. Diese kannst du dann ganz einfach im Nachgang an alle verteilen.

Hole Feedback ein und bereite das Meeting nach
Nach dem Entscheidungsmeeting ist es sinnvoll, Feedback einzuholen, um den Prozess für zukünftige Meetings zu verbessern. Denke daran: Jeden Tag wollen wir ein kleines Stückchen besser werden. Und jede kleine Maßnahme hilft uns auf diesem Weg. Vielleicht fällt euch gemeinsam auf, dass die Informationen nicht ausgereicht haben, um wirklich die Alternativen für Jira oder den Solution Manager zu evaluieren. Oder es hat eine Schlüsselperson im Meeting gefehlt, was verhinderte, eine Entscheidung treffen zu können. All das kannst du für das nächste Meeting verbessern.

Sorge für Transparenz
Stelle sicher, dass der Entscheidungsprozess für alle nachvollziehbar ist, damit jeder versteht, wie und warum eine Entscheidung getroffen wurde. Die Entscheidung und auch

der Weg dorthin sollten jederzeit wieder zu finden sein, wie zum Beispiel auf einem internen Laufwerk, SharePoint, und so weiter. Eine E-Mail ist nicht die richtige Ablage. Wird sich in Meetings hinter Details versteckt? Auch hier: Frage immer genau nach. Um was geht es gerade? Welche Themen müssen noch geklärt werden, um die Entscheidung treffen zu können?

Indem du diese Tipps befolgst, kannst du die Effektivität deiner Online-Meetings steigern und sicherstellen, dass virtuelle Entscheidungen effizient und durchdacht getroffen werden.

Fazit: In der Organisation muss ganz klar definiert werden, wie Entscheidungen getroffen werden. Dabei gibt es kein Richtig oder Falsch. Wichtig ist nur, dass es für alle transparent ist.

23.3 Lösungsansätze für Status-Meetings

Das Status-Meeting – ein Tetromino, das ich leider viel zu oft in den Kalendern meiner Projekte sehe. Das eigentliche Ziel eines Status-Meetings in Projekten ist es, Transparenz zu schaffen gegenüber der Projektleitung, dem Lenkungskreis oder sogar anderen Projektteams. Doch wem bringt ein Status-Meeting eigentlich etwas? Ist es ein Bericht, der auch per E-Mail verschickt werden könnte? Oder ein Austausch, der über den Status hinausgeht? Oftmals sind diese Online-Meetings wenig effektiv, da deren eigentliches Ziel unklar bleibt.

Kennst du das Ampelsystem in Projekten? Grün heißt alles im Lot, orange oder gelb bedeutet, dass ihr ein paar Herausforderungen habt und rot zeigt, dass ihr definitiv ein Problem habt, das ihr alleine im Team nicht lösen könnt. In großen Organisationen herrscht bei kritischen Rückmeldungen in Form von „roten Ampeln" oft die Angst vor Konsequenzen. Dies führt dazu, dass stattdessen ein grüner Ampelstatus gemeldet wird, anstatt ehrliche Einblicke zu gewähren. Spätestens jetzt ist der Zweck eines Status-Meetings ganz dahin. Da gibt es einen besseren Weg. Wie immer hier im Buch heißt es: Online-Meetings erst hinterfragen, streichen und was übrig ist, besser machen. Im Folgenden findest du einige Lösungsansätze für eure Status-Meetings:

1. **Status-Meetings in Gänze hinterfragen:** Welche braucht ihr wirklich? Können die Status-Meetings weniger häufig stattfinden? Wer muss dabei sein? Ist der abgegebene Status im Meeting Teil eines Berichtswesens? Könnte der Bericht auch auf anderem Weg abgegeben werden? Analysiert ganz genau den Teilnehmerkreis und das Ziel des Meetings. Erst, wenn ihr euch ganz sicher seid, dass das Online-Meetings für den Status einen Mehrwert bringt, darf es weiterhin bestehen.
2. **Status-Meetings auf eine effiziente Meetingdauer kürzen:** Wer weniger Zeit hat, kommt schneller auf den Punkt. Leitest du das Meeting, arbeite darauf hin, die Teilnehmer zu aktivieren und das Meeting als Plattform für Offenheit und wertvolle Kommunikation zu nutzen. Halte das Meeting kurz, mit Fokus auf die wesentlichen

Inhalte. Bei aufkommenden Diskussionen zwischen Teilnehmenden biete an, diese direkt im Anschluss an das Meeting zu klären. Dies verhindert, dass das Meeting zeitlich überzogen wird und unbeteiligte Personen gelangweilt werden. Ihr könnt auch gleich im Voraus das Status-Meeting für 55 min ansetzen. In der Agenda ist allerdings klar definiert, dass die ersten 25 min für den Status in größere Runde und die restlichen 30 min für weiterführende Gespräche und Lösungsfindung gedacht sind.

3. **Mehrwert für alle Teilnehmenden schaffen:** Setzt eine klare Agenda inklusive der Vorbereitung aller Teilnehmer. Sollen diese selbst einen kurzen Status präsentieren, reicht ein mündlicher Statusbericht oder wird eine Vorlage vorgegeben, die bis zu einem Stichtag zu befüllen ist? Sollen Farben für einen Status gewählt werden, dann müssen diese klar definiert sein, wie beispielsweise: Grün bedeutet alles läuft im Team wie geplant, keine Herausforderungen, die nicht bewältigt werden können. Gelb heißt, dass es im Team so manche Probleme, aber eine Idee zur Lösung gibt, es aber noch unklar ist, wie diese umgesetzt werden kann. Es gibt hier eventuell Bedarf, Unterstützung der Projektleitung zu erhalten in Form von Budget, neuen Tools und so weiter. Rot könnte bedeuten, dass ein Showstopper im Raum steht, der das Team vom Arbeiten abhält. Die Projektleitung ist zur direkten Unterstützung aufgefordert!

Bleiben wir bei diesem Beispiel, gibt es aus meiner Sicht nur einen wirklichen Grund, das Status-Meeting mit mehreren Teilnehmern durchzuführen. Team A berichtet einen roten Status und erhält direkte Unterstützung von Team B, Team C und der Projektleitung. Für komplexe Probleme wird direkt im Nachgang ein Zeitpunkt festgelegt, zu dem das Problem von Team A gelöst wird.

Praxisbeispiel
In einem meiner großen IT-Projekte eines Industrieunternehmens gab es jede Woche in einem zweistündigen Meeting ein „Projekt-Update" des Projektmanagements. Dabei waren über 100 Teilnehmer im Meeting eingewählt. Das stelle sich mal jemand vor – wöchentlich – über 100 Personen! Bei der vorherigen Rechnung sind das 100 Personen * 95 € * 2 h – unglaubliche 19.000 € jede Woche. Und wozu? Die Folien mit den Infos wurden sowieso verschickt und 95 Teilnehmer hatten keinerlei Redeanteil während des Meetings. Warum Folien durchgehen, die man auch selbst lesen kann?

Auch nach mehrmaligem Nachfragen sollte das Meeting Bestand haben, obwohl alle wussten, dass es Zeit- und Geldverschwendung ist. Angeblich sei der Beitrag aller außerordentlich wertvoll. Zeitgleich wurden vielfach in dem Meeting andere Aufgaben parallel erledigt. In dem Projekt war es mehr oder weniger ein offenes Geheimnis, dass diese zwei Stunden „die Zeit zum Arbeiten" war. Dein Tetromino im eigenen Kalender-Tetris, der nicht überbucht werden konnte. Und genau deshalb hat sich auch keiner beschwert. Na ja, fast keiner. Denn am Ende wurden diejenigen, die das Meeting deutlich hinterfragten, lauter. Ein paar Projektmitglieder haben sich zusammengetan und es hat etwas bewirkt! Das Status-Meeting wurde gekürzt von 120 auf 30 min. Mit dieser Kürzung ging kein Mehrwert verloren, im Gegenteil. Der Return On Time Invested stieg deutlich. Es lohnt sich also, dranzubleiben.

Ich hoffe, du hast am Ende dieses Kapitels neue Ansätze, wie du diese in eurer Organisation positiv beeinflussen kannst. Das Ziel ist es weiterhin, Online-Meetings produktiver zu gestalten. Behalte dir in Bezug auf alle Online-Meetings im Hinterkopf: Weniger ist mehr. Also auch für virtuelle Entscheidungen und Statusberichte: Meetings kritisch betrachten, kürzen und zielgerichtet strukturieren, um echten Mehrwert zu bieten.

Literatur

Diehl, A. (2020). *Konsent Entscheidungsfindung – Der agile Bruder des Konsens.* Digitale Neuordnung. https://digitaleneuordnung.de/blog/konsent/. Zugegriffen: 18. Jan. 2024.

Interkulturalität in der virtuellen Zusammenarbeit

24

Von Hedda Haupt

Zusammenfassung

Mein Hauptanliegen dieses Exkurses zum Thema Interkulturalität in virtuellen Teams ist es, dich auf die Bedeutung von kulturellen Unterschieden in der virtuellen Umgebung aufmerksam zu machen. Gleichzeitig soll dein Bewusstsein für damit verbundene Herausforderungen und Chancen gestärkt werden. Viele große Projekte haben Teammitglieder, die weltweit verteilt arbeiten: Deutschland, USA, Brasilien, Indien und weitere Länder. Es sind die Zusammenarbeit, das Verständnis füreinander und das Bewusstsein für kulturelle Begebenheiten, die ein produktives Online-Meeting im interkulturellen Kontext ausmachen. Jedes einzelne Teammitglied kann mit dem Bewusstsein interkultureller Unterschiede und der Vorteile, die dadurch entstehen können, zum Gelingen erfolgreicher Online-Meetings beitragen.

24.1 Bedeutung von interkultureller Kompetenz in Projekten

Ich habe bereits mehrmals im Ausland gelebt und gearbeitet. Dabei habe ich unter anderem mit Kollegen und Kolleginnen aus Finnland, Schweden, Griechenland, Indien, Bulgarien, Italien, Russland und Vietnam zu tun gehabt. Auch in Deutschland bin ich meist in internationalen Bereichen tätig. Natürlich gibt es aufgrund der verschiedenen Kulturen manchmal auch Missverständnisse oder unterschiedliche und konkurrierende Sichtweisen. Unser Team muss versuchen, damit umzugehen. Jedoch kann die kulturelle Vielfalt auch eine große Möglichkeit darstellen. So ermöglicht sie es, den persönlichen Horizont zu erweitern, die eigene Perspektive zu wechseln sowie kreative Ideen und versteckte Potenziale zu entdecken. Darauf wäre man allein vielleicht niemals gekommen. Jetzt kann man das Ganze im Team gemeinsam erarbeiten und umsetzen.

Online-Meeting-Tools wie Zoom oder Microsoft Teams ermöglichen es Projektteams, sich über Landesgrenzen hinweg virtuell zu vernetzen und sich im Online-Meeting zusammenzufinden. Nicht selten nehmen sogar Teammitglieder, die auf unterschiedlichen Kontinenten beheimatet sind, daran teil, sofern es die Zeitverschiebung erlaubt. Vielfältige zur Verfügung stehende technische Möglichkeiten fördern dabei internationales Projektmanagement, das durch die fortschreitende Globalisierung einen großen Stellenwert eingenommen hat. Unternehmen sind gleichermaßen gefordert, solche interkulturellen Projekte voranzutreiben und erfolgreich abzuschließen (Becker et al., 2015). Im internationalen Kontext können interkulturelle Kompetenzen dabei helfen, Hürden der virtuellen Zusammenarbeit zu überbrücken und Chancen zu nutzen. Und da kommst du ins Spiel!

24.2 Definition von Kultur und Interkulturalität

Zunächst einmal: Was bedeuten Kultur und Interkulturalität überhaupt? Als Kultur kann man eine Art universell geltendes Gesellschaftssystem verstehen, an dem sich die zugehörigen Mitglieder orientieren und in welchem sie partizipieren. Eine Kultur wird dabei unter anderem durch Werte und Normen repräsentiert. Jedes Gesellschaftssystem und jede Kultur spricht diesen Werten und Normen eine andere Bedeutung zu (Lehmann et al., 2004). Laut Smith (2014) ist eine Kultur dadurch gekennzeichnet, dass Situationen ähnlich interpretiert werden. Das zugrunde liegende kulturelle Konstrukt kann sich in unterschiedlicher Wahrnehmung, in einer anderen Art zu denken und differierenden Verhaltensweisen äußern. Dabei bestehen Wechselwirkungen zwischen kulturellen Einflüssen und psychologischen Prozessen wie beispielsweise Kommunikation, Aufmerksamkeit, Wahrnehmung sowie Attribution und Verständnis des Selbstbildes (Lehmann et al., 2004).

Interkulturalität beschreibt laut Genkova (2019) eine Situation, in der Menschen aus vielfältigen kulturellen Hintergründen aufeinandertreffen und miteinander interagieren. Die ursprünglich erworbene kulturelle Prägung hat in dieser Interaktion unmittelbaren Einfluss auf die Denk- und Verhaltensweisen. Thomas (2003a) beschreibt Interkulturalität als Überschneidungssituation, in der sich die eigene Kultur mit einer anderen fremden Kultur quasi überlappt. Wie du bestimmt merkst, befindest du dich häufig in interkulturellen Situationen. Zum Beispiel auch bei der Teilnahme an einem Weekly, an welchem Kollegen und Kolleginnen aus anderen Kulturen teilnehmen. Dabei können einerseits Synergien entstehen. Es kann aufgrund der kulturellen Begebenheiten aber auch zu Missverständnissen und Problemen kommen (Barmeyer, 2011). Was genau das für interkulturelle Online-Meetings bedeuten kann und wie du Herausforderungen bewusster angehen kannst, schauen wir uns noch genauer an!

Die Unterscheidungskriterien von Kulturen sind vielfältig. Verschiedene Kulturmodelle, wie zum Beispiel das Modell von Hofstede (1989, 2001, 2006), versuchen, Kulturunterschiede systematisch zu untersuchen und zu beschreiben (Erll & Gymnich,

2021). In einer großen empirischen Studie, an der mehr als 100.000 Mitarbeiter des Unternehmens IBM teilnahmen, durchgeführt in mehr als 70 Ländern, hat Hofstede (1989, 2001, 2006) zentrale Kulturmerkmale, die sogenannten Kulturdimensionen, herausgearbeitet. Diese ermöglichen eine länderübergreifende Abbildung und Vergleichbarkeit kultureller Merkmale (Layes, 2003).

Halten wir fest: Der kulturelle Hintergrund bestimmt die kognitive Wahrnehmung (Adler, 2007; Heringer, 2017). Das Erlernte und die Erfahrungen, die ein Mensch im Laufe des Lebens in einem bestimmten kulturellen Umfeld sammelt und macht, sind Grundlage von kognitiven Mustern. Man kann sich das mithilfe einer Metapher gut vorstellen: Die Erfahrungen, welche man in seinem eigenen Kulturkreis macht, schreibt man gedanklich als eine Art Karte auf und legt sie in seinem Kopf ab. Diese abgelegten Karten, maßgeblich geprägt durch die zugrunde liegende Kultur, dienen nunmehr als Wahrnehmungsgrundlage, sozusagen als Schablone. Neue Erfahrungen werden mit den abgelegten Karten oder Schablonen abgeglichen und entsprechend bewertet. Hier liegt also die Top-down-Verarbeitung zugrunde, bei der Erfahrungen und Wissen zur Einordnung und Deutung herangezogen werden (Heringer, 2017).

Reflektiere dich einmal selbst. Welche „Kulturkarten" hast du abgelegt? Mit welchen Karten gleichst du, eventuell auch in interkulturellen Online-Meetings, deine internationalen Kollegen und Kolleginnen ab?

24.3 Kulturelle Unterschiede in Projektteams

Die Einführung einer neuen Software in unterschiedlichen Unternehmensbereichen einer ausländischen Tochterfirma steht an. Um dieses internationale Großprojekt zu realisieren, arbeiten Ian und Emma mit dem Entwickler Amar aus Indien zusammen. Als Scrum Master fungiert zudem Rachel aus New York. Lien aus China ist die Projektmanagerin. In Online-Meetings kommen sie zusammen, um das Projekt zu planen und mit der Umsetzung in Teilschritten zu starten. Dabei trennen sie Kontinente sowie die Unterschiede in ihren Kulturen wie auch ihren Denk- und Arbeitsweisen. Außerdem treffen dabei verschiedene Persönlichkeiten aufeinander, die ein gemeinsames Ziel verfolgen: das Projekt termingerecht abzuschließen – und das in virtueller Zusammenarbeit!

Was bedeuten die kulturellen Unterschiede für die virtuelle Zusammenarbeit?
Schauen wir uns dazu nachfolgend vier der mittlerweile sechs Kulturdimensionen nach Hofstede (1989, 2001, 2006) und Hofstede et al. (2010) im Arbeitskontext einmal genauer an:

- Machtdistanz
- Individualismus versus Kollektivismus
- Maskulinität versus Femininität
- Unsicherheitsvermeidung

Sie können sich beispielsweise in strikter oder flexibler Aufgabenverteilung äußern, in einem partnerschaftlichen oder hierarchisch dominierten Umgang durch Vorgesetzte oder in einer teamgeprägten oder konkurrierenden Gruppendynamik (Trompenaars & Hampden-Turner, 2020).

Die Machtdistanz beschreibt das Ausmaß, zu welchem eine Gesellschaft eine ungleiche Verteilung von Macht und Autorität akzeptiert. Kulturen mit hoher Machtdistanz tendieren zu größeren sozialen Hierarchien als solche mit einem niedrigen Machtdistanzwert (Hofstede, 1989, 2001, 2006).

Wie sieht es in puncto **Machtdistanz** bei Ian und Co. aus?

Lien aus China könnte ein hoher Machtdistanzwert zugesprochen werden (Hofstede, 2006). Sie akzeptiert die Anweisungen und Entscheidungen von Ian, ihrem Vorgesetzten im Projekt, und vermeidet, sein Vorgehen zu hinterfragen oder zu kritisieren. Ian stellt für sie eine unantastbare Autorität dar.

Emma hingegen scheut sich nicht, Ian auch mal die Meinung und Unklarheit über Anforderungen an sie zu sagen. Sie sucht auch die Konfrontation, um konstruktives Feedback auszusprechen. Ian im Gegenzug versucht, seine Teammitglieder gleichberechtigt zu behandeln und gibt gerne Verantwortung ab. Er vertraut ihnen, eigenverantwortlich und selbstständig die Projektschritte umzusetzen. Beiden, Emma und Ian, könnte man einen relativ geringen Wert auf der Machtdistanz-Skala zuschreiben (Hofstede, 2006).

Da Ian an interkulturellen Trainings teilgenommen hat, ist er sich der Kulturunterschiede und ihrer Auswirkungen bewusst. Er versucht in den virtuellen Sessions daher, Lien aktiv mit einzubeziehen und befragt sie mit viel Einfühlungsvermögen zu ihrer Meinung und bittet um Optimierungsvorschläge. Ihm ist bewusst, dass Lien gerade auch im virtuellen Umfeld dazu neigt, sich eher zurückzuhalten, auch aufgrund der Hierarchie im Projekt. Anfangs war das für Lien ungewohnt, ihr war es unangenehm, Ian vor den anderen Kollegen und Kolleginnen zu bewerten. Mittlerweile jedoch fühlt sie sich durch Ians aktives Nachhaken als geschätztes Teammitglied und freut sich, ihre eigene Meinung aktiv mit einbringen zu können.

Die Kulturdimension **Individualismus versus Kollektivismus** erläutert, inwieweit Menschen einer Kultur individuelle Unabhängigkeit, Eigenverantwortung und Einzigartigkeit schätzen und sich als Individuum in den Vordergrund stellen. Sie beschreibt, inwieweit eine Kultur eher dazu neigt, sich in engeren, schützenden sozialen Gruppenstrukturen einzufinden, sich diesen anzupassen und diese loyal zu unterstützen (Hofstede, 1989, 2001, 2006).

Der Amerikanerin Rachel könnte ein hoher Wert auf der Skala Individualismus zugesprochen werden (Hofstede, 2006). Sie hat sich ihren Job als Scrum Master überlegt ausgesucht und im Vorfeld einige Weiterbildungen absolviert, um ihre persönlichen Interessen und Ziele im Job gezielt ausleben zu können. Derzeit macht sie parallel zum Job eine Ausbildung zum Agile Coach, um sich weiterzuentwickeln und sich selbst zu verwirklichen. Bei Problemen im Projekt versucht sie stets, die optimale Lösung zu finden.

24.3 Kulturelle Unterschiede in Projektteams

Der Entwickler Amar aus Indien könnte eher kollektivistisch geprägt sein (Hofstede, 2006). Er ist sehr geschickt darin, sich an die Bedürfnisse des interkulturellen Teams anzupassen. Das Team betrachtet er als eine Einheit, verkörpert das „Wir-Gefühl" und fuchst sich in jede noch so komplizierte Aufgabe hinein, um das Problem zu lösen und das Team voranzubringen. In den virtuellen Team-Meetings nutzt er vor allem das aktive Zuhören, um die Bedürfnisse der Kollegen und Kolleginnen ausfindig zu machen. Denn als Entwickler möchte er genau verstehen, was er für wen und aus welchem Grund programmieren soll. Er paraphrasiert die Aussagen der anderen und teilt ihnen das von ihm Verstandene mit, um herauszufinden, ob er die Anforderungen richtig interpretiert hat. Auch versichert er sich häufig, ob seine Kollegen denn im Gegenzug auch ihn korrekt verstanden haben. Um die Gruppenbindung im Team weiter zu stärken, widmet er sich außerdem mit viel Engagement der Organisation der After-Works. Ein richtiger Teamplayer also!

An dieser Stelle möchte ich noch zwei interessante Inhalte aus der Forschung mit dir teilen: Bond und Smith (1996) haben eine Meta-Analyse zum Thema Kultur und Konformität durchgeführt. Sie haben 133 Studien in 17 Ländern erhoben und stellen heraus, dass kollektivistische Kulturen eher dazu neigen, mit beispielsweise Meinungen oder Einstellungen anderer übereinzustimmen. Dagegen tendieren Personen aus individualistisch geprägten Kulturen in einem eher kollektivistischen Arbeitsumfeld mit der Notwendigkeit der Zusammenarbeit dazu, sich zurückzunehmen. Dieses Phänomen, dass man sich in der Gruppe zurücknimmt, wird auch als Social Loafing bezeichnet (Gabrenya et al., 1985).

Die Kulturdimension **Maskulinität versus Femininität** beschreibt, inwiefern die Geschlechterrollen als ähnlich oder unterschiedlich angesehen werden. In eher maskulinen Kulturen gibt es eine klare Rollentrennung, Wettbewerb und Leistungsorientierung stehen im Vordergrund. In eher femininen Kulturen ist auch eine Überschneidung der Geschlechterrollen möglich, eine soziale Ausrichtung und Kooperation stehen im Fokus (Hofstede, 1989, 2001, 2006).

Ian, Emma, Amar, Lien und Rachel könnte allen ein recht ähnlicher Wert im oberen Mittel auf der Maskulinitätsskala zugeschrieben werden (Hofstede, 2006). Ihre Arbeitseinstellung zeichnet sich teils durch Leistungsorientierung und einen gesunden Wettbewerbsgedanken aus, gleichzeitig aber arbeiten sie kooperativ im Team zusammen. Als Vorgesetzter führt Ian sein Team sowohl durch Expertise als auch durch seine sozialen Kompetenzen und Empathie. Das Verständnis der Geschlechterrollen im Arbeitsleben ist recht ausgewogen.

Die Dimension der **Unsicherheitsvermeidung** beschreibt, inwieweit eine Kultur bereit ist, Risiken einzugehen oder diese eher zu vermeiden. Hier geht es um das Ausmaß der empfundenen Bedrohung, die durch unklare, schwer einschätzbare Situationen hervorgerufen wird (Hofstede, 1989, 2001, 2006).

Projektmanagerin Lien aus China versucht, die geplanten Projektschritte anhand vorheriger Analysen und Forecasts zu untermauern. Da die Einführung der neuen Software risikoreich und mit hohen Kosten verbunden ist, will sie so gut wie möglich vorbereitet sein und keine Fehler machen. Der Chinesin könnte ein niedrigerer Wert auf der Skala Unsicherheit zugeschrieben werden (Hofstede, 2006).

Emma hingegen sieht dem Projekt entspannter entgegen. Sie vertraut auf ihre langjährige Erfahrung in Großprojekten und betrachtet kleine Fehler als Optimierungspotenzial, weniger als Niederlage. Ihr könnte ein höherer Wert in puncto Unsicherheitsvermeidung zugesprochen werden (Hofstede, 2006). Auch ihr deutscher Kollege Ian nutzt als Product Owner das Positive der schnelllebigen und unsicheren VUCA-Projektwelt für sich. Risiko betrachtet er als Herausforderung, der er sich engagiert stellt.

Kulturmodelle sind nützlich, um Kulturunterschiede zu beschreiben und ein besseres Kulturverständnis zu schaffen, jedoch sei an dieser Stelle vermerkt, dass in jeder Kultur eine große Vielfältigkeit besteht und das Verhalten ebenso individuell zu betrachten ist (Wenski, 2020; Erll & Gymnich, 2021). Abb. 24.1 stellt ein interkulturelles Projektteam dar.

Abb. 24.1 Interkulturelles Projektteam

24.4 Bedeutung von Akkulturation im virtuellen Onboarding

Die Tatsache, dass Ian und Emma mit Amar, Rachel und Lien ihr Riesenprojekt rechtzeitig abschließen sollen, könnte durchaus als herausfordernd betrachtet werden. Genau aus diesem Grund möchte ich dir das Konstrukt der Akkulturation und der interkulturellen Kompetenz kurz vorstellen. Denn das Basiswissen und Verständnis dieser beiden Konzepte können dich in der interkulturellen Online-Meetingwelt, auch im Onboarding, unterstützen und dir helfen, die interkulturellen Potenziale besser auszuschöpfen.

Die Aneignung einer neuen und fremden Kultur zu gewissen Teilen nennt man Akkulturation (Brinkmann & Maehler, 2016). Diese kann laut Arends-Tóth und van de Vijver (2006) in verschiedenen Lebensbereichen stattfinden, zum Beispiel im Privatleben, in der Schule oder im Arbeitsleben. Anhand des Akkulturationsmodells von Berry (1990) und des Rahmenmodells der Akkulturation von Arends-Tóth und van de Vijver (2006) lassen sich interessante und hilfreiche Denkanstöße für interkulturelle, auch virtuelle, Zusammenarbeit ableiten.

Berry (1990) beschreibt, dass sich die Aneignung einer neuen fremden Kultur in vier unterschiedlichen sogenannten Akkulturationsstrategien äußern kann. Verdeutliche dir diese am Beispiel der leistungsorientierten New Yorkerin Rachel, die im Projekt mit Ian und Emma die Position des Scrum Masters innehat. Geboren und aufgewachsen ist sie in New York. Dort hat sie auch ihr International-Business-Studium absolviert und war für einige amerikanische Firmen im Projektmanagement tätig. Bis dato hatte sie keine oder nur wenige Berührungspunkte mit internationaler Zusammenarbeit. Mit der Anstellung in einer deutschen Firma hat sie zunächst für einige Monate ihre Tätigkeit als Scrum Master im Homeoffice aufgenommen und konnte weiterhin von New York aus arbeiten. Bereits während dieser ersten Monate kamen in der virtuellen Zusammenarbeit kulturelle Unterschiede auf sie zu. Da ihre Anwesenheit nun vor Ort in Berlin benötigt wird, wo eine der Tochterfirmen ansässig ist, die auf das neue System umgestellt werden sollen, zieht sie nach Deutschland, wo sie künftig leben und arbeiten möchte. Ian und Emma sind im Firmenhauptsitz in Frankfurt tätig und werden daher weiterhin in Online-Meetings mit Rachel zusammenarbeiten. Beide sind zudem für Rachels Onboarding zuständig. Rachels amerikanische Kultur prägt ihre Werte, Einstellungen, ihre Art zu denken und zu handeln – all das bringt sie mit in die Einarbeitungszeit und die Zusammenarbeit. Erinnere dich an die vorgestellten Kulturdimensionen und wie sich diese in Rachels Arbeitsweise äußern zurück.

Rachel kann sich nun die deutsche Kultur aneignen. Dabei kann sie ihre amerikanische Herkunftskultur entweder auf hohem oder auf niedrigem Niveau weiter pflegen und gleichzeitig entweder zu einem hohen oder niedrigen Maße an der deutschen Kultur partizipieren. Pflegt sie beispielsweise weiterhin in hohem Maße ihre amerikanische Kultur und nimmt parallel die deutsche Kultur zu einem großen Teil an, spricht man laut des Modells von Berry (1990) von der Akkulturationsstrategie der Integration. Würde sie ihre Herkunftskultur nicht mehr so ausgeprägt leben und sich komplett in der deutschen Kultur eingliedern, würde sie die sogenannte Strategie der Assimilation verfolgen. „Strategie" impliziert in Berrys Modell eher eine bewusste willentliche Entscheidung für eine kulturelle Einordnung (Jaeger, 2005). Die Kulturforschenden Arends-Tóth und van de Vijver (2006) nutzen deshalb den Begriff Akkulturationsorientierung. Würde Rachel sich die deutsche Kultur nur zu einem niedrigen Maße aneignen und ihre Ursprungkultur weiterpflegen, läge die Separation vor. Bei niedriger Pflege und Zugehörigkeit zu beiden Kulturen, Ursprungs- und Aufnahmekultur, läge hingegen die Akkulturationsorientierung der Marginalisierung vor (Berry, 1990).

Das klingt zunächst alles kompliziert. Lass uns festhalten, dass Rachel sich erst einmal im Job und der neuen Kultur in Deutschland einfinden muss. Und dabei kann sie sich auf verschiedene Weisen im deutschen Unternehmen akkulturieren. Als am vorteilhaftesten für das Unternehmen wird allgemein die Assimilation erachtet (Zick, 2010). Zick (2010) hebt jedoch die positiven Auswirkungen der Integration hervor, wie zum Beispiel eine bessere psychische Gesundheit oder ein vermindertes Stressempfinden. Wovon ist die Art und Weise dieser kulturellen Eingliederung nun konkret abhängig? Die Persönlichkeitseigenschaften des neuen Mitarbeitenden spielen dabei eine Rolle. Unter anderem auch die objektiven und wahrgenommenen Eigenschaften der eigenen Ursprungskultur und ebenfalls die Eigenschaften der neuen Aufnahmekultur. Darüber hinaus können Beziehungen zwischen den Kulturen eine Rolle spielen. Auch Diskrepanzen zwischen Erwartungen des Unternehmens und des neuen Mitarbeitenden können die Akkulturationsorientierung beeinflussen. Haltungen und Einstellungen auf beiden Seiten sind maßgeblich. Als Ergebnis dieses Akkulturationsprozesses im deutschen Unternehmen stehen die neuen angeeigneten Denk- und Verhaltensweisen. Rachel übernimmt nicht nur die Unternehmenskultur zu einem gewissen Maße, sondern auch die dort angewandten Arbeitsweisen und Verhaltensmuster im Team (Bourhis et al., 1997; Arends-Tóth & van de Vijver, 2004, 2006; Sam, 2006).

Auch Amar aus Indien und Lien aus China akkulturieren sich im virtuellen Arbeitskontext zu einem gewissen Maße. Zwar mag im virtuellen Raum die Kulturaneignung nicht so stark ausgeprägt sein wie beim Arbeitsortwechsel in ein anderes Land. Jedoch lernen die internationalen Kollegen auch im virtuellen Raum voneinander, passen sich aneinander an und übernehmen Denk- oder Arbeitsweisen der anderen. Gerade die Möglichkeit, voneinander zu lernen, sich dadurch weiterzuentwickeln und das eigene Potenzial auszuweiten, steht hier im Vordergrund (Brailas et al., 2015).

Nutze das Wissen um die verschiedenen Akkulturationsstrategien und die Einflussfaktoren gezielt in der virtuellen Einführung neuer Mitarbeiter:

- Kläre die Erwartungshaltung des neuen Mitarbeitenden und des Unternehmens zur neuen Position, zu Rahmenbedingungen etc.
- Kommuniziere klar, verständlich und transparent und beachte als Arbeitgeber und/ oder Teammitglied die Kulturunterschiede. Ordne für dich ein, wie sich deine Ursprungskultur im Arbeitskontext auswirkt und überlege dann, wie sich die Kultur des

neuen Mitarbeitenden / des neuen Teammitgliedes äußern könnte. Worin liegen die größten Unterschiede?
- Akzeptiere und respektiere die Kulturunterschiede. Schule dich und dein Team. Besucht interkulturelle Trainings oder lasst euch durch einen interkulturellen Berater unterstützen.
- Nimm eine offene und respektvolle Haltung und Einstellung gegenüber dem neuen ausländischen Mitarbeitenden ein.
- Sei dir der verschiedenen Akkulturationsorientierungen und deren Einflussfaktoren bewusst und unterstütze das neue Teammitglied dabei, sich im Arbeitskontext zu akkulturieren.

24.5 Interkulturelle Kompetenzen in Online-Meetings

Gemäß Thatcher et al. (2012) erzeugen kulturelle Unterschiede in einer Gruppe gewisse Gruppenbruchlinien, wodurch die Gesamtgruppe in einzelne Teilgruppen separiert werden kann. In der Folge können Konflikte entstehen, die Gruppenkohäsion kann vermindert und auch die Leistung des Teams kann negativ beeinflusst werden. Jedoch konstatiert Page (2008), dass Teams mit kulturell diversen Mitgliedern bessere Ergebnisse erzielen können als homogene Teams. Denn gerade divergierende Denk- und Arbeitsweisen fördern Innovation und Synergien. Wie lassen sich diese Chancen konkret im Online-Meeting nutzen?

Jetzt geht es ans Eingemachte! Was können Ian und Emma noch tun, um Rachel in der Eingewöhnungszeit zu unterstützen und auch weiterhin im Rahmen virtueller interkultureller Online-Meetings gemeinsam mit Amar und Lien das Beste herauszuholen? Von dem Begriff interkulturelle Kompetenz hast du bestimmt schon einmal gehört und jeder hat eine gewisse Vorstellung von Kompetenzen im Kopf, die in interkultureller Interaktion hilfreich sein könnten. Bisher gibt es noch kein allgemein gültiges Modell der interkulturellen Kompetenz (Dinges & Baldwin, 1996; Fritz, 2001; Deardorff, 2004; Straub, 2007; Bolten, 2008). Bolten (2007) hebt hervor, dass die interkulturelle Kompetenz auch von der eigenen Kultur beeinflusst wird. Lass uns einige dieser Kompetenzen, die sich in Modellen mehrerer Forschenden wiederfinden, genauer anschauen (Gardner, 1962; Stahl, 1998; Thomas, 2003b; Müller & Gelbrich, 2004; Bolten, 2006; Erll & Gymnich, 2021). Wenn du versuchst, sie aktiv in deinen Arbeitsalltag zu integrieren, können sie dich in deinen interkulturellen virtuellen Online-Meetings unterstützen.

Kulturelles Bewusstsein und Verständnis
Lerne deine eigene und die Kulturen deiner Kollegen und Kolleginnen besser kennen. Setze dich beispielsweise mit den Ausprägungen der Kulturdimensionen auseinander und eruiere Gemeinsamkeiten und Unterschiede. Vergegenwärtige dir die Zusammenhänge und eventuelle Diskrepanzen. Beziehe die ausländischen Kollegen und Kolleginnen mit ein und sprecht gemeinsam offen über Kulturunterschiede. Von Kultur zu Kultur kann es

ein unterschiedliches Verständnis und abweichende Erwartungen zu Pünktlichkeit, Erreichbarkeit, Verlässlichkeit und Vielem mehr geben (Hall, 1959; Maletzke, 1996; Jonas et al., 2014). Während Ian und Emma großen Wert auf Pünktlichkeit legen, sich ihre Zeit akribisch einteilen und Termine sehr ernst nehmen, sieht Amar aus Indien dies eher gelassen (Hall, 1959). Eruiert im Team, ob die Notwendigkeit besteht, diese Themen anzugehen und in der Zusammenarbeit zu berücksichtigen. Schafft ein gemeinsames Verständnis und stellt klare Regeln auf.

Fremdsprachenkenntnis, -beherrschung und -anwendung
Sprachliche Barrieren können gerade bei Teammitgliedern auftreten, die nicht in ihrer Muttersprache kommunizieren. Egal, ob ihr Deutsch oder Englisch als Arbeitssprache habt, die Beherrschung der jeweiligen Sprache ist essentiell, um den Inhalt sicher und gezielt zu vermitteln. Nutze Sprachkurse, um deine Fremdsprachenkenntnis zu verbessern. Ziel ist es, eine gemeinsame Arbeitssprache zu sprechen, in welcher sich alle Teammitglieder sicher ausdrücken können und mit der sich alle wohlfühlen. Falls ein Teamkollege mehrere Sprachen beherrscht, kann situationsbezogen und als Ausnahme natürlich auch eine Drittsprache gesprochen werden, die der Gesprächspartner besser versteht. Am wichtigsten ist, dass eine gemeinsame „Projektsprache" festgelegt wird. So sind Dokumentationen und Präsentationen für alle nachvollziehbar.

Kommunikationsfähigkeit
Gerade in der virtuellen Meetingumgebung sind die Wahrnehmung und Interpretation von Mimik und Gestik eingeschränkt, was sich negativ auf unter anderem die Teamidentifikation auswirken kann (Pircher, 2021). Zudem ist die Interpretation der nonverbalen Kommunikation von Kultur zu Kultur unterschiedlich (Maletzke, 1996; Heringer, 2017). Lien aus China neigt beispielsweise dazu, auch in problematischen Diskussionen oder wenn sie mit etwas nicht übereinstimmt, zu lächeln. Emma hatte diese nonverbale Kommunikation zunächst fälschlicherweise als Zustimmung gedeutet, was zu Missverständnissen im Projekt führte (Heringer, 2017). Nutze daher gezielt Kommunikationstechniken wie das aktive Zuhören, um produktiv mit deinen ausländischen Teamkollegen und -kolleginnen zu kommunizieren. Paraphrasiere Aussagen, bei denen du nicht sicher bist, ob du sie inhaltlich oder aufgrund von Sprachproblemen richtig verstanden hast und bitte um Klärung. Beachte, dass es in manchen Kulturen üblich ist, dass zunächst eine gute Beziehung zum Gesprächspartner, zum Teammitglied, aufgebaut werden muss, bevor wichtige Übereinkünfte geschlossen werden können. Zum Beziehungsaufbau kann die Anwendung von Smalltalk hilfreich sein, allerdings sollten dabei Themengebiete wie Politik oder Religion möglichst ausgespart werden (Wenski, 2020). Auch die Reihenfolge der Themen, die im Online-Meeting angebracht werden, sowie die Rolle, welche die präsentierende Person im Teamkonstrukt einnimmt, können sich auf die Interpretation im interkulturellen Kontext auswirken (Heringer, 2017).

Empathie
Versetze dich in die Lage deiner ausländischen Teammitglieder. Versuche, ihre Bedürfnisse und Emotionen zu lesen und zu berücksichtigen. Nutze zustimmendes Nicken und kurze Anerkennungsbekundungen und wende dich in einer entspannten Körperhaltung der Kamera zu. Du kannst ebenso beispielsweise die Körperhaltung deines Gegenübers spiegeln, was die Empathie steigern kann (Kessen & Troja, 2009; Hemmecke & Kronberger, 2006). Blickkontakt, auch im virtuellen Raum, kann der Empathie zwar ebenfalls förderlich sein, jedoch ist dieser eher unter europäischen Teammitgliedern zu empfehlen. Bei asiatischen Meetingteilnehmern zum Beispiel, gerade wenn es im Meeting ein Hierarchiegefälle gibt, wird eher empfohlen, Blickkontakt zu vermeiden oder zu mindern (Neuliep, 2006). Erinnere dich an die vier Akkulturationsorientierungen nach Berry (1990) und denke immer daran, dass sich neue ausländische Teammitglieder zunächst einfinden und akkulturieren müssen.

Ambiguitätstoleranz
Erll und Gymnich (2021) verstehen unter Ambiguitätstoleranz die Fähigkeit, kulturelle Unterschiede zu akzeptieren und mit ihnen umzugehen. Dazu gehören beispielsweise unterschiedliche Arbeitsweisen. Versuche dir divergierende Meinungen erst einmal anzuhören, ohne sie direkt zu kommentieren. Nimm Unterschiede im Denken und Verhalten zunächst wahr, ohne vorschnell zu bewerten. Akzeptiere kulturelle Unterschiede und finde für dich heraus, wie du mit ihnen produktiv umgehen kannst. Das gesamte Team kann von der Vielfalt profitieren, Ideen sammeln und einen gemeinsamen Konsens finden. Emma war zunächst sehr skeptisch, als Projektmanagerin Lien aus China auf einer ihr völlig unvertrauten und neuen Art und Weise eine Projekt-Roadmap grafisch dargestellt hat. Die verwendeten Tools und wie Lien die Meilensteine des Großprojektes dargestellt hat, waren ihr fremd. Erst in der Diskussion mit dem gesamten internationalen Team hat Emma verstanden, wie Lien gedacht und warum sie die Roadmap so aufgestellt hat. Das Team hat dadurch eine neue Arbeitsweise kennengelernt und einige Schritte übernehmen Emma und Ian für ihre Roadmap-Darstellungen nun künftig ebenfalls. Divergierende Arbeitsweisen können Innovation und Qualität fördern!

Selbstreflexivität
Hinterfrage dein eigenes Denken und Handeln im Online-Meeting kritisch und konstruktiv. Was läuft gut? Gibt es Stolpersteine, die dich in der Zusammenarbeit mit den ausländischen Kollegen und Kolleginnen herausfordern? Woran mag das liegen? Welche „kulturellen Karten" hast du in deinem Kopf abgelegt, die dein Handeln beeinflussen? Du könntest beispielsweise auch deine Fähigkeit, Kritik anzunehmen und für dich umzusetzen, hinterfragen. Wenn du in Stresssituationen gereizt reagierst, weil du manchmal Probleme hast, das Deutsch deiner ungarischen Kollegen und Kolleginnen zu verstehen, gehe auch dieses Problem aktiv an. Teile deine Erkenntnisse und Bedenken im Team. Interkulturelle Meetings bieten eine großartige Möglichkeit für einen kontinuierlichen Lernprozess!

Verstehe kulturelle Unterschiede und die Konstrukte der Akkulturation. Nutze interkulturelle Kompetenzen in deiner virtuellen internationalen Zusammenarbeit. Teile das Wissen mit deinen Kollegen. Versucht gemeinsam, die Chancen der Interkulturalität in die Organisation zu tragen. Tragt bei zu einem organisationalen Mindset mit Verständnis, Respekt und Offenheit für andere Kulturen.

Literatur

Adler, N. J. (2007). *International dimensions of organizational behavior* (5. Aufl.). South-Western.

Arends-Tóth, J. V., & van de Vijver, F. J. R. (2004). Domains and dimensions in acculturation: Implicit theories of Turkish-Dutch. In *International Journal of Intercultural Relations, 28*(1), 19–35. https://doi.org/10.1016/j.ijintrel.2003.09.001.

Arends-Tóth, J. V., & van de Vijver, F. J. R. (2006). Issues in conceptualization and assessment of acculturation. In M. H. Bornstein & L. R. Cote (Hrsg.), *Acculturation and parent-child relationships: Measurement and development* (S. 33–62). Erlbaum. https://doi.org/10.4324/9780415963589-3.

Barmeyer, C. I. (2011). Interkulturalität. In C. I. Barmeyer, P. Genkova, & J. Scheffer (Hrsg.), *Interkulturelle Kommunikation und Kulturwissenschaft. Grundbegriffe, Wissenschaftsdisziplinen, Kulturräume* (S. 37–77). Verlag Karl Stutz.

Becker, L., Gora, W., & Wagner, R. (2015). *Die Neue Führungskunst – Erfolgreiches interkulturelles Projektmanagement*. Symposion Publishing GmbH.

Berry, J. W. (1990). Psychology of acculturation. In J. J. Berman (Hrsg.), *Nebraska symposium on motivation, 1989: Cross-cultural perspectives* (S. 201–234). University of Nebraska Press.

Bolten, J. (2006). *Interkulturelle Kompetenz* (3. Aufl.). Erfurt: Thüringer Landeszentrale für politische Bildung.

Bolten, J. (2007). Was heißt „Interkulturelle Kompetenz"? Perspektiven für die internationale Personalentwicklung. In V. Künzer & J. Berninghausen (Hrsg.), *Wirtschaft als interkulturelle Herausforderung* (S. 21–42). IKO - Verl. für Interkulturelle Kommunikation.

Bolten, J. (2008). Reziprozität, Vertrauen, Interkultur. Kohäsionsorientierte Teamentwicklung in virtualisierten multikulturellen Arbeitsumgebungen. In E. Jammal (Hrsg.), *Vertrauen im interkulturellen Kontext* (S. 69–94). VS Verlag für Sozialwissenschaften.

Bond, R., & Smith, P. B. (1996). Culture and conformity: A meta-analysis of studies using Asch's (1952b, 1956) line judgment task. *Psychological Bulletin, 119*(1), 111–137. https://doi.org/10.1037/0033-2909.119.1.111

Bourhis, R. Y., Moïse, L. C., Perreault, S., & Senécal, S. (1997). Towards an interactive acculturation model: A social psychological approach. *International Journal of Psychology, 32*(6), 369–386. https://doi.org/10.1080/002075997400629

Brailas, A., Koskinas, K., Dafermos, M., & Alexias, G. (2015). Wikipedia in education. Acculturation and learning in virtual communities. *Learning, Culture and Social Interaction, 7*, 59–70.

Brinkmann, H. U., & Maehler D. B. (2016). Einführung in das Methodenhandbuch. In H. U. Brinkmann & D. B. Maehler (Hrsg.), *Methoden der Migrationsforschung. Ein interdisziplinärer Forschungsleitfaden* (S. 1–16). Springer.

Deardorff, D. (2004). *The identification and assessment of intercultural competence as a student outcome of international education at institutions of higher education in the United States* (nichtveröff. diss.). United States of America: North Carolina State University.

Dinges, N. G., & Baldwin, K. D. (1996). Intercultural competence. A research perspective. In D. Landis & R. S. Bhagat (Hrsg.), *Handbook of intercultural training* (S. 106–123). Thousand Oaks.

Erll, A., & Gymnich, M. (2021). *Interkulturelle Kompetenzen. Erfolgreich kommunizieren zwischen den Kulturen* (6. Aufl.). Klett.

Fritz, W. (2001). Die interkulturelle Kompetenz von Managern – ein Schlüsselfaktor für den Erfolg auf Auslandsmärkten. In D. von Oelsnitz & A. Kammel (Hrsg.), *Kompetenzen moderner Unternehmensführung. Joachim Hentze zum 60. Geburtstag* (S. 87–101). Haupt.

Gabrenya, W. K., Wang, Y.-E., & Latane, B. (1985). Social loafing on an optimizing task: Cross-cultural differences among Chinese and Americans. *Journal of Cross-Cultural Psychology, 16*(2), 223–242. https://doi.org/10.1177/0022002185016002006.

Gardner, G. H. (1962). Cross-cultural communication. *Journal of Social Psychology, 58*, 241–256.

Genkova, P. (2019). *Interkulturelle Wirtschaftspsychologie*. Springer-Verlag. https://doi.org/10.1007/978-3-662-58447-7

Hall, E. T. (1959). *The silent language*. Doubleday and Company Inc.

Hemmecke, J., & Kronberger, N. (2006). *Verhandlungskompetenzen trainieren. Konzepte, Übungen, Praxis*. Vandenhoeck & Ruprecht.

Heringer, H. J. (2017). *Interkulturelle Kommunikation* (5. Aufl.). A. Francke Verlag.

Hofstede, G. (1989). *Culture's consequences: International differences in work-related values* (5. Aufl.). SAGE.

Hofstede, G. (2001). *Culture's consequences. Comparing values, behaviors, institutions and organizations across nations* (2. Aufl.). SAGE.

Hofstede, G. (2006). *Lokales Denken, globales Handeln. Interkulturelle Zusammenarbeit und globales Management* (3. Aufl.). Beck.

Hofstede, G., Hofstede, G. J., & Minkov, M. (2010). *Cultures and organizations. Software of the mind. Intercultural Cooperation and Its Importance for Survival* (3. Aufl.). McGraw-Hill.

Jaeger, C. (2005). *Akkulturation auf Ebene des Verhaltens: Die Anwendung der Theorie des geplanten Verhaltens zur Vorhersage unterschiedlicher Akkulturationsmuster am Beispiel von russischen Aussiedlern und russisch-jüdischen Zuwanderern in Deutschland und Israel* (veröff. Diss.). Universität Osnabrück, Deutschland.

Jonas, K., Stroebe, W., & Hewstone, M. (2014). *Sozialpsychologie*. Springer-Verlag.

Kessen, S., & Troja, M. (2009). Die Phasen und Schritte der Mediation im Kommunikationsprozess. In F. Haft & K. von Schlieffen (Hrsg.), *Handbuch Mediation* (2. Aufl., S. 293–319). Beck.

Layes, G. (2003). Kulturdimensionen. In A. Thomas, E.- U. Kinast, & S. Schroll-Machl (Hrsg.), *Handbuch Interkulturelle Kommunikation und Kooperation. Bd. 1. Grundlagen und Praxisfelder* (S. 60–73). Vandenhoeck & Ruprecht.

Lehmann, D. R., & Chiu, C.-y., & Schaller, M. (2004). Psychology and culture. *Annual Review of Psychology, 55*, 689–714. https://doi.org/10.1146/anev.psych.55.090902.141927.

Maletzke, G. (1996). *Interkulturelle Kommunikation. Zur Interaktion zwischen Menschen verschiedener Kulturen*. Westdeutscher Verlag.

Müller, S., & Gelbrich, K. (2004). *Interkulturelles Marketing*. Vahlen.

Neuliep, J. W. (2006). *Intercultural communication. A contextual approach*. SAGE.

Page, S. E. (2008). *The difference: How the power of diversity creates better groups, firms, schools and societies*. Princeton University Press.

Pircher, K. (2021). Der Einfluss von Kommunikation in virtuellen Teams. In *Theses/Institute for Nonprofit Management No. 2021/01*. WU Vienna University of Economics and Business.

Sam, D. L. (2006). Acculturation: Conceptual background and core components. In D. L. Sam & J. W. Berry (Hrsg.), *The Cambridge handbook of acculturation psychology* (S. 11–23). Cambridge University Press. https://doi.org/10.1017/CBO9780511489891.006.

Smith, P. B. (2014). Sozialpsychologie und kulturelle Unterschiede. In K. Jonas, W. Stroebe, & M. Hewstone (Hrsg.), *Sozialpsychologie* (S. 565–606). Springer-Verlag.

Stahl, G. K. (1998). *Internationaler Einsatz von Führungskräften*. Oldenbourg.

Straub, J. (2007). Kultur. In J. Straub, A. Weidemann, & D. Weidemann (Hrsg.), *Handbuch interkulturelle Kommunikation und Kompetenz. Grundbegriffe – Theorien – Anwendungsfelder* (S. 7–23). Metzler.

Thatcher, S. M. B., & Patel, P. C. (2012). Group fault lines: A review, integration, and guide to future research. *Journal of Management, 38*, 969–1009.

Thomas, A. (2003a). Das Eigene, das Fremde, das Interkulturelle. In A. Thomas, E.-U. Kinast, & S. Schroll-Machl (Hrsg.), *Handbuch Interkulturelle Kommunikation und Kooperation. Bd. 1. Grundlagen und Praxisfelder* (S. 44–59). Vandenhoeck & Ruprecht.

Thomas, A. (2003b). Interkulturelle Kompetenz – Grundlagen, Probleme und Konzepte. *In Erwägen, Wissen, Ethik, 14*(1), 137–221.

Trompenaars, F., & Hampden-Turner, C. (2020). *Riding the waves of culture. Understanding diversity in business* (4. Aufl.). McGraw Hill.

Wenski, G. (2020). *Beraterverkauf im globalen B2B-Equipmentgeschäft. Anleitung für professionelle Verhandlungen im In- und Ausland*. Springer Gabler.

Zick, A. (2010). *Psychologie der Akkulturation. Neufassung eines Forschungsbereiches* (1. Aufl.). VS Verlag.

Selbstwirksamkeit und Tribal Leadership 25

> **Zusammenfassung**
>
> Die meisten Unternehmen funktionieren immer noch nach den traditionellen Prinzipien: Hierarchien, strenge Vorschriften und Kontrolle sind an der Tagesordnung. Das ist aus mehreren Gründen Nonsens: Mitarbeiter, die ständig überwacht und kontrolliert werden, verlieren mit der Zeit die Motivation zur Eigeninitiative. Sie stecken ihre Energie nicht mehr in Kreativität und Innovation, sondern in den Widerstand gegen das System. Es ist weitaus produktiver, sich in einer konstruktiven Kommunikationskultur auf die Stärken jedes einzelnen Teammitglieds zu konzentrieren und diese gezielt zu fördern. Die einfachen Fragen lauten: Was kann Ian gut? Wo kann er am besten mit seinem strategischen Denken helfen? Was macht Emma aus? Wo kann sie im Team am besten unterstützen?

25.1 Selbstwirksamkeit

Die Forschung zu transformationaler Führung von Bass (1990) und MacGregor Burns (1978) hat gezeigt, dass diese Art der Führung die Motivation und Leistung von Teams verbessern kann. Transformationale Führung beinhaltet das Setzen inspirierender Ziele, das Motivieren und Unterstützen der Teammitglieder sowie das Modellieren von positivem Verhalten. Du profitierst von diesen Erkenntnissen, um deine Führungskompetenzen zu verbessern und deine Teams zu Spitzenleistungen zu führen.

Denke zurück an die Teamphasen: Forming, Storming, Norming, Performing. In hierarchischen Strukturen würden wir uns an die Personalabteilung oder den Chef wenden und um Rat bitten: „Wie sollen wir das machen? Wer gibt vor, was zu tun ist?" Obwohl diese Personen immer noch in Organisationen anzutreffen sind, sind sie oft nicht mehr erste Anlaufstelle. So zumindest meine Erfahrung aus den Projekten. Die meisten Teams arbeiten heute (zumindest halbwegs) nach agilen Prinzipien und organisieren sich selbst. Sie warten nicht darauf, dass ihnen gesagt wird, wie sie ihre Aufgaben zu erledigen haben. Jeder kann die Sache vorantreiben: ein Personaler, Projektleiter, Teammitglied oder Scrum-Master. Es wird höchste Zeit, den Fokus auf mehr Menschlichkeit zu legen. Und das ist etwas, was wir alle jeden Tag positiv beeinflussen können, wodurch wir uns selbstwirksam fühlen.

Das Konzept der Selbstwirksamkeit wurde maßgeblich durch Wood und Bandura (1989) erforscht und entwickelt. In Online-Meetings kann die Selbstwirksamkeit der Teilnehmer erheblich durch entsprechende Maßnahmen gesteigert werden:

1. Ein Zeitmangel aufgrund von übermäßigen Meetings kann die empfundene Selbstwirksamkeit beeinträchtigen. Es ist wichtig, Freiräume und Deep-Work-Zeiten zu etablieren.
2. Zu viele und ineffiziente Meetings können Frustration bei den Mitarbeitenden auslösen und zu einem schleichenden Motivationsverlust führen. Es gilt, aktiv entgegenzuwirken und die Anzahl sowie den Zweck der Meetings zu überprüfen.
3. Übermäßiger extrinsischer Druck seitens Vorgesetzten sorgt dafür, dass die Mitarbeitenden ihre persönliche Zeit opfern, um allen Aufgaben nachzukommen. Zur Prävention von Burnout und Fluktuation sollte das vermieden werden.
4. Online-Meetings, die interaktiv gestaltet sind und Raum für aktive Beteiligung bieten, ermöglichen es den Teilnehmern, ihre Meinungen einzubringen und sich aktiv am Geschehen zu beteiligen, was die Motivation erhöht.
5. Die Möglichkeit, selbst zu entscheiden, an welchen Meetings teilgenommen wird und wann, kann die Selbstwirksamkeit steigern. Du kannst ganz klar bei deinen Vorgesetzten argumentieren: Wer als innovatives Unternehmen am Markt bestehen will, muss eine Meetingkultur pflegen, in der Zeit als so knappe Ressource wie Kapital betrachtet und auch genauso umsichtig investiert wird.

Apropos Führungskraft: Was genau darfst du von einer guten Führungskraft erwarten?

25.2 Tribal Leadership

Studien von Logan et al. (2011) zeigen, dass sich Menschen, unabhängig von ihrem Umfeld, in Tribes, also „Stämmen" organisieren – dies schon immer taten und es auch in Zukunft weiterhin tun werden. Ein Tribe wird von einem oder mehreren Tribal Leadern vertreten. Die Aufgabe der Stammesführer, der Tribal Leader, ist es also, Menschen aus verschiedenen Kulturen miteinander zu vernetzen und sogenannte triadische Beziehungen zu etablieren. Dadurch entstehen neue Stämme der Vielfalt und der Offenheit. Diese Stämme treiben Innovationen voran und verändern die Welt. Damit sie dies tun können, ist es für Tribal Leader besonders wichtig, auf den verschiedenen Ebenen mit

Menschen kommunizieren zu können und nachzuvollziehen, dass die Veränderung der eigenen Kultur nur schrittweise erfolgen kann.

Letzteres geschieht stets aus der Motivation heraus, die Ziele der Personen zu unterstützen und deren Weiterentwicklung voranzutreiben. Ein Stamm zeichnet sich nicht nur durch gemeinsame Interessen und Ziele aus, sondern auch durch seine Kultur. Laut Logan et al. (2011) gibt es für den kulturellen Reifegrad fünf Stufen, die auch die Weltanschauung ihrer Mitglieder widerspiegeln.

Stufe 1 – Life sucks!
Dieser Reifegrad ist der primitivste. Hier geht es um das nackte Überleben. Eine Gruppe gleichgesinnter mit negativen Weltansichten findet sich hier zusammen. Eine Kultur der Destruktivität. Diese Stufe wird beispielsweise in Straßengangs oder in Gefängnissen angetroffen. Selbstmordattentäter, die sich im Internet zusammenfinden, haben oft diese Weltanschauung, und dies prägt auch ihr Verhalten. Allgemein gilt: Du tust, was du denkst. Das eigene Verhalten spiegelt also die persönliche Sicht auf die Welt und das Leben wider. Wenn jemand dem Leben allgemein feindselig gegenübersteht, drückt sich das auch in der eigenen Lebensweise und der Missachtung des Lebens aus.

Übertragen auf die Organisation: Dies sind Gruppen, deren Mitglieder verzweifelt feindselig sind. Sie können Skandale verursachen, von der Firma stehlen oder sogar Gewaltandrohungen aussprechen.

Stufe 2 – My Life sucks!
Die zweite Stufe spiegelt immer noch keine wünschenswerte Umgebung wider, zeigt aber bereits einen entscheidenden Unterschied. Die Mitglieder dieser Gruppe sind davon überzeugt, dass das Leben allgemein schön sein kann, nur eben nicht das eigene. In dieser Gruppe findet sich oft Frustration, Resignation und Depression. Es fehlt häufig der Antrieb, die eigene Situation zu verändern. Stattdessen finden die Mitglieder sich in ihrem Leid zusammen. Diese Art der Kultur kann auch in großen Organisationen vorgefunden werden. Unternehmen, die nach außen potent und erfolgreich wirken, beherbergen oft viele Menschen, die in ihrer Art der Tretmühle gefangen sind. Das Leben wäre so schön, wenn sie diesen oder jenen Job hätten, eine bestimmte Qualifikation erlangen dürften oder den Bonus am Jahresende erhielten. Aber da dem nicht so ist, ist das eigene Leben nicht gut.

Übertragen auf die Organisation: Dies ist die vorherrschende Kultur für 25 % der Arbeitsplatzgruppen. In dieser Stufe sind Mitglieder passiv antagonistisch, sarkastisch und widerstandsfähig gegenüber neuen Managementinitiativen.

Stufe 3 – I'm Great! But you are not.
In der dritten Stufe herrscht eine Kultur der Selbstüberschätzung und des ständigen Wettbewerbs. Hier geht es darum, den eigenen Selbstwert durch einen Sieg über andere zu steigern. Dieser Stamm weist eine hohe Konzentration an Egoisten auf, die stets auf ihr eigenes Wohl bedacht sind. Diese Menschen sind in der Regel intelligent, sehr erfolg-

reich und arbeiten in großen Unternehmen. Eine solche Kultur ist allerdings für viele Menschen auf Dauer nur schwer zu ertragen und sie verlassen in der Folge diese Unternehmen oder schließen sich einem Stamm der Stufe 2 innerhalb dieser Unternehmungen an.

Übertragen auf die Organisation: 49 % der Arbeitsplatzgruppen befinden sich in dieser Stufe. Sie sind Knowledge-Träger, die darauf aus sind, ihre Konkurrenz auf individueller Basis in Sachen Arbeit und Denkweise zu übertreffen. Jeder Mitarbeiter ist ein einsamer Krieger.

Stufe 4 – We are Great!
Hier beginnt der Reifegrad der Inklusion, der Einbeziehung aller innerhalb des Stamms. Jeder begreift sich als ein gemeinsames Konstrukt und ist sich der eigenen Kultur bewusst. Es wird die individuelle Andersartigkeit akzeptiert und genutzt, um als Wettbewerbsvorteil gegenüber anderen Gruppen zu dienen. Hier können Innovationen entstehen, da Offenheit und Selbstbewusstsein gelebt werden.

Übertragen auf die Organisation: Der Übergang von „Ich bin großartig" zu „Wir sind großartig" erfolgt in dieser Stufe, in der die Gruppenmitglieder begeistert zusammenarbeiten, um zum Nutzen des gesamten Unternehmens beizutragen.

Stufe 5 – Life is Great!
In der fünften Stufe geht es nicht mehr um die Betrachtung des Individuums oder der Gruppe, sondern darum, welchen Einfluss auf die Welt als Ganzes genommen werden kann. In dieser Stufe wird nicht mehr darauf geschaut, was individuell oder als Gruppe erreicht werden kann, sondern welchen Beitrag die eigene Gruppe zum Wohle aller leisten kann. Diese Kultur kann sich in altruistischen Gruppen und humanistischen Vereinigungen wiederfinden. Allerdings können auch Mitarbeiter von Unternehmen aus allen Bereichen diese Stufe erreichen, indem sie sich ihrer Fähigkeiten bewusst werden, um große Probleme der Welt zu lösen, ohne dabei den finanziellen oder wettbewerblichen Vorteil in den Vordergrund zu stellen.

Nun die Frage an dich: Wo steht ihr aktuell?

Literatur

Bass, B. M. (1990). From transactional to transformational leadership: Learning to share the vision. *Organizational Dynamics, 18*(3), 19–31. https://doi.org/10.1016/0090-2616(90)90061-S

Logan, D., King, J., & Fischer-Wright, H. (2011). *Tribal leadership: Leveraging natural groups to build a thriving organization.* Harper Business.

MacGregor Burns, J. (1978). *Leadership.* Harper & Row.

Wood, R., & Bandura, A. (1989). Social-cognitive theory of organizational management. *Academy of Management Review, 14*, 361–384.

Positive Meeting-Kultur in die Organisation bringen

26

Zusammenfassung

Du hast es bald geschafft. Dieses Kapitel behandelt die Rahmenbedingungen für die positive Meeting-Kultur basierend auf den Ansätzen von Frederick Taylor (1911) und Elton Mayo (1949). Es wird diskutiert, wie Taylors Fokus auf Effizienz und Standardisierung und Mayos Betonung der Mitarbeitermoral und Gruppendynamik die Teamarbeit und Führung beeinflussen. Ich möchte dir zeigen, dass es kein Richtig oder Falsch gibt, sondern du am Ende entscheiden musst, welches das ideale Umfeld für dich persönlich ist. Darüber hinaus zeige ich dir am Ende die Meeting-Strategien verschiedener erfolgreicher Unternehmen wie Shopify, Tesla, Amazon, Google und Apple. Mal sehen, was du dir dort abschauen kannst.

26.1 Rahmenbedingungen der Meeting-Kultur

Was bedeutet positive Arbeitskultur für dich? Wir alle haben wahrscheinlich unterschiedliche Ansichten. Genau das macht es so schwierig, eine ideale Lösung für alle zu schaffen. Taylor (1911) und Mayo (1949) hatten beispielsweise unterschiedliche Auffassungen über die Teamarbeit und Mitarbeiterführung. Diese spiegeln sich in ihren jeweiligen Erkenntnissen wider. Im Folgenden gehe ich ganz kurz darauf ein.

Taylor ist bekannt für seine Theorie des Taylorismus, die auf der wissenschaftlichen Betriebsführung basiert. Er konzentrierte sich darauf, Arbeitseffizienz durch Standardisierung von Arbeitsabläufen und Aufgaben zu maximieren. Taylor sah Arbeiter als Teile einer Maschine, die effizient funktionieren sollten, und befürwortete eine autoritäre Führung, um maximale Produktivität zu gewährleisten. In seinem Ansatz wurden menschliche

Aspekte wie Zufriedenheit und Motivation der Mitarbeiter vernachlässigt (Taylor, 1911; Kanigel, 1997).

Mayo war ein Pionier der Human-Relations-Bewegung. Diese konzentrierte sich auf die menschliche Seite der Arbeit. Seine Forschung betonte die Bedeutung von Gruppendynamik, Mitarbeitermoral und sozialen Beziehungen am Arbeitsplatz. Durch die bekannten Hawthorne-Studien wurde festgestellt, dass soziale Faktoren wie die Anerkennung durch Vorgesetzte und das Gefühl, Teil eines Teams zu sein, eine große Rolle für die Produktivität spielen (Mayo, 1949; Roethlisberger et al., 1939). Mayo glaubte, dass das Verständnis und die Pflege zwischenmenschlicher Beziehungen wesentlich für eine effektive Teamarbeit und Führung sind.

Es gibt einen wesentlichen Unterschied der beiden Auffassungen. In Bezug auf die Teamzusammenarbeit hebt Taylor die Bedeutung von Effizienz und Prozessoptimierung hervor, während Mayo die Wichtigkeit sozialer Faktoren und Mitarbeitermotivation betont. Beide Perspektiven bieten wertvolle Einsichten, wie eine Balance zwischen betrieblicher Effizienz und Mitarbeiterzufriedenheit erreicht werden kann. In Organisationen wirst du sicher die eine oder die andere Richtung vermehrt vorfinden.

Wahrscheinlich suchst du selbst für dich ein positives, unterstützendes Arbeitsumfeld, das Vielfalt und Flexibilität fördert. Du legst Wert auf offene Kommunikation, Anerkennung deiner Leistungen und eine gute Work-Life-Balance. In einem solchen Umfeld kannst du dich weiterentwickeln und deine volle Leistungsfähigkeit entfalten. Oder aber du bist auf Produktivität und Erfolg aus und magst es, unter Druck zu stehen, den du in Ergebnisse umwandelst. Kein Weg ist richtig oder falsch. Vielmehr sollte es eine bewusste Entscheidung deinerseits sein, ein Umfeld zu wählen, das grundsätzlich zu dir passt.

Die Unternehmenskultur ist meiner Ansicht nach ein entscheidender Faktor für den Erfolg und die Identität eines Unternehmens. Sie kann Mitarbeitende inspirieren, ihr Bestes zu geben und die Zusammenarbeit sowie den Erfolg der Organisation stärken. Deshalb ist es wichtig, an der Kultur zu arbeiten, um eine gute und effiziente Teamorganisation und Meetingkultur zu etablieren. Eine positive Unternehmenskultur kann die Teamarbeit, Kommunikation und den Erfolg stärken.

Die Etablierung einer effektiven Meetingkultur erfordert Überzeugungsarbeit, Eigeninitiative und Best Practices. Dies umfasst die Festlegung von Meetingzielen, klaren Regeln, aktiver Beteiligung und präziser Kommunikation. Moderatoren und Facilitator spielen eine wichtige Rolle, ebenso wie klare Agenden und die Nutzung von geeigneter Technologie in Online-Meetings. Also all das, was du hier im Buch findest. Nutze es, trage es ins Team und verbreitet es in eurer gesamten Organisation.

Mir ist es wichtig, dass diese Gedanken auch in die gesamte Organisation getragen werden, damit alle Führungskräfte umdenken. Der Weg zu mehr Menschlichkeit in Unternehmen und letztlich auch in Online-Meetings beginnt auf der Führungsebene. Selbst in hierarchiefreien Unternehmen werden Teams stark vom Verhalten der Vorgesetzten beeinflusst.

26.2 Meetingkultur erfolgreicher Unternehmen

Wir kommen also nicht ohne Meetings aus, egal, ob virtuell oder vor Ort. Vielleicht hilft ein Blick auf erfolgreiche Unternehmen und deren Umgang mit Online-Meetings. Mal sehen, was wir uns dort abschauen können.

Shopify macht Kosten und Zeit transparent
Der kanadische E-Commerce-Dienstleister Shopify hat eine Maßnahme eingeführt, um unnötige Meetings zu reduzieren. In die Kalender-App des Unternehmens wurde ein Kostenrechner integriert, der bei Besprechungen mit mehr als drei Teilnehmern die geschätzten Kosten berechnet. Das Tool nutzt Durchschnittsgehälter für verschiedene Positionen, die Besprechungsdauer und Anzahl der Teilnehmer (Gelowicz, 2023).

Indem der Konzern Besprechungen in bestimmten Zeiträumen untersagt und strenge Regeln für Meetings festlegt, konnte er auch die durchschnittliche Meeting-Zeit pro Mitarbeiter deutlich verringern. Im Vergleich zum Vorjahr konstatierte er somit eine Reduktion um 14 %. Und jetzt kommt es. Der Erfolg durch die Einsparung ist enorm: Dadurch ist die Anzahl der abgeschlossenen Projekte voraussichtlich um 18 % gestiegen. Der Chief Operating Officer von Shopify, Kaz Nejatian, betont, dass das Unternehmen den Mitarbeitenden zeigen möchte, dass Zeit gleich Geld ist. Diese Maßnahme dient dazu, die Wertschätzung von Zeit als Ressource zu fördern (Gelowicz, 2023).

Wie sehr schätzt du deine eigene Zeit? Gehst du sorgsam damit um? Wäre das Berechnen der Kosten etwas, das dir helfen könnte, das Bewusstsein für die „kostbare" Zeit in Meetings zu schärfen?

Tesla verzichtet auf unnötige Meetings
Elon Musk hat große Ziele. Er will zum Mars, revolutioniert mit SpaceX die Raumfahrtindustrie und verändert die Welt der Elektroautos mit Tesla. Er hat also keine Zeit zu verschwenden. Die Erwartungen an seine Mitarbeitenden sind hoch. Elon ist kein Fan von Meetings, Bürokratie, Hierarchie oder anderen Systemen. Er glaubt, dass diese direkte Kommunikation verhindern. Stattdessen agiert er nach den Prinzipien „Measure the product, not people" und „There is no boss anymore, the boss is data".

Um auf sein Credo „work where you can bring the most value" einzuzahlen, hat er klare Vorstellungen von Meetings (Tesla, 2023). Er möchte, dass seine Mitarbeitenden im besten Fall auf großformatige Meetings verzichten, die Zeitverschwendung sind. Finden Meetings statt, soll dabei Mehrwert entstehen. Außerdem möchte er alle Meetings so kurz wie möglich halten. Er regt an, die eigene Anwesenheit in einem Meeting zu hinterfragen und offen zu kommunizieren.

Außerdem sollen undeutliche Aussagen, Akronyme oder sinnlose Wörter für Gegenstände, Software oder Prozesse vermieden werden. Die Kommunikation sollte auf dem kürzesten Weg erfolgen, der zur Erledigung der Aufgabe erforderlich ist, und nicht über die hierarchische Struktur (Tesla, 2023).

Es ist okay, direkt miteinander zu sprechen und die richtigen Dinge auf diesem Weg umzusetzen. Sein Appell ist es, keine Zeit zu verschwenden, um Regeln zu befolgen. Der gesunde Menschenverstand dient als Leitlinie für das Verhalten.

Wie siehst du es? Kann dir dieser Impuls dabei helfen, in Zukunft das Befolgen einer sinnlosen Unternehmensregel in einer bestimmten Situation zu hinterfragen? Kannst du anregen, Regeln wie das zu häufige Stattfinden von wiederkehrenden Meetings oder Statusreports zu ändern?

Amazon beschränkt Meetings auf die Zwei-Pizza-Regel

Jeff Bezos, der Gründer von Amazon.com, setzt auf die Zwei-Pizza-Regel, wie in Abb. 26.1 zu sehen. Sie besagt, dass ein Team klein genug sein sollte, um mit zwei Pizzen satt zu werden. Ist ein Team zu groß, wird die Kommunikation herausfordernder. Dies führt zu Verzögerungen, Missverständnissen und einer verringerten Produktivität. Die Idee hinter dieser Regel ist, die Effizienz und Effektivität hochzuhalten, die Zusammenarbeit zu fördern und zu Entscheidungen zu kommen (Jain, 2023).

Die Zwei-Pizza-Regel betont die Bedeutung der Aufrechterhaltung kleiner, agiler Teams, die sich schnell anpassen und Entscheidungen treffen können. Durch die Begrenzung der Teamgröße auf eine Teilnehmerzahl, die mit zwei Pizzen versorgt werden kann, werden Manager dazu angeregt, kritisch über die Zusammensetzung des Teams nachzudenken und unnötigen Ballast zu vermeiden. Also: Die Teilnehmenden sorgfältig

Abb. 26.1 Zwei-Pizza-Regel von Amazon

auswählen und die Runden klein halten, um Meetings vor Ineffizienz zu schützen. Die Krux ist die Auswahl der richtigen Teilnehmer.

Natürlich gibt es bei Amazon auch Gremien und Lenkungskreise, die größer sind als acht Personen. Und klar – in der Realität fällt es dann schwer, die Regel immer einzuhalten. Jedes zusätzliche Gruppenmitglied, das die Zehn-Personen-Grenze überschreitet, erhöht drastisch die Anzahl der verschiedenen Faktoren, die zu ineffektiver Kommunikation und schlechter Produktivität beitragen.

Doch kann dir dieser Hinweis in Zukunft dabei helfen, die Teilnehmeranzahl eurer Meetings kritisch zu hinterfragen? Braucht es wirklich alle, die zu dem Meeting eingeladen sind, um das Ziel eures Meetings zu erreichen?

Google erstellt klare Agenden und schätzt neue Ideen
In dem Buch *Wie Google tickt* von Eric Schmidt, dem ehemaligen CEO von Google, und Jonathan Rosenberg, einem einstigen Google-Manager, wird die Bedeutung von Meetings als ein zentrales Element der Zusammenarbeit und des Entscheidungsprozesses klar.

Wichtig sind definierte Ziele und Agenden, um den Fokus und die Effizienz zu gewährleisten. Jedes Meeting benötigt Moderation und Entscheidungsträger. Nicht verwunderlich: Google legt großen Wert darauf, Entscheidungen auf Daten und Fakten zu stützen. Mitarbeitende werden ermutigt, Informationen und Analysen vorzubereiten, um ihre Standpunkte zu unterstützen und während der Meetings eine rationale Entscheidung treffen zu können (Schmidt & Rosenberg, 2015).

Schmidt und Rosenberg (2015) stellen heraus: Meetings bei Google dienen auch dazu, Ideen auszutauschen und Probleme zu diskutieren. Das Unternehmen hat das Konzept der Smart Creatives entwickelt, welches unterstützt, dass innovative und kreative Köpfe gefördert werden und diese ihre Ideen bei Meetings präsentieren können. Google schätzt kreatives Denken und ermutigt Mitarbeiter dazu, neue Ideen einzubringen.

Wie kreativ seid ihr aktuell im Team? Könnt ihr zukünftig gute Agenden aufstellen, um Meetings effizienter zu machen, Zeit zu sparen und damit Raum für Kreativität zu schaffen?

Apple führt entscheidungsorientierte Meetings durch
In der Meetingkultur von Apple geht es um Effizienz, Fokussierung und Vertraulichkeit. Bei Apple gibt es eine bedeutende Regel: Wird eine Entscheidung gefällt, bestimmt man gleich, wer diese Entscheidung durchsetzt. Simpel, aber effizient! Apple-Meetings sind in der Regel auf eine begrenzte Anzahl von Personen beschränkt. Dies ermöglicht eine effiziente Kommunikation und eine konzentrierte Diskussion zwischen den relevanten Teilnehmern (Baer, 2015; Apple, o. J.).

Lange Präsentationen werden bei Apple vermieden. Stattdessen wird erwartet, dass Teilnehmer relevante Informationen im Voraus lesen und vorbereitet in das Meeting kommen. Dadurch können Meetings deutlich effizienter gestaltet werden (Baer, 2015; Apple, o. J.).

Wie sieht das bei euch aus? Fällt es euch leicht, Entscheidungen zu treffen? Falls nicht, findest du in diesem Buch Unterstützung.

Eines ist klar: Auch bei Tesla, Amazon, Google und Apple werden wahrscheinlich so einige Meetings stattfinden, die nicht sämtliche der unternehmenseigenen Regeln einhalten. Dennoch hilft es, einige der Ansätze für sich selbst zu adaptieren. Game over mit Kalender Tetris! Meetings sollen Mehrwert bringen. Multitasking hat ein Ende! Wie klingt das?

Literatur

Apple. (o. J.). *Careers at Apple*. https://www.apple.com/careers/us/work-at-apple.html. Zugegriffen: 18. Jan. 2024.

Baer, D. (2015). *How Steve Jobs made Apple's meetings more productive. The tech giant's iconic co-founder wasn't one to tolerate any nonessential elements.* Inc. https://www.inc.com/business-insider/how-steve-jobs-made-meetings-more-productive.html. Zugegriffen: 18. Jan. 2024.

Gelowicz, S. (2023). *Würden Sie das Meeting auch planen, wenn Sie wüssten, wie viel es Ihr Unternehmen kostet?* WirtschaftsWoche. https://www.wiwo.de/erfolg/management/kosten-fuer-meetings-wuerden-sie-das-meeting-auch-planen-wenn-sie-wuessten-wie-viel-es-ihr-unternehmen-kostet/29256250.html. Zugegriffen: 18. Jan. 2024.

Jain, A. (2023). *How Jeff Bezos' two-pizza rule cooked up Amazon's success*. Digicrusader. https://digicrusader.com/two-pizza-rule-amazon/. Zugegriffen: 18. Jan. 2024.

Kanigel, R. (1997). *The one best way: Frederick winslow taylor and the enigma of efficiency*. Viking.

Mayo, E. (1949). *Probleme industrieller Arbeitsbedingungen*. Verlag der Frankfurter Hefte.

Roethlisberger, F. J., Dickson, W. J., & Wright, H. A. (1939). *Management and the worker. An account of a research program conducted by the western electric company. Hawthorne works, Chicago* (14. Aufl.). Harvard University Press.

Schmidt, E., & Rosenberg, J. (2015). *Wie Google tickt* (1. Aufl.). Campus.

Taylor, F. W. (1911). *The principles of scientific management*. Harper & Brothers.

Tesla. (2023). *The anti-handbook handbook*. https://www.ceconline.com/PDF/Tesla-Anti-Handbook-Handbook.pdf. Zugegriffen: 18. Jan. 2024.

Ausblick und Unterstützung

27

Zusammenfassung

In meinem Buch präsentiere ich einen strukturierten Ansatz zur Verbesserung von Online-Meetings, der sich über drei Ebenen erstreckt. Zunächst ging es um die individuelle Ebene, danach um die Teamebene, mit Fokus auf gemeinsame Regeln und Vereinbarungen, um Multitasking zu minimieren und fokussierte Arbeitszeiten zu schaffen. Abschließend betrachteten wir die Organisationsebene zwecks Erkundung ganzheitlicher Maßnahmen zur Steigerung der Qualität von Online-Meetings und Projekten. Der Ansatz zielt darauf ab, dir Wege aufzuzeigen, wie du die Anzahl der Meetings reduzieren und die verbleibenden effizienter gestalten kannst. Erachte das vorliegende Buch als einen Wegweiser zu Mehrwert in deinen Online-Meetings.

Wie kannst du nun starten?
Ich bin mir sicher, du hast viele Ideen, wie du deine Online-Meetings verändern kannst. Mein Papa sagte immer: „Nicht mit Gewalt – nach fest kommt ab." Was ich damit sagen möchte, ist, dass ich für mich persönlich eines beschlossen habe: Ich möchte nicht durch härteres Arbeiten und mehr Druck mein Ziel erreichen. Mehr „Gewalt" und Druck führen dazu, dass du dein Kalender-Tetris-Spiel auf Dauer verlierst. Stattdessen glaube ich fest daran: Gehen dir Dinge leicht von der Hand, gelingen sie besser. Also mach es dir und deinem Team leichter und leite die Veränderung selbst ein.

1. Streiche so viele Online-Meetings wie du kannst und mache die übrigen richtig gut!
Wie du das machst? Plane sinnvolle Meetings mit den Teilnehmern, die dafür essenziell sind. Klare Projektrichtlinien und Rollenverständnisse verhindern Chaos. Zeige anderen auf, welche Meetings du vorschlägst, gänzlich wegzulassen, da sie redundant sind oder kaum einen Mehrwert bringen. Stütze dies am besten mit Fakten.

Bei der Vorbereitung fängt alles an. Was genau willst du besprechen? Wer bringt was mit? Halte keine Meetings ab, um Meetings zu haben. Definiere im Voraus klare Ziele und Agenda-Punkte. Indem du dein Kalender-Tetris optimierst und Meetingzeit reduzierst, machst du deine Online-Meetings effizienter und gewinnst wertvolle Zeit für deine Projektaufgaben. Durch weniger Kalender-Tetris, das früher oder später zum Game over führt, vermeidest du Stresssituationen und das ständige Herumspringen zwischen Online-Meetings. Du behältst die Kontrolle über deine Zeit und kommst entspannter durch den Arbeitstag. Du förderst effiziente Teamarbeit.

2. Zeige die Vorteile von effizienten Meetings auch deinem Team auf
Holst du das Beste aus den Tetrominos raus, förderst du die Zusammenarbeit im Team. Für dein Team und dich bedeutet das, dass ihr euch auf das Wesentliche konzentrieren, klare Ziele verfolgen und euch gegenseitig unterstützen könnt, statt in endlosen Meetings steckenzubleiben. Wie klingt das für dich? Weniger ineffiziente Meetings bedeuten weniger Zeitverschwendung und damit einhergehend eine Kostenersparnis für das Unternehmen. Du könntest damit beginnen, dass du aufzeigst, wie du effizientere Online-Meeting-Strukturen entwickelt hast, die zu kürzeren und zielgerichteten Meetings führten, was wiederum wertvolle Arbeitszeit freigesetzt hat. Erörtere, wie deine Technikkenntnisse dazu beigetragen haben, die Tools und Plattformen optimal zu nutzen, um nahtlose Verbindungen zu schaffen und Reisekosten für teure Geschäftsreisen zu minimieren.

3. Trage die Veränderung in die Organisation
Erkläre sachlich, warum bestimmte Abteilungen weder einen Mehrwert für das jeweilige Meeting liefern noch erhalten können. Indem du die dadurch frei gewordene Zeit addierst und in Zahlen ausdrückst, kannst du deiner Führungskraft das Einsparpotenzial verdeutlichen. Die wenigsten rechnen sich die Kosten der in Meetings gebundenen Stunden einmal aus. Hier hast du jegliche Überzeugungskraft auf deiner Seite!

In der Organisation ändern sich ständig Dinge, die eure gemeinsame Arbeit herausfordern? Menschelt es in eurem Team, was euch von reibungsloser Zusammenarbeit abhält? Möchtet ihr dort herauskommen, braucht ihr etwas Geduld. Veränderung ist wie ein Marathon und nicht ein 100-m-Sprint. Das bedeutet, ihr braucht eine flexible Denkweise und Ausdauer.

Kurz gesagt: Du musst nicht alles auf einmal ändern. Jeder kleine Schritt macht deine (noch übriggebliebenen) Online-Meetings besser und bringt wertvolle Ergebnisse.

Wenn alle Stricke reißen, suche dir Unterstützung
Manchmal kommt man allein nicht weiter. Es braucht einen frischen Blick von außen! Der Grund, warum ich mich gerade damit beschäftige, ist, dass ich hier selbst als Consultant unterwegs bin und so einige erschreckende Erkenntnisse gesammelt habe. Konzernstrukturen und mittelständische Unternehmen haben ihre eigenen Merkmale und Kulturen, die sich auf die Meetingkultur auswirken. Die Projektbeteiligten werden

immer mehr in ein Korsett der Unternehmensstruktur gezwängt – die Schnüre werden enger und enger, bis die Luft langsam entweicht. Die bittere Konsequenz ist meistens der Krankenschein, der nicht lange auf sich warten lässt. Diagnose: Burnout.

Für meine Kunden – große Konzerne und Mittelständler, die ich bei deren IT-Transformationsprozessen begleite – komme ich meist dann ins Spiel, wenn etwas ins Stocken gerät. IT-Projekte stellen oftmals eine besondere Herausforderung dar, weil Entwickler und Anwender versuchen müssen, die gleiche Sprache zu sprechen. Der anfängliche Enthusiasmus ist Ernüchterung gewichen. Jeder kocht sein eigenes Süppchen. Keiner glaubt mehr an das große Ganze. Es fehlt am Why, an der Ausrichtung auf ein gemeinsames Ziel. Und auch am How, an Wegen und Methoden, dieses Ziel zu erreichen.

Ich empfehle dir: Versuche nicht alles zu ändern. Halte fest an dem, was in Meetings schon immer zuverlässig funktioniert hat, und übertrage das in die Online-Welt. Beispielsweise, dass es Pausen zwischen den Meetings benötigt, um zum nächsten Ort zu kommen. Ist alles ein bisschen chaotisch, bin ich, als Scrum Master und Agile Coach, hier, um zu helfen. Anstatt in verschiedene Richtungen zu rennen und das große Bild zu vergessen, gilt es auf Kurs zu kommen und diesen zu halten.

MIX
Papier aus verantwortungsvollen Quellen
Paper from responsible sources
FSC® C105338

If you have any concerns about our products,
you can contact us on
ProductSafety@springernature.com

In case Publisher is established outside the EU,
the EU authorized representative is:
**Springer Nature Customer Service Center GmbH
Europaplatz 3, 69115 Heidelberg, Germany**

Printed by Libri Plureos GmbH
in Hamburg, Germany